D1719921

DROEMER ✳

10. Sep. 2020

MARCUS SCHWARZ

WENN INSEKTEN ÜBER LEICHEN GEHEN

Als Entomologe auf der Spur des Verbrechens

Hanse- und Universitätsstadt
Rostock - Stadtbibliothek
Zentralbibliothek

Zum Verkauf freigegeben

Hansestadt Rostock
Stadtbibliothek
████ Euro

DROEMER✦

Besuchen Sie uns im Internet:
www.droemer.de

Aus Verantwortung für die Umwelt hat sich die Verlagsgruppe
Droemer Knaur zu einer nachhaltigen Buchproduktion verpflichtet.
Der bewusste Umgang mit unseren Ressourcen, der Schutz unseres Klimas
und der Natur gehören zu unseren obersten Unternehmenszielen.
Gemeinsam mit unseren Partnern und Lieferanten setzen wir uns für
eine klimaneutrale Buchproduktion ein, die den Erwerb von
Klimazertifikaten zur Kompensation des CO_2-Ausstoßes einschließt.
Weitere Informationen finden Sie unter: www.klimaneutralerverlag.de

Originalausgabe April 2020
Droemer Verlag
Ein Imprint der Verlagsgruppe
Droemer Knaur GmbH & Co. KG, München
Alle Rechte vorbehalten. Das Werk darf – auch teilweise –
nur mit Genehmigung des Verlags wiedergegeben werden.
Redaktion: Claudia Krader
Covergestaltung: © www.lilliflux.de / M. Memminger
Coverabbildungen: Autorenfoto: Ralf Seegers; Fliege: Chris Moody
Illustrationen: Gisela Rüger
Satz: Sandra Hacke
Druck und Bindung: GGP Media GmbH, Pößneck
ISBN 978-3-426-30214-9

5 4 3 2 1

Hinweis

Alle im Buch geschilderten Fälle sind so passiert. Orte, Zeiten und Namen sind dabei zu großen Teilen anonymisiert, aber im wissenschaftlichen Kontext richtig dargestellt. Einige Fälle sind allerdings derart prominent und medial aufgearbeitet, dass sie problemlos zuzuordnen sind. Für diese Fälle wurde bei den zuständigen Staatsanwaltschaften die Zustimmung eingeholt, dass ich sie in dieser Form präsentieren darf. Wenn sich Kapitel auf Fachartikel beziehen, sind diese im Literaturverzeichnis genannt.

Für Egon Haustein

Inhalt

STATT EINES VORWORTS

Leise summt der Tod. Mit dem Geräusch von Fliegen, die sich innerhalb von Minuten bei einer Leiche einfinden. Für mich ist das ein vertrautes Geräusch, denn der Tod ist mein Metier.

Genau darum geht es mir. Ich möchte interessierte Menschen damit vertraut machen, was passiert, wenn Insekten über Leichen gehen. Das Thema kennen ja viele aus Krimiserien. Damit meine ich jedoch nicht Spannung oder Grusel. Mir geht es um meinen Lieblingsberuf, genauer gesagt um meine Passion: Ich bin Forensischer Entomologe. Womit ich mich im Alltag beschäftige, ist Gegenstand dieses Buches.

Zurück zu den Fliegen und zu dem Moment, in dem ich zu einem Mordfall hinzugezogen werde. Meine Aufgabe ist es vor allem, alles über den genauen Zeitpunkt herauszufinden, an dem jemand gestorben ist. Wann genau der Tod eintrat, das verraten mir Fliegen, Maden und Käfer. Und meine Nase.

Papier ist zum Glück geduldig, da stinkt nichts. Und je besser man sich mit einer Sache auskennt, desto mehr verliert sie ihren Schrecken. Unter dem Mikroskop betrachtet, sind auch die Flügel der dicksten Schmeißfliege zarte Wunderwerke der Natur. So nah werden wir herangehen, um einem Rätsel auf die Spur zu kommen, dem Moment des Todes.

Lucilia sericata

Jeder Mensch muss sterben! Während Freunde und Verwandte trauern, feiert die Natur ein Festbankett. Dabei ist der Tote das Büfett. Nicht einmal das Einäschern nach dem Ableben beendet den natürlichen Kreislauf. Mit dem Verbrennen beschleunigt man diesen Vorgang nur, indem die sterblichen Überreste auf einen kleinen Haufen Asche reduziert werden. Vergänglichkeit ist eine Frage des Zustands der betroffenen Materie – und Asche wiederum kann unendlich viel verraten. Dazu später mehr.

Der natürlichste Tod allerdings ereilt einen Menschen – naturgemäß – irgendwo draußen, in einem schönen Wald, auf einer Wiese oder in der friedlichen Umgebung eines stillen Sees. Dann wird allerdings die Unerbittlichkeit des von uns geschätzten und manchmal gefürchteten natürlichen Kreislaufs sichtbar, des Kreislaufs vom Werden, Wachsen und Vergehen. Zum Glück haben sich zum Wohle zumindest aller menschlichen Beteiligten in den letzten Jahrtausenden verschiedene Bestattungsformen entwickelt, die den »unschönen« Teil des Ablebens verbergen.

Doch, wie bereits angedeutet, liegt Schönheit im Auge des Betrachters. Für mich sind diese Abläufe sowohl faszinierend als auch Teil meiner täglichen Arbeit.

Der Tod. Von Beginn unseres Lebens an schwebt er wie ein böses Omen über unseren Köpfen. Niemand redet gern über ihn. In unserer westlichen Gesellschaft ist er an den Rand verbannt.

Dabei ist nichts in unserem Leben so sicher wie er. Irgendwann ist Schluss. Aus. Finito. Man kann noch so gesund leben, noch so viele medizinische Eingriffe über sich ergehen lassen. Das Ende ist bereits mit dem Beginn absehbar. Zugegeben, in meiner Jugend habe ich mir selten Gedanken darüber gemacht. Wie für so viele war auch für mich der Tod eines Haustiers der erste Berührungspunkt mit dem Sterben.

Mit dem Erwachsenwerden erfährt man, wie es ist, wenn ältere Familienmitglieder altersbedingt und Freunde infolge von Krankheiten oder nach einem Unfall aus dem Leben scheiden. Die meisten Menschen begreifen im Laufe des Älterwerdens, dass für jeden von uns irgendwann dieser Moment kommt.

Natürlich wünscht sich jeder, dass dieser Augenblick so lange wie möglich auf sich warten lässt. Dem kann man unter Umständen ein bisschen nachhelfen. Sport treiben, sich ausgewogen ernähren, keinen Alkohol trinken, nicht rauchen und natürlich auf Drogen verzichten. Man könnte auch riskante Tätigkeiten vermeiden, aber wo bliebe da der Spaß?

Trotzdem siegt oft die Vernunft. So muss ich zugeben, dass ich eigentlich den Führerschein für große Motorräder machen wollte. Seit ich in der Rechtsmedizin arbeite, habe ich diesen Plan aufgegeben. Sehr lange bin ich auch ohne Helm Fahrrad gefahren. Das ist Geschichte, seit ich einen Sturz durch Glück und keinesfalls durch Vorsicht oder infolge von Sachverstand glimpflich überstanden habe. Auch hier lehrte der Sektionssaal mich, die nötige Vorsicht walten zu lassen.

Man sollte sich vom täglichen Umgang mit dem Tod jedoch nicht das Leben diktieren lassen. Nur weil ich hin und wieder die Opfer von Schießereien oder klaffende Schusswunden zu Gesicht bekomme, muss ich nicht gleich mit einer schusssicheren Weste vor die Tür gehen. Doch meine Arbeit hat mir eine gewisse Demut dem Leben gegenüber vermittelt und mir gezeigt, wie wertvoll die körperliche Gesundheit und Unversehrtheit ist.

Ich beschäftige mich also von Berufs wegen mit den Schattenseiten der Gesellschaft. Mord und Totschlag sind zum Glück nicht so häufig, wie es uns Boulevardmedien und nicht zuletzt der gute *Tatort* verkaufen möchten. Dennoch ereignen sie sich, statistisch gesehen, in gewissen zeitlichen Rhythmen, und so gering ist der Abstand zwischen den Einzelfällen nun auch wieder nicht.

Dass ich bei der Aufklärung von Tötungsdelikten helfen kann, ist nicht nur Teil meines Berufs, sondern für mich eine Berufung. Ich liebe meinen Job und möchte ihn gegen keinen anderen eintauschen. Obwohl ich mit den schlimmsten Abgründen des menschlichen Seins zu tun habe, gehe ich jeden Tag gerne zur Arbeit.

Worin diese Arbeit besteht, verrate ich mit Vergnügen. Es wird umso deutlicher, je mehr man sich bewusst macht, dass bei jeder Lebensform die Länge der maximalen Lebensspanne eng umschrieben ist, nicht nur beim Menschen.

Während die Lebenszeit von Eintagsfliegen zwischen wenigen Minuten und ein paar Tagen variiert, können Schildkröten problemlos ein Jahrhundert zurückblicken und fühlen sich dabei vermutlich noch nicht einmal alt.

Mich faszinieren vor allem die Insekten, von denen wir erstaunlicherweise nur die Lebensform kennen, die sie am Lebensende erreichen und mit dem wir das jeweilige Insekt in der Regel identifizieren. Wir bemerken die Fliege, wenn sie um uns herumfliegt. Wer hat sich je mit der Made beschäftigt? Die ist nicht weniger spannend als das Insekt, das wir ständig aus unserer Wohnung verscheuchen.

Gängige Bezeichnungen wie Fliege, Käfer oder Schmetterling beziehen sich nur auf das adulte Stadium, also auf das ausgewachsene Tier. Begegnet man zum Beispiel irgendwo im Wald einem prächtigen Hirschkäfer mit seinem glänzenden Panzer, findet es sicher jeder sehr schade, dass er nur ein paar Wochen lebt und dann entweder gefressen wird oder stirbt. Als Käfer hat er allerdings bereits seinen letzten Lebensabschnitt erreicht. Der dient, im Gegensatz zum menschlichen Lebensabend, nur einem Zweck, der Vermehrung.

Ihre Jugend verbringen alle Insekten in ihrem Larven- oder Nymphenstadium. In dieser Lebensphase bildet das Fressen und Wachsen den einzigen Lebensinhalt. Larven wachsen durch Häutungen, weil sie kein inneres Skelett besitzen, das mitwachsen könnte. Deshalb ist klar, dass wir Menschen anderen Regeln unterliegen. Die Evolution hat uns an einen Körper mit einem sehr großen und komplexen Gehirn gebunden. Bis wir Menschen das zehnte Lebensjahr erreicht haben, ist der Hirschkäfer bereits Vater oder gar Großvater geworden. Dabei bringen diese Tiere vergleichsweise lange Zeit im Larvenstadium zu. Diese Phase dauert bei Hirschkäfern zwischen drei und acht Jahren. In diesem

Zeitraum können einer Schmeißfliege bereits viele Dutzend Generationen von Nachkommen gefolgt sein. In der Zeit bis zu unserem ersten Schulwechsel sind es Millionen von Fliegen, die kurz gesummt haben und gestorben sind, während ihre Nachkommen uns vor der Nase herumtanzen.

Lebenszeit ist also relativ. Aus unserer Sicht hat die Eintagsfliege ein bemitleidenswert kurzes Leben. Diese kurze Zeitspanne beinhaltet jedoch alles, was sich auch in unserem Leben abspielt. Geburt, Aufwachsen, Erwachsenwerden, Vermehrung und Tod. Keinen Schulwechsel, zugegeben.

Mich fasziniert das. Unsere Lebensformen existieren nebeneinander, ohne viel voneinander zu begreifen. Mir macht es jedoch Freude, es zumindest stets von Neuem zu versuchen.

Seit meiner Kindheit habe ich zudem einen speziellen Blick für kleine Dinge und Besonderheiten in der Natur.

So hatte ich einmal während eines Österreich-Urlaubs plötzlich eine lebendige Spitzmaus in der Hand, von der sich keiner erklären konnte, wie ich die erwischt hatte. Ein andermal traten einer Lehrerin in der Schule die Schweißtropfen auf die Stirn, als ich bei einer Schulexkursion plötzlich eine Blindschleiche anbrachte.

Das Fangen und Beobachten von Tieren ist also meine heimliche Stärke. So ist es nicht verwunderlich, dass ich heute als Forensischer Entomologe arbeite.

Ein Insektenforscher und die Untersuchung krimineller Handlungen – wie geht das zusammen? Sehr gut.

1
DIE TOTE IM LIEBLINGSBIOTOP

Im Hochsommer wurde ich von der Polizei in ein Waldstück gerufen, nachdem Kinder beim Spielen an einem Tümpel im Wald eine weibliche Leiche entdeckt hatten. Für die Kinder muss es ein Schock gewesen sein, ausgerechnet in diesem mystischen Paradies mit alten Bäumen und einem See auf einen Kadaver zu stoßen. In einem abgelegenen Winkel, in den sie sich bestimmt öfter zum Verstecken zurückzogen, hatte der Tod Einzug gehalten. Unbemerkt, außer von ihnen, den Kindern. Sie hatten sicher an nichts Böses gedacht, und dann hing da diese Tote an einem Baum.

Selbst für Polizei, Feuerwehr, Rechtsmediziner und Bestatter erwies sich dieser Todesfall als Tortur, was an der sommerlichen Hitze lag. Das Seeufer war feucht und rutschig. Brennnesseln, Schilf und wucherndes Brombeergestrüpp machten ein Durchkommen zum Fundort nahezu unmöglich. Dass es sich bei der Toten um eine Frau handelte, hatte man mir im Vorfeld mitgeteilt. Wie aber war sie überhaupt bis in dieses Gestrüpp vorgedrungen? Oder hatte ihr Mörder sie dorthin geschleppt?

Von einem nahe gelegenen Feld aus wurde für uns Hilfskräfte eigens eine Schneise geschlagen, um besser an den Fundort der Leiche zu gelangen. Als ich mich über diesen Behelfsweg vorsichtig näherte, lag über allem der feuchte Dunst des Tümpels, unter den sich, bei jedem Schritt näher zur Leiche hin, immer dominanter der Verwesungsgeruch mischte. Die Nähe zum Tümpel versprach zudem die Anwesenheit von Mücken und Zecken. Ich war froh, mich trotz der hohen Temperaturen für eine feste Jacke entschieden zu haben, die Mücken und Brombeerdornen trotzen konnte. Während wir darauf warteten, dass die Feuerwehr den Weg freiräumte, wurde es mir darin allerdings reichlich warm. Doch sobald die schlammige Schneise vom Unterholz befreit war, gelangten wir im Gänsemarsch, einer hinter dem anderen, zum Fundort.

Handelte es sich bei der Toten wirklich um die Frau mittleren Alters, die bereits seit zwei Wochen als vermisst galt? Die bisherigen Suchmaßnahmen im ehemaligen Wohnumfeld der Vermissten waren ergebnislos verlaufen. Nun vermutete man, dass der Vermisstenfall abgeschlossen werden konnte. Oder musste man einen neuen Fall öffnen? Einen Mordfall? Wie gelangte die Frau an diesen entlegenen Ort? Wer hatte ihren Tod verschuldet?

Verdächtig war, dass man die Frauenleiche am anderen Ende der Stadt gefunden hatte, vom Wohnort der Vermissten aus gesehen. Nachbarn hatten zudem zu Protokoll gegeben, dass es in letzter Zeit zwischen der betreffenden Frau und ihrem Ehemann häufig zu Streit gekommen war. Da die Umstände Fragen aufwarfen, wurden umfangreiche Sicherungsmaßnahmen angeordnet.

Ich bereitete mich darauf vor, die Leichenliegezeit möglichst gleich vor Ort einzugrenzen. Die Vermisste hatte, wie man mir berichtete, zu Lebzeiten einen ausgefallenen Kleidungs- und Schmuckstil gepflegt. Die endgültige Klärung der Identität würde erst ein DNA-Test erbringen.

Endlich hatte ich mich bis zum Fundort durchgeschlagen. Mir bot sich ein seltsames Bild. An dem dicken Ast einer Weide war ein Seidenschal über eine kräftige Astgabel geworfen worden. Die geringe Höhe der geknoteten Schlinge ließ Zweifel offen, ob sich die Frau erhängt hatte oder durch eine zweite Person erdrosselt worden war. Durch das Gewicht der Leiche war der Hals bereits stark gedehnt, was es erschwerte, die ursprüngliche Position nachzuvollziehen. Wie hatte der Tatort bei Eintreten des Todes tatsächlich ausgesehen?

Jetzt hing die Leiche halb an dem Baum, an dem auch die Schlinge befestigt war, halb lehnte sie mit den Füßen auf dem Boden. Die Rechtsmedizin spricht in so einem Fall von einem sogenannten Atypischen Erhängen.

Vermutlich befand sich die Tote bereits seit einem längeren Zeitraum in dieser Lage, denn durch die verwesenden Weichteile ihres Gesichts war bereits das Skelett zu erkennen. Um die Leiche herum hatte sich außerdem der Boden mit Leichenflüssigkeit vollgesogen. Dort wimmelte es vor Leben.

Ich beobachtete, dass die verschiedensten Käfer, Schnecken, Hundertfüßer sowie kleinere Fliegen und Wespen ihre Eier ablegten, jagten oder sich fortpflanzten. Wieder ein Beispiel für den perfekten Kreislauf des Lebens. Die Natur ließ im Falle des Todes nichts verkommen.

An diesem Fundort kamen auf kleiner Fläche diverse kleine Biotope zusammen. Ein Tümpel, der Wald, eine Wiese, ein Schilfgürtel und dazu dichtes, Schatten spendendes Gestrüpp. Das allein garantierte eine große Vielfalt an Lebewesen. Die sommerlichen Temperaturen waren perfekt für Insekten, und der dunkle Boden zeugte von Fruchtbarkeit.

Hinzu kam dieser neue, für Insekten sehr attraktive Lebensraum. Die Leiche bot einer Vielzahl an Lebewesen ein zusätzliches, kurzzeitig verfügbares Betätigungsfeld

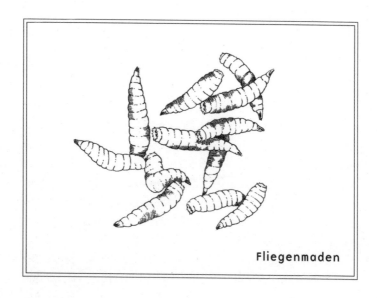

Fliegenmaden

oder, mit anderen Worten, eine ausgezeichnete Nährstoff-quelle.

Wie immer hatten auch diesmal die Fliegen die erste Welle der Besiedlung übernommen. Durch die sommerlichen Temperaturen begünstigt, war die Nachkommenschaft sehr schnell herangewachsen. Ihre Maden waren offenbar schon bereit, von der Leiche abzuwandern.

Ich machte mir eine Notiz. Die Leiche war mit Sicherheit mehrere Tage nicht bewegt worden.

Doch die Fliegenmaden saßen in der Falle, ihnen kam der Kleidungsstil der Toten in die Quere. Die Frau trug ihre lockere Bluse in die Jeans gesteckt, die wiederum von einem Gürtel gehalten wurde. Infolge der natürlichen Leichenblähung gab es im unteren Bereich der Bluse kein Entkommen für die Maden, die zwischen Blusenstoff und Gürtel feststeckten.

Kurz musste ich an die Kinder denken, die die Frauenleiche entdeckt hatten. Ob sie den Anblick je würden vergessen können? Schnell schob ich den Gedanken beiseite, hier war ein professionelles Urteil gefragt.

Das Gewimmel war ein deutliches Zeichen für mich. Die Tiere saßen in der Bluse fest und bildeten eine unablässig wimmelnde Masse im Bauchbereich der Leiche. Eben diese permanente Bewegung und die Feuchtigkeit verhinderten, dass sich die Maden verpuppten. Über einen Zeitraum von mehreren Tagen hinweg hatten sich offensichtlich immer mehr der Tiere in dieser Falle gesammelt. Wer es schaffte, der engmaschigen Bluse zu entkommen, wurde sofort von den Räubern gefressen, die am Boden auf die Maden lauerten.

Dafür kommen sowohl Käfer, Ameisen, Wespen oder Hornissen als auch Eidechsen und Vögel infrage. Bei den Vögeln wiederum reicht das Spektrum vom Haussspatz, den man in der Stadt beim Madenfangen an Biotonnen beobachten kann, bis zu Krähen oder Spechten. Und letztendlich sind auch die größeren Säugetiere wie Dachse und Wildschweine an dieser Eiweißquelle interessiert.

Wie lange genau hatte die Leiche hier gelegen? Ich suchte, fand aber keine verpuppten Tiere. Somit durfte ich mit Gewissheit einen Todeszeitpunkt annehmen, der zehn Tage zurücklag.

Der Gerichtsmediziner bestätigte meine Einschätzung bei der Obduktion, bei der er zudem keinerlei Hinweise für eine Straftat fand. Nahm man alle Indizien zusammen, konnte es nur eine Interpretation der Fakten geben: Die Frau hatte sich am Tümpel erhängt.

Kriminalistisches Interesse

Warum ich mich freiwillig derartigen Situationen aussetze? Mein Werdegang ist sicher typisch, weil er so untypisch ist. Tatsächlich gibt es keine einheitliche Ausbildung, die auf geradem Weg zu meinem Beruf führt.

Die Liebe zu Tieren und zur Natur im Allgemeinen ist eine eindeutige Voraussetzung. Ebenso, dass ich keine Scheu habe, zuzupacken, egal, ob ich Schlangenhaut berühre oder in ein Wespennest greife. Dass ich das kann, habe ich ja als Kind bewiesen. Deshalb war es für mich naheliegend, mich zunächst näher mit der Natur zu beschäftigen. Ich begann ein Studium der Forstwissenschaft an der TU Dresden. So gesehen lag die Frauenleiche in meinem Lieblingsbiotop.

Natürlich gingen alle davon aus, dass ich später Förster werden würde. Doch dann wurde im Masterstudium das Vertiefungsprofil »Biodiversität und Organismen« angeboten. Das war Liebe auf den ersten Blick. Dort trafen sich mein vorhandenes Interesse an medizinischen Zusammenhängen und mein geradezu kriminalistisches Wissenschaftsinteresse.

Als Nächstes kam mir, mehr oder weniger über Nacht und nach der Lektüre eines Kriminalromans, die Idee für meine Masterarbeit. Ich legte ein Schwein als Vergleichsobjekt in der Natur aus, um zu schauen, was damit passiert. Wie würden sich die Fliegen verhalten? Was tun die Maden? Wer schaut noch vorbei?

Es gibt in der Kriminalliteratur und zunehmend auch in Fernsehserien heute ja sehr detailreiche Beschreibungen des Leichenzerfalls, gerade und im Besonderen unter dem Einfluss von Insekten. Damals war das für mich absolut neu. Als ich in dem Krimi auf diese Beschreibung stieß, verspürte ich den unbedingten Drang, der Sache eine wissenschaftliche Grundlage zu geben. Leider fand sich keiner meiner Kommilitonen dazu bereit, sich im Dienst der Sache ermorden zu lassen. Deswegen musste ein Schwein dafür herhalten.

Hatte der Krimiautor recht? Ich konnte einige wissenschaftliche Ungenauigkeiten nachweisen, was natürlich der Spannung des Buches keinen Abbruch tat, mir aber eine gewisse Genugtuung verschaffte. Ich betrat Neuland und freute mich von Herzen darüber, dass ich Sachverhalte nach- und sogar im kriminalistischen Sinne beweisen konnte, die man zuvor nur vermutet hatte.

Durch die verschiedenen interessanten Tätigkeiten während meiner Freilandexperimente geriet ich immer tiefer in den Sog der Forensik. Ich las die wenige vorhandene Fachliteratur und fragte bei verschiedenen rechtsmedizinischen Instituten nach Details. Da es damals nur wenige Entomologen in Deutschland gab (und bis heute gibt), ergab sich mit der Zeit aus diesen Kontakten eine fruchtbare Zusammenarbeit.

Ist es tatsächlich so einfach, an Kriminalfällen beteiligt zu werden? Nein, natürlich nicht, schon gar nicht in Deutschland. Nur weil man eine Bachelor- oder Masterarbeit zur Kadaverökologie verfasst hat, darf man noch lange nicht an einen Tatort. So weit dachte ich zu diesem Zeitpunkt jedoch nicht. Irgendwann kam man dann von selbst auf mich zu.

Für mich war es ein Glück, dass ich zur richtigen Zeit am richtigen Ort die richtigen Fragen gestellt hatte. Die Betreuer meiner Masterarbeit haben mir den ersten Hinweis gegeben, auf welchem Fachgebiet ich mich mit diesem Wissen später betätigen könnte.

Ich wandte mich daraufhin an das Rechtsmedizinische Institut der Universität Leipzig, und dort konnte man sich tatsächlich eine Zusammenarbeit vorstellen. Ein Ja war auch die Antwort auf die Frage, ob ich eine Doktorarbeit zu diesem Thema schreiben könne. Das meiner Meinung nach beste Ja bekam ich jedoch zu hören, als es um eine Festanstellung an ebendiesem Institut ging.

Das ist natürlich eine Zusammenfassung im Zeitraffer. Um zu ersten Erfolgen zu kommen, musste ich viel Überzeugungsarbeit bei Kriminalpolizei, Spurensicherung und Staatsanwaltschaft leisten.

Zugute kam mir außerdem ein weiterer Zug, den ich in dieser Phase meiner Ausbildung an mir entdeckte. Ich bin nicht öffentlichkeitsscheu, wenn es um die Vermittlung meines Tätigkeitsbereiches geht. Und außerdem macht es mir sogar erstaunlich viel Freude, mein Wissen und die daraus gezogenen Schlüsse vor großen Menschenmengen auf Tagungen oder Lehrgängen vorzustellen. Außerdem lese ich gerne wissenschaftliche Studien zum Thema, die fast alle im englischen Sprachraum erscheinen.

Wichtig war außerdem die Erkenntnis, dass ich keine Scheu vor den Gerüchen der Fäulnis und der Verwesung habe. Die Arbeit im Sektionssaal finde ich durch das lange Stehen in erster Linie ermüdend, aber das wird mir wohl kaum jemand glauben. Doch diese Anstrengung führt tatsächlich oft zu einem kurzen Moment des Nachdenkens: »Wie bin ich ausgerechnet an diesem Ort gelandet?«, denn bei schwierigen Fällen kann die Obduktion durchaus ein paar Stunden dauern. Auch an Fundorten stehe ich manchmal neben einem Beamten der Kriminalpolizei, jeder mit einem Becher Kaffee in der Hand, und diese Frage stellt sich uns beiden.

Eigentlich ist es eine Selbstverständlichkeit, doch man sollte nie vergessen, dass man es in meinem Beruf zumeist mit toten Menschen zu tun hat. Morde, Unfälle, verwahrloste Körper, nicht zu vergessen die damit verknüpften, zahlreichen menschlichen Schicksale. Und natürlich die Käfer, Fliegen und Maden, die mein Spezialgebiet sind. Besiedeln sie einen Körper – nun, für viele ist an dieser Stelle Schluss.

Für mich fängt da die interessante Arbeit erst an.

2
NIEMAND KENNT DEN TOD

Niemand kennt den Tod, das wusste schon der alte Sokrates. Aber wir alle tragen Bilder in uns, haben eine Vorstellung davon. So gibt es ganz unterschiedliche Richtungen, aus denen man sich Tod und Sterben nähern kann. Über die persönliche Einstellung beispielsweise oder die rechtliche Definition.

Keine Angst vor dem Tod

»Wie hältst du das aus?« – »Kannst du nachts ruhig schlafen?« – »Ekelst du dich nicht?« Das sind Fragen, die mir oft gestellt werden.

Ich kann das natürlich nachvollziehen. Viele Menschen haben mit ihrem vorherbestimmten Ableben ein Problem.

Meine Mutter äußert dagegen manchmal ihre Sorge um meine Gesundheit, da ich häufig tief in meine Arbeit versinke, außerhalb der Dienstzeit viel über das Erlebte nachdenke und Fallrekonstruktionen durchspiele.

Doch ich habe keine Angst vor dem Tod, empfinde keinen Ekel vor Leichen. Ich liebe meinen Beruf in all seinen Facetten! Irgendwann kommt er immer, der Tod. Er gehört ganz einfach dazu. Ohne Tod kein Leben und ohne Leben kein Tod.

Nirgendwo wird einem dieser natürliche Ablauf der Dinge besser verdeutlicht als bei der Forensischen Entomologie. Es liegt in der Natur begründet, dass Lebewesen sterben und daraus, direkt oder indirekt, neue Lebewesen hervorgehen.

Die Frage, wie einen der Tod ereilt, ist jedoch eine ganz andere. Die meisten Menschen möchten vermutlich am liebsten weit jenseits des achtzigsten Lebensjahres mit fittem Kopf und einigermaßen beweglichen Gliedern einfach nicht mehr aus einem ruhigen Schlaf erwachen. Dieser Tod ist auch vielen vergönnt. Unfälle und schwere Krankheiten, schlimmstenfalls ein Gewaltdelikt, reißen einige wenige Menschen allerdings viel früher aus dem Leben.

Diese Gedanken berühren meine tägliche Arbeit nicht, weil ich zum einen die Toten, die vor mir liegen, nicht kenne und zum anderen genau weiß, dass ich sie nicht wieder lebendig machen kann. Fremde Schicksale dürfen mein Leben außerhalb von Sektionssaal, Tatort und Gerichtssaal nicht berühren. Was ich tun kann, ist helfen. Helfen, bei einem Tötungsdelikt einen Schuldigen zu überführen. Helfen, Gewissheit für Angehörige zu schaffen. Helfen, die Rechtsfindung zu unterstützen.

Ekel verspüre ich bei meiner Arbeit nicht. Man gewöhnt sich an die verschiedensten Leichenzustände. Die Gerüche, die man manchmal in Haaren und Kleidung mit nach Hause nimmt, werden bald Arbeitsalltag. Dafür gibt es Waschmaschinen und warme Duschen. Mittlerweile erkenne ich am Geruch, wie die Leiche ungefähr aussieht beziehungsweise in welchem Zustand sie sich befindet.

Jedenfalls sollte man sich nie mit Mentholpaste unter der Nase oder Kaugummi im Mund in den Sektionssaal wagen. Zum einen durchdringt der Leichengeruch auch diese Geruchsbarriere. Das macht alles nur schlimmer. Zum anderen merkt sich das Gehirn diese beiden Gerüche in einer Kombination. Dann kann es noch nach Wochen dazu kommen, dass beim Kaugummikauen der Leichengeruch vom Gehirn in die Nase hineingeschummelt wird.

Es ist ein verbreiteter Irrglaube, dass die in der Forensik arbeitenden Kollegen zu solchen Mitteln greifen, wie sie uns die Krimilandschaft vorgaukelt. So sieht man im Film *Das Schweigen der Lämmer,* wie drei Polizisten vor ihren Ermittlungen mit viel Pathos Mentholpaste unter ihre Nasen reiben, um dann doch vom Geruch überrascht zu werden.

Mich hält meine Liebe zu diesem Beruf tagtäglich bei der Stange. Die Kollegen, die Arbeit und mein gesamtes Arbeitsumfeld möchte ich um nichts in der Welt missen.

Wer ist tot?

In Deutschland gibt es – rein rechtlich gesehen – keine Definition für den Tod. Im Transplantationsgesetz (TPG) der Bundesrepublik Deutschland sind jedoch einige Anhaltspunkte zu finden.

So steht in § 3 Abs. 1 Nr. 2: »[…] der Tod des Organ- oder Gewebespenders nach Regeln, die dem Stand der Erkenntnisse der medizinischen Wissenschaft entsprechen, festgestellt ist […]«. Näher geht man in § 3 Abs. 2 Nr. 2 auf den Aspekt ein: »Die Entnahme von Organen oder Geweben ist unzulässig, wenn […] nicht vor der Entnahme bei dem Organ- oder Gewebespender der endgültige, nicht behebbare Ausfall der Gesamtfunktion des Großhirns, des Kleinhirns und des Hirnstamms nach Verfahrensregeln, die dem Stand der Erkenntnisse der medizinischen Wissenschaft entsprechen, festgestellt ist.«

In der allgemeinen Rechtsprechung greift man, mit Verweis auf das TPG, auf den Gesamthirntod zurück. Der Tod muss von einem beziehungsweise zwei Ärzten festgestellt werden, wenn es um Transplantationen geht, sowie mit Todeszeitpunkt und Sterbeort in den Totenschein eingetragen werden. Zudem muss bereits von dem Arzt, der die Leichenschau macht, die Todesart als »natürlich« und »nicht natürlich« kategorisiert werden.

Bei einem nicht natürlichen Tod wird der Leichnam in der Regel in ein rechtsmedizinisches Institut gebracht und dort auf eine staatsanwaltschaftliche Anordnung hin obduziert.

Für die Feststellung des Todes stehen den Medizinern mehrere natürliche Merkmale zur Verfügung, die unter anderem Rückschlüsse auf den Todeszeitpunkt zulassen. Diese Erscheinungen werden auch »sichere Todeszeichen« genannt.

Totenflecke treten zumeist als Erstes auf. Durch den Herzstillstand kommt der Blutkreislauf zum Erliegen. Mit dem damit einhergehenden Blutdruckabfall sinkt das Blut durch die Schwerkraft in die tiefsten Punkte und sammelt sich dort. Das Gefäßsystem erschlafft und weitet sich. Es entstehen auf der Haut deutlich erkennbare, blaurote bis grauviolette Flecke, die bereits 20 bis 30 Minuten nach Eintritt des Todes sichtbar werden. Die vollständige Ausbildung zeigt sich allerdings erst nach ein paar Stunden.

Anfänglich lassen sich die Flecke verlagern, solange das Blut noch flüssig ist, wenn man den Leichnam beispielsweise auf die Seite dreht. Wendet man eine Leiche also vom Bauch auf den Rücken, verschwinden die Leichenflecke am Bauch und erscheinen kurze Zeit später am Rücken.

Liegt die Leiche länger, ist das Blut im Gefäßsystem teilweise geronnen und lagert sich nicht mehr um. Eine Umlagerung der Totenflecke ist bis zu 24 Stunden nach Todeseintritt möglich. Der leichenschauende Arzt bekommt also Hinweise auf den Todeszeitpunkt, je nachdem, ob sich die Totenflecke mit starkem Druck verlagern lassen oder dauerhaft verbleiben, wo sie sind.

Die Totenstarre (Rigor Mortis) ist ein anderes Zeichen. Die Skelettmuskulatur zeigt bei einem normalgewichtigen Menschen bereits nach zwei Stunden erste Anzeichen. Nach fünf bis zehn Stunden sind alle Gelenke starr und fest. Zuerst tritt die Totenstarre in der Regel im Unterkiefer auf. Dann setzt sie sich weiter nach unten fort. Dies muss jedoch nicht zwingend so sein.

Der Mediziner kann also erkennen, welche Gelenke schon fest sind beziehungsweise ob sich die Totenstarre bereits wieder gelöst hat, und danach den Sterbezeitpunkt eingrenzen.

Dadurch, dass keine Körperwärme mehr produziert wird, kühlt der Körper aus. Temperaturmessungen an Leichen werden normalerweise im Mastdarm durchgeführt. Als grobe Faustregel kann man sagen, dass ein normalgewichtiger Körper ungefähr 1 °C Temperatur pro Stunde verliert, bis die Umgebungstemperatur erreicht ist. An einem warmen Sommertag tritt also unter Umständen gar keine Abkühlung ein. Zudem ist eine niedrige Körpertemperatur kein sicheres Todeszeichen. So sollte nur eine mehrfache Messung der Körpertemperatur und der Umgebungstemperatur zur Bestimmung des Todeszeitpunkts genutzt werden.

Für eine exakte Anwendung dieser Methode stehen übrigens mittlerweile Softwareprogramme und Apps zur Verfügung, die auf einem sogenannten Nomogramm basieren, einem Diagramm auf Grundlage mathematischer Funktionen.

Nach einer gewissen Zeit gibt es für den Mediziner nur noch ein grobes Zeitraster für die Bestimmung des Todeszeitpunktes, das durch Erfahrung eingegrenzt werden kann. Ab diesem Zeitpunkt ist die Forensische Entomologie das verlässlichste Mittel der Wahl. Vorausgesetzt, es sind Insekten vorhanden. Aber das sind sie meistens.

Austrocknung des Gewebes mit anschließender Mumifizierung, die Gasbildung, das Eintreten von Fäulnis und Verwesung können als weitere sichere Todeszeichen genannt werden. Klarer dürfte sich kaum zeigen, dass die betreffende Person nicht mehr lebt.

3
AM ORT DES TODES

Leben bedeutet permanenten Wandel, der Tod ebenso. Alles entsteht, alles vergeht. Wir sind nur ein winziger Teil eines riesigen Kreislaufs.

Aus den verschiedenen Stadien des Zerfalls nach dem Tod erhält der Forensische Entomologe die entscheidenden Fingerzeige für den Erfolg seiner Arbeit – im Sektionssaal und am Tatort.

Insekten helfen uns auf vielfältige Weise beim Abklären von Todesursachen. Fliegen, Käfer, Ameisen und andere Kerbtiere geben mir die unterschiedlichsten Hinweise.

Die Polizei findet eine treibende Leiche auf einem See, der Tote ist jedoch nicht ertrunken. Wie kann das sein? In den Taschen der Leiche finde ich tote Kellerasseln. Das zeigt, dass die Leiche nicht von Anfang an im Wasser gelegen hat, sondern erst später dorthin gebracht wurde. Möglicherweise, um eine Tat zu vertuschen. Kollege Assel hat einen entscheidenden Hinweis geliefert.

Nicht nur die anwesenden Insekten, sondern der permanente Wandel durch die Zersetzung des Körpers liefern mir die notwendigen Anhaltspunkte dafür, wann und unter welchen Umständen der Tod eingetreten ist.

Für uns Menschen ist es ein Glück, dass es diese Zerfallsprozesse gibt, die in der Regel schnell ablaufen und reibungslos funktionieren. Man denke sich nur eine Welt, in der sämtliches totes Material liegen bliebe. Nach kurzer Zeit würde man durch Berge aus Laub, Totholz und Leichen aller Art waten.

Doch wer erledigt diese Arbeit?

Ohne Bakterien geht nichts

Sobald der Mensch tot ist, beginnen durch die Arbeit der Bakterien Verwesung und Fäulnis. Sehen wir uns diese Prozesse etwas genauer an.

Je höher der Fettanteil eines Körpers ist, desto weniger Wasser besitzt er prozentual. Fett ist der wasserärmste Körperbestandteil. Bei untergewichtigen Menschen kann Wasser 70 Prozent des Körpergewichtes ausmachen, bei übergewichtigen nur 40 Prozent. Dieses Wasser beginnt sofort nach Eintritt des Todes zu verdunsten, da mit den Körperfunktionen auch die sogenannte Osmoregulation, der körpereigene Wasserhaushalt, aussetzt und die Verdunstungsbarriere wegfällt.

Was also passiert, wenn wir zerfallen? Nach dem Tod werden durch das Unterbrechen des Blutkreislaufes die inneren Organe nicht mehr mit Sauerstoff versorgt. Das ist für Organe wie Gehirn und Leber fatal. Ihre Zellen beginnen nach kürzester Zeit abzusterben. Es beginnt die Autolyse, die Selbstauflösung.

Der Stoffwechsel kommt zum Stillstand. Sogenannte lysomale Enzyme, die in jedem Körper vorhanden sind, zersetzen die Zellen. Dieser Prozess beginnt im Gehirn, dann folgen nacheinander die inneren Organe, die Muskeln und schließlich die Haut. Die Körperzellen, die am längsten überleben, sind die Samenzellen des Mannes.

Die Bakterienstämme, die wir zu Lebzeiten für die Verdauung genutzt haben, arbeiten noch eine Weile weiter. Sie vermehren sich und bilden Gase.

Wichtig für den Forensiker ist der Unterschied zwischen Verwesung und Fäulnis. Verwesung findet mithilfe sogenannter aerober Bakterien statt, die auf das Vorhandensein von Sauerstoff angewiesen sind. So sind beispielsweise alle Bakterien auf unserer Haut Aerobier.

Fäulnis findet unter Sauerstoffmangel statt. Hier spielen die anaeroben Bakterien eine Rolle, für die Sauerstoff teilweise wie Gift wirkt. Sie leben vor allem im Darm des Menschen.

Sowohl innerliche Fäulnis als auch äußerliche Verwesung gehen gleichzeitig vor sich, solange die Leiche frisch beziehungsweise in der Blähungsphase ist. Geht die Leiche in die aktive Zersetzung über, ist die Verwesung meist das stärkere Element.

Die beiden Abläufe sind primär von Temperatur und Umgebungsfeuchtigkeit abhängig. Dazu kommen weitere Einflüsse. Im Freien sind das unter anderem Bodenbeschaffenheit, Geländeneigung (wegen des Flüssigkeitsabflusses), Vegetation, Exposition im Sonnenlicht. Bei Wohnungsleichen achtet man auf Wärmequellen, Schließzustand der Fenster und Sterbeort.

Während also die Bakterien arbeiten, entsteht viel Gas im Inneren der Leiche. So wird aus der frischen Leiche eine geblähte Leiche. Diese kann durchaus beachtliche Ausmaße annehmen, nicht nur am Bauch. Ein häufig beobachtetes Phänomen bei männlichen Leichen ist zum Beispiel, dass sich durch die Gasbildung der Penis und der Hodensack aufblähen. Was die Menschen häufig erschreckt, die erstmals mit diesem Phänomen konfrontiert sind.

Zur Zeit der Gasbildung hat sich meist durch die austretende Zellflüssigkeit bereits die Haut abgelöst. Ab sofort sieht der Körper hell aus, unabhängig von regionaler und ethnischer Herkunft, da die für die Hautfarbe verantwortlichen Melanozyten nur in der obersten Hautschicht sitzen. Gase, aber auch Flüssiges wie der Mageninhalt können nun aus den natürlichen Körperöffnungen entweichen und dabei Töne erzeugen.

Zu diesem Zeitpunkt tauchen Wasserleichen oder unter Wasser versteckte Leichen gern wieder an der Oberfläche auf, so sie nicht wie das klassische Mafiaopfer aus dem Film mit einem Betonklotz beschwert wurden. Bei denen dauert es etwas länger, die Fußgelenke müssen sich erst von den Unterschenkeln lösen …

Im Sommer steigen die Leichen meist nach Gewittern nach oben. Warum das so ist, konnte bisher nicht abschließend wissenschaftlich geklärt werden. Es könnte mit plötzlichen Temperatur- oder Luftdruckschwankungen zu tun haben.

Eine weitere Rolle spielt die Wassertiefe. Ein Körper, der zum Beispiel nach einem Tauchunfall in einem Neoprenanzug bei 4 °C unter Wasser lagert, kann dort sehr lange verweilen und zersetzt sich aufgrund der geringen Temperatur und der dadurch gehemmten Bakterienvermehrung äußerst langsam.

Manchmal gibt ein Körper in diesem Stadium auch am Bauch nach, und es entweicht Gas über einen Riss im Bereich des Nabels. Der geblähte Körper fällt wieder in sich zusammen, und die Verwesung nimmt weiter Fahrt auf. Sie tritt in das Stadium der aktiven Zersetzung ein. Nur noch sehr wenig erinnert nun an den Verstorbenen.

Bei jeder Form der Zersetzung spielen Umgebungstemperatur und Luftfeuchtigkeit eine Rolle. Bei kühlem und feuchtem Zustand tritt eher Fäulnis ein, in feuchten Kellern auch ein Befall mit Schimmelpilzen. Kommt eine sauerstoffarme Umgebung dazu, setzt die sogenannte Fettwachsbildung ein. Die Körperfette verseifen (Saponifikation) durch einen chemischen Prozess, und es entsteht ein festes, hartes Material, das Adipocire genannt wird. Diese Erscheinung ist sowohl bei Wasserleichen als auch bei Sargleichen aus feuchten Böden anzutreffen. Staunässe durch Lehmböden stellt ein großes Problem auf Friedhöfen dar, weil die Leichen sogar nach einer langen Liegezeit nicht komplett zersetzt sind.

Bei warmer und feuchter Witterung und in dichter Vegetation beschleunigen sich die Verwesungsprozesse, weil sie durch hohe Temperaturen und die Feuchtigkeit der Umgebung befeuert werden. Dies kann dazu führen, dass Körper innerhalb weniger Wochen komplett skelettieren.

Ist es sehr kalt oder sehr warm und zusätzlich sehr trocken, verläuft der Prozess noch schneller. Durch die Verdunstung wird dem Körper in kurzer Zeit viel Wasser und der bakteriellen Zersetzung damit die Grundlage entzogen. Es kommt zur Mumifikation. In diesem Zustand kann eine Leiche sehr lange überdauern, wie wir aus der Geschichte wissen. In Ägypten, aber auch bei Inkas und Azteken hat man sich dies zunutze gemacht. Wird der Leichenumgebung erneut Feuchtigkeit zugeführt, setzt die Verwesung allerdings wieder ein.

Dieses Phänomen führt dazu, dass man etwa bei Körpern von Selbstmördern, die sich bei sehr kalten Temperaturen um die −20 °C im Wald erhängt hatten, kaum Verwesungsmerkmale sieht, denn auch dann findet keine Zersetzung statt. Bei diesen Temperaturen ist das Bakterienwachstum gestoppt, und die Insekten fehlen. Der Körper zieht sich mit der Zeit durch das eigene Gewicht in die Länge, bis ein Großteil der Feuchtigkeit verdunstet ist. So fand man Leichen von beinahe zwei Meter Länge, komplett ausgetrocknet und in ihren wasserlosen Bestandteilen perfekt erhalten. Das bekannteste Beispiel für eine Eismumie ist der 1991 gefundene Ötzi, der mehrere Tausend Jahre in einem Alpengletscher überdauerte.

Aber auch die ägyptischen Mumien sind nach Tausenden von Jahren in ihren trockenen Särgen äußerst gut erhalten. Denn: ohne Bakterien keine Fäulnis und keine Verwesung.

Ist die bakterielle Zersetzung abgeschlossen, bleiben von einem Körper zumeist nur Haare, Knochen und Zähne übrig. Die skelettierten Überreste überdauern mit Abstand am längsten. Bei ihrem Abbau spielt die Mineralisierung, also die Zersetzung durch Pilze, Bodenorganismen und Bakterien, eine Rolle. Irgendwann ist dann auch der letzte Rest des Zellmaterials, das den Menschen ausgemacht hat, verschwunden, und der Kreislauf schließt sich.

Um jeden toten Körper entstehen also kleine dynamische Hotspots oder Ökosysteme mit eigenem Mikroklima und eigener Populationsdynamik – Käfer, Insekten, Maden befallen jedes dieser Ökosysteme in anderer Zusammensetzung. Ist in so einem Hotspot die Temperatur nur um ein Grad höher, stellt sich die Dynamik sofort komplett anders dar. Trotz des im Groben gleichen Ablaufs unterscheidet sich deswegen jeder Zersetzungsprozess und damit für den Forensischen Entomologen auch jede Leiche.

Alleskönner am Werk

Außer den Bakterien spielen bei der Zersetzung selbstverständlich die verschiedenen Insekten eine gewichtige Rolle. Werde ich zu einem Tatort gerufen, muss ich mich als Erstes darum kümmern, ob es Insekten und Insektenmaden

bei, auf oder in der Leiche gibt. Schwirrt da eine Schmeißfliege herum? Krabbelt da ein Aaskäfer? Handelt es sich bei
den Punkten, die ich mit meiner Lupe in der Wunde ent-
decke, um Fliegenmaden? Von welcher Fliege? In welchem
Stadium?

Wenn ich alle Hinweise, die mir die Natur gibt, sorgfältig
beachte, helfen mir die Insekten ungemein bei der Ermittlung des Todeszeitpunktes und der Todesumstände.

Insekten existieren seit sehr langer Zeit auf diesem Planeten und haben sich perfekt an ihre Umwelt angepasst. Der
älteste Fossilfund eines Insekts ist 407 Millionen Jahre alt.
Es gibt unzählige Arten, überall auf der Erde. Man findet
flügellose Käferarten auf windigen Inseln, Verdunstungs-
spezialisten in Wüsten, Parasitoide (Tiere, die ihren Wirt
umbringen), Parasiten (Tiere, die ihren Wirt nicht umbrin-

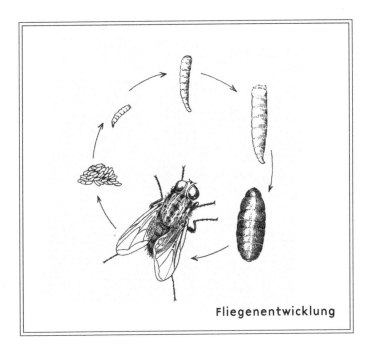

Fliegenentwicklung

gen), Hyperparasiten (Tiere, die Parasitoide oder Parasiten und ihre Wirte umbringen), Blutsauger und Nahrungsgeneralisten (Allesfresser).

Insekten haben bei der Erschließung neuer Lebensräume keine einzige Nahrungsquelle ausgelassen. Außerdem passen sie sich perfekt an ihre Umwelt an und nutzen zu großen Teilen komplexe Chemie für ihre Kommunikation, die Verteidigung und zum Beutemachen.

Für die Forensischen Entomologen sind natürlich vor allem die Aasfresser interessant, da diese einen Leichnam sehr schnell besiedeln. Welche Insekten ich in welchen Stadien vorfinde, erlaubt mir zum Beispiel Rückschlüsse auf die Leichenablage beziehungsweise die Leichenliegezeit und somit auf den Todeszeitpunkt.

Dies ist das häufigste Ziel bei der Arbeit mit forensisch relevanten Insekten und zugleich dasjenige, das der Öffentlichkeit durch Krimis am bekanntesten ist. Allerdings können Forensiker erst ab dem Zeitpunkt Aussagen treffen, an dem die ersten Insekten den Leichnam erreichen.

Intensiv beschäftigen sich verschiedene Forschungsgruppen weltweit außerdem seit ungefähr zehn Jahren verstärkt mit der Entomotoxikologie. Was das ist? Nun, die forensische Entomotoxikologie befasst sich mit dem Nachweis von Drogen und Medikamenten in den am Leichnam gefundenen Insekten. Fliegenmaden nehmen beim Fressen die im Gewebe vorhandenen Stoffe und ihre Abbauprodukte auf und lagern sie in den eigenen Körper ein. Die Stoffe führen dann bei den Insekten beispielsweise zu Wachstumsschüben und zu Verhaltensänderungen.

Das ist für den Entomologen sehr nützlich, denn häufig finde ich in der Leiche nicht mehr ausreichend Material für eine toxikologische Analyse auf Medikamente, Drogen oder Schwermetalle, weil Oberschenkelvenenblut, Herzblut, Mageninhalt oder Hirnsubstanz bereits verschwunden sind. Doch ich kann Erkenntnisse über mögliche Giftstoffe oder Drogen und Medikamente noch aus der Analyse der leichenbesiedelnden Insekten gewinnen.

Außerdem kann man durch Insekten in speziellen Fällen auch eine Vernachlässigung schutzbedürftiger Personen feststellen. Wenn Windeln nicht gewechselt und Wundverbände nicht ausgetauscht werden, besiedeln Insekten schnell die entzündeten Hautbereiche. So hinterlässt also alles, was wir tun oder auch nicht tun, deutliche Spuren.

Abschließend sei noch kurz auf die Myiasis hingewiesen. Die Myiasis bezeichnet die Besiedlung von offenen Wunden durch Fliegenlarven. Aus dem Zeitablauf dieser Besiedlung lassen sich ebenfalls wichtige Rückschlüsse ziehen, denn es gibt Fliegen, die immer als Erste am Arbeitsplatz sind, und eben auch Trödler.

Individuelle Zerfallsprozesse

Auf einer Lichtung wird ein totes Tier gefunden. Die Lichtung ist von dichtem Bewuchs umgeben. Es summt recht deutlich, und ein charakteristischer, verweslicher Geruch steigt uns in die Nase. Sowohl der tote Körper des Tieres, die Lichtung mit dem toten Tier sowie der Wald mit der Lichtung und dem toten Tier bilden jeweils ein eigenes Ökosystem.

Jedes Stadium des Zerfalls zieht eine spezielle Leichenfauna an. Die Besiedlung erfolgt abhängig von Ort, Umgebung, Temperatur und Feuchtigkeit, um nur ein paar Parameter zu nennen. Man kann also sagen: Kein Verwesungsprozess läuft gleich ab.

Doch Vorsicht. Was dieser Begriff »Verwesungsprozess« beinhaltet, ist keinesfalls fest definiert. In jedem Zerfallsstadium gibt es Wechselwirkungen der Lebewesen mit denen der jeweils nächsthöheren beziehungsweise nächstniederen Ebene im Ökosystem. Dazu kommt das Zusammenspiel der belebten mit der unbelebten Umwelt und deren Einflüssen.

Das bedeutet, wir stehen als Zuschauer im Ökosystem und sind zugleich ein Teil davon, da beispielsweise unsere Hautschuppen, die wir permanent verlieren, die Bakterien und Milben im Boden der Lichtung mit Nahrung versorgen. Außerdem bilden wir selbst wiederum ein Ökosystem, da wir von Milliarden Bakterien besiedelt sind und ein eigenes, individuelles Mikrobiom besitzen.

Wir haben also mit einem offenen System zu tun, das wir betreten können. Mit einem dynamischen System, das sich permanent sowohl räumlich als auch zeitlich verändert. Einem komplexen System, in dem alle Elemente und Strukturen in Wechselwirkungen stehen.

Je mehr Ebenen wir also vorfinden, je mehr Tiere und Pflanzen beteiligt sind und je mehr sie in Wechselwirkung stehen, desto komplexer wird das Gesamtsystem.

So unterliegt das Ökosystem eines toten Körpers Grenzen, natürlichen Einflüssen, Wechselwirkungen mit anderen Systemen und natürlich einem der wichtigsten Einflüsse: der Zeit.

Am Tatort – Realität und Fiktion

Ein Sonntagnachmittag im Sommer. Ich sitze auf der Terrasse. Der Kaffee gluckert durch die Maschine. Plötzlich klingelt das Telefon. Interessanterweise klingeln Telefone meistens, wenn ich gerade nicht damit rechne oder den Moment als sehr unpassend empfinde. Was wahrscheinlich eine subjektive Wahrnehmung ist …

Einmal klingelte es genau in dem Moment, als ich den Schlüssel in das Schloss der Haustür steckte. Besser könnte sich das ein Krimi- oder Drehbuchautor nicht ausdenken, wenn es um sonntägliche Nachmittage geht.

Der Anruf beordert mich zu einem Leichenfund am anderen Ende von Sachsen. Also packe ich meinen Koffer samt Kamera und fahre zur angegebenen Adresse.

Die Absperrungen bei Wohnungsleichen sind meist recht übersichtlich. Bei Tatorten im Freien werden mitunter sehr große Areale mit Absperrband umwickelt und alle Zufahrten mit einer Polizeistreife besetzt. Komme ich dann zur Absperrung, werde ich meist erst einmal kritisch beäugt. Als Entomologe bin ich immer noch der Exot am Tatort.

Die Forensische Entomologie steckt in Deutschland nach wie vor in den Kinderschuhen, was die Ermittlungsarbeit angeht. Entweder denkt die Kriminaltechnik nicht an den Entomologen oder fordert ihn zu spät beziehungsweise gar nicht an. Glücklicherweise konnte ich diesen Zustand in den letzten Jahren durch viele Weiterbildungsangebote für die Kollegen sehr verbessern.

Als großer Unbekannter stelle ich also das Auto ab und begrüße alle Anwesenden. Es folgt in der Regel eine ausgiebige Vorstellungsrunde, als gelte es im Angesicht des Todes, die Lebenden miteinander bekannt zu machen.

Meistens gibt anschließend der Einsatzleiter gemeinsam mit dem anwesenden Staatsanwalt einen ersten Überblick. Man verschafft sich ein Bild von der allgemeinen Lage. Dabei werkeln im Hintergrund bereits die Kollegen von Kriminaltechnik und Kriminalpolizei am Tatort.

Sobald die Spurensicherung alle relevanten Dinge wie beispielsweise DNA, Fasern, Schuhprofile oder Patronenhülsen an der Leiche und im näheren Umfeld gesichert hat, dürfen der Rechtsmediziner und der Forensische Entomologe, also ich, an die Leiche. Wir machen uns an die Arbeit.

Alle, die sich zu diesem Zeitpunkt am Ort des Geschehens befinden, tragen einen dichten weißen Schutzoverall mit Kapuze, eine Atemschutzmaske und Schuhüberzieher. Das macht bei Außentemperaturen von 36 °C in der prallen Sonne keinen besonders großen Spaß.

In beliebten Krimiserien läuft das häufig anders ab. Dort laufen meistens nur zwei Techniker in weißen Overalls durch das Bild. Die Serien-Kommissare erscheinen in Zivil und nehmen der Leiche ohne Handschuhe das Portemonnaie aus der Tasche. Außerdem sind im Film fast immer zu wenige Personen am Tatort beschäftigt. Im wahren Leben können das schon mal ein Dutzend Spurensicherer und ein halbes Dutzend Kriminalbeamte sein.

Leider denken nicht alle Staatsanwälte und Kriminalkommissare bei einer Leiche mit Madenbesiedlung sofort an einen Entomologen. Kein Wunder, denn die Forensische Entomologie findet in der Ausbildung, wenn überhaupt, nur beiläufig Erwähnung. Dabei ist die Zeit das entscheidende Element.

Außerdem gibt es nicht viele von uns, nur jeweils einen an drei rechtsmedizinischen Instituten in Deutschland. Der Vorteil der Entomologie in Leipzig besteht darin, dass im näheren Umkreis andere große Institute liegen. Der erweiterte Arbeitsradius sorgt für eine durchaus beachtliche Fallanzahl.

Das Problem in der Praxis besteht darin, dass zuerst einmal sämtliche an einem Fall beteiligten Personen über

Arbeitsweise, Möglichkeiten und Erfolge der Entomologen informiert werden müssen. Bereits in der polizeilichen Aus- und Weiterbildung könnten die wichtigsten Informationen vermittelt werden. Deswegen gehe ich regelmäßig zu Vorträgen an Polizeifachschulen und Polizeihochschulen.

Kriminalbeamte können dazu später auch spezifische Weiterbildungen, beispielsweise zum richtigen Sicherstellen (Asservieren) von Insekten, besuchen.

Für mich ist es deswegen ungemein wichtig, den Kollegen in einem Fall jederzeit für Rückfragen zur Verfügung zu stehen. Ich werde lieber zehnmal mit der Frage angerufen, was alles gesichert werden soll, als dass eine wichtige Probe nicht genommen wird.

Am besten ist es natürlich, wenn ein Forensischer Entomologe sich selbst ein Bild vom Tatort/Fundort machen kann. Nicht nur, weil viele Augen mehr sehen, sondern weil ich einen anderen Blick auf die Dinge habe – naturgemäß.

Die Chemie des Verfalls

Der Umgang mit dem Tod erfordert besondere Maßnahmen, die sich mit jeder neuen Erkenntnis wandeln und so mit der Zeit gehen.

Seit ein paar Jahrhunderten hält sich bereits die These, dass Leichen giftige Dämpfe absondern. Bereits Ende des 19. Jahrhunderts gab es die sogenannte Ptomain-Forschung, die sich mit Leichengiften beschäftigte. Grund dafür war, dass in anatomischen Hörsälen auf den gleichen Tischen seziert und operiert wurde. Man kann sich vorstellen, dass damals die Desinfektionsmöglichkeiten bei Weitem nicht ausgereicht haben, um eine Infektion der Patienten zu vermeiden.

Das wissenschaftliche Interesse, welche Stoffe beim Zerfallsprozess entstehen, gepaart mit einer sehr komplexen Analytik führte zur Entdeckung unterschiedlichster Substanzen. Putrescin beispielsweise hat seinen Namen vom Lateinischen *putrere* für verfaulen beziehungsweise eitern. Es ist im frischen Fleisch enthalten und nimmt mit dessen Lagerung und damit seinem Zerfall zu.

Bei Cadaverin handelt es sich um eine Fäulnisbase, die maßgeblich zum Verwesungsgeruch beiträgt. Daneben gibt ein Dutzend weiterer Stoffe, die alle bei dem Zerfall menschlicher beziehungsweise tierischer Substanz entstehen.

Durch verbesserte chemische Analysemethoden weiß man heute, dass durch den Umgang mit den Toten und das Einatmen der Luft in der Regel kein gesundheitlicher Schaden entsteht.

Schutzkleidung (Schürze, Handschuhe, Mundschutz, Haube) ist aber trotzdem vorgeschrieben. Dies liegt am hygienischen Standard, um eine mögliche Übertragung von Krankheiten wie HIV, Hepatitis, Meningitis oder Tuberkulose auszuschließen. Gefährlich für das Personal sind vor allem die beiden letzteren Infektionen, weil sie durch Tröpfchen in der Luft übertragen werden. Das ist zwar ziemlich unwahrscheinlich, kann aber nur durch den Schutz sicher ausgeschlossen werden. Zudem schützt die Kleidung vor Leichenflüssigkeiten und bakteriellen Infektionen.

Die Chemie des Verfalls ist sehr komplex und vielschichtig. Dazu gibt es natürlich Fachliteratur. An dieser Stelle dazu nur so viel: Der Körper zerfällt nach und nach in kurzkettige Verbindungen, die entweder in den Boden gelangen und dort weiter zersetzt beziehungsweise verstoffwechselt werden. Allein das Wort »verstoffwechselt« weist darauf hin, dass da ein anderer Stoffwechsel profitiert – das kann der einer Made, einer Fliege oder eines Käfers sein. Oder die Stoffe gehen in die Luft über und verdunsten. An den Knochen und Zähnen hat die Natur länger zu arbeiten. Doch die Zeit dafür ist im Übermaß vorhanden.

Was für mich zählt, ist die genaue Dauer der einzelnen Schritte, um den Todeszeitpunkt bestimmen zu können.

4
ES KRABBELT UND SUMMT

Nie werde ich meinen ersten Fall und meine erste Sektion vergessen. Vor allem die Eindrücke beim Betreten des Sektionssaals haben sich mir tief eingeprägt.

Das erste Mal

Bevor ich als Doktorand und Gastwissenschaftler im Rechtsmedizinischen Institut in Leipzig meine berufliche Laufbahn begonnen habe, durfte ich bereits meine ersten Gutachten für die Staatsanwaltschaft und das Landgericht Leipzig schreiben, wofür ich bis heute sehr dankbar bin. Aber nicht nur deshalb ist mir mein erster Besuch im Institut in bester Erinnerung. Damals ging es um die Liegezeitbestimmung einer Wohnungsleiche.

Ein 64-jähriger Mann, alleinstehend und ohne Angehörige, war am Tag zuvor in seiner Wohnung aufgefunden worden. Nachbarn hatten einen schlechten Geruch im Haus bemerkt, und sein Briefkasten quoll bereits über. Was war passiert? Um das zu klären, kam die Leiche zu uns ins Institut.

Mein Dissertationsbetreuer, der Leitende Oberarzt Dr. Babian, führte mich an diesem Tag jedoch als Erstes in den Sektionssaal.

Der Sektionssaal der Leipziger Rechtsmedizin ist seit seiner Modernisierung ein großer, heller Raum mit drei Sektionstischen. An diesem Tag waren nur die ersten beiden Tische belegt. Auf dem ersten Tisch lag eine sehr alte Frau. Kopf-, Brust- und Bauchhöhle waren bereits geöffnet. Dies bedeutet, dass alle Organe als Organpakete entnommen waren.

Der Sektionsarzt schaut sich auf einem Tisch am Fußende des Sektionstisches jedes Organ mit seinen zu- und abführenden Gefäßen an. Alle Organe werden gewogen. Das Gehirn wird auf einem Schneidebrett mit einem Hirnmesser aufgeschnitten. Dafür gibt es verschiedene Techniken.

Um an das Gehirn zu gelangen, wird die Kopfhaut vom Schädel abgezogen. Anschließend öffnet der Sektionsassistent den Schädel in einer Linie von der mittleren Stirn über die Ohren bis zum Hinterkopf mit einer Schwingsäge. Das Gehirn wird entnommen. Um besser arbeiten zu können, wird der Oberkörper mit einer Stütze im Schulterbereich hohl gelegt.

Dieses Bild bot sich mir am ersten Tisch in den ersten Sekunden nach dem Betreten des Saals. Allgemein wird ja angenommen, dass es bei einer Leichenöffnung sehr blutig zugeht. Das ist aber eher selten der Fall. Außerdem wird stets auf Sauberkeit und würdevollen Umgang mit der Leiche geachtet. Eine Sektion dient ja nicht dem Spaß der Beteiligten, sondern der Abklärung einer Todesursache und der etwaigen Klärung von Straftaten.

Vielmehr »geschockt« hat mich die Leiche auf dem zweiten Tisch. Ein Säugling. Die Vermutung: Er wurde von seinen eigenen Eltern so stark geschüttelt, dass er im Krankenhaus an den Folgen seiner inneren Verletzungen starb.

In diesem Raum lag die maximale Bandbreite an Schicksalen nur zwei Meter voneinander entfernt. Eine Frau, alt geworden und im besten Fall mit einem erfüllten Leben, und ein Säugling, der durch die ungestüme Tat seiner Eltern früh dem Leben entrissen wurde.

Die ruhige Herangehensweise der Ärzte und das konzentrierte Arbeiten haben mich an diesem Tag zutiefst beeindruckt und vermutlich in meiner eigenen Arbeit geprägt.

Im Anschluss ging es endlich in den Keller zu den Kühlzellen und »meiner« Wohnungsleiche. Der Geruch veränderte sich von medizinisch-sauber in etwas mir seit meiner Masterarbeit Vertrautes.

Eine Kühleinheit wurde geöffnet und eine Bahre mit einem Leichensack herausgezogen. Dann bin ich zum ersten Mal einem derartigen Leichenzustand begegnet. Mittlerweile habe ich aufgehört, diese Begegnungen zu zählen.

Der Sack wurde geöffnet, und sofort drang der Verwesungsgeruch in den Raum. Durch die fortgeschrittene Zersetzung tropfte eine gelblich ölige Flüssigkeit aus dem Sack. Was mir sofort auffiel, waren die vielen, bereits weit entwickelten Fliegenlarven auf dem Körper, im Gesicht und im Genitalbereich. Bei Lichtkontakt versuchten sie sofort in alle Richtungen zu entkommen.

Bei näherer Betrachtung konnte ich erkennen, dass sich die Oberhaut bereits abgelöst hatte. Die Haut war zum großen Teil stark eingedunkelt. An den Stellen, die bedeckt gewesen waren, wirkten die Hautpartien heller. Man sah deutlich, wie die Leiche bei der Auffindung gelegen haben musste, obwohl sie nun auf dem Rücken lag.

Der Bauch machte den Eindruck eines zusammengefallenen Ballons. Die Blähungsphase war bereits überschritten. Der Mund stand weit offen. Häufig wird angenommen, dass man daran sieht, ob der Tote im Sterben Schmerzen hatte. Das ist aber falsch. Durch fehlenden Stoffwechsel erschlaffen die Muskeln, und der Unterkiefer klappt einfach nach unten.

Meine erste Leiche. Mit einem dann doch etwas flauen Gefühl begann ich mit der Probenentnahme: Ich pickte einzelne Larven mit der Pinzette ab.

Ich fand nicht nur ausgewachsene Fliegenlarven. Jedes Larvenstadium war vertreten. Auf Nachfrage erfuhr ich, dass am Fundort eine Temperatur von 23 °C gemessen wurde. Die Fliegenlarven des dritten Larvenstadiums hatten zum Teil bereits ihre Verdauungstrakte geleert. Im Leichensack fanden sich bereits sehr helle verpuppte Exemplare. Bei genauer Betrachtung handelte es sich um *Calliphora vicina,* die blaue Schmeißfliege.

Der letzte Abschnitt ist mit Absicht etwas kryptisch verfasst. Ich werde die Sachverhalte später ausführlich erläutern.

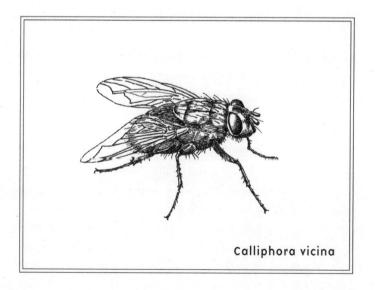

Calliphora vicina

Vorerst nur so viel. Es handelte sich nicht um eine Straftat. Der Tote starb an einem Herzinfarkt. Seine Adern waren verkalkt, und er hatte Bluthochdruck und Diabetes. Ein ganz normaler, natürlicher Tod. Das Alter der Fliegenlarven stimmte mit den Äußerungen der Nachbarn überein, wonach der Tote das letzte Mal vor acht Tagen gesehen worden sein soll. Er lebte zurückgezogen und hatte selten Kontakt zu seinen Mitmenschen. Den einzigen regelmäßigen Kontakt pflegte er zur Verkäuferin in der Bäckerei an der Ecke. Der hatte er kurz vor seinem letzten Auftauchen in der Öffentlichkeit erzählt, er fühle sich seit längerer Zeit unwohl. Der wohlgemeinte Rat der Frau, er solle zum Arzt gehen, kam vermutlich zu spät.

Ordnung muss sein

Oder *ordinatio servanda est,* wie der Lateiner zu sagen pflegt. Deswegen ein kurzer Ausflug in die Welt der Gattungen und Arten.

Hin und wieder kommt es vor, dass man im Sommer an einem Hundehaufen, einer Biotonne, vielleicht auch einer toten Maus, vielleicht beim Pilzesuchen an einer Stinkmorchel vorbeikommt. Da gibt es kurz ein aufgeregtes Gesumme, und sofort ist alles wieder vorbei.

Bei solchen kurzen Begegnungen schrecken wir meist mehrere Dutzend, manchmal mehrere Hundert und selten mehrere Tausend Fliegen auf. Wir stören sie entweder bei der Nahrungsaufnahme oder bei der Eiablage.

Die Unterordnung der Fliegen *(Brachycera)* gehört zusammen mit der Unterordnung der Mücken *(Nematocera)* zur Ordnung der Zweiflügler *(Diptera)*. Warum? Seit Carl von Linné (1707 bis 1778) erkannt hat, dass verschiedene Gruppen und Arten von Tieren und Pflanzen miteinander verwandt sind, gibt es die sogenannte binäre Nomenklatur. Damit wurde die Grundlage für jede weitere zoologische, botanische und letztlich für die gesamte biologische Forschung gelegt.

Jede Art bekommt seitdem einen lateinischen, eindeutigen Doppelnamen. Es gibt im gesamten Tier- und Pflanzenreich keine zwei Lisa Müllers, obwohl sie auf den ersten Blick vielleicht gleich aussehen. Somit ist sie in jedem Land der Welt und in jeder Sprache eindeutig zu beschreiben.

Mag *Lucilia sericata* in Deutschland regional »Goldfliege« genannt werden, so heißt sie im Englischen »Common green bottle fly«, im Französischen »Mouche verte« und im Niederländischen »groene vleesvlieg«. Ein riesiges internationales Durcheinander, wie man sich vorstellen kann. Darum heißt sie in der Fachsprache weltweit *Lucilia sericata*. Ohne Anführungszeichen und in kursiver Schrift hervorgehoben. Doch das ist erst der Anfang der Ordnung.

Wir haben also die Art *Lucilia sericata*. Diese gehört zur Gattung *Lucilia*. Die Gattung ist die nächsthöhere Stufe in der Taxonomie, der biologischen Klassifizierung der Arten. Beim Menschen wären damit alle Lisas der Gattung Lisa zugeordnet, aber es gibt nur eine Lisa Müller. Unter der Art kommt nur noch die Unterart.

Als Art beschreibt man Individuen, die in der Lage sind, sich zu paaren, fortpflanzungsfähigen Nachwuchs hervorzubringen, und die zudem weitestgehend die gleiche Morphologie (Körperbau) besitzen. Dabei kann es Unterschiede geben, wenn zum Beispiel Männchen und Weibchen anders aussehen (Sexualdimorphismus).

Esel und Pferd gehören also unterschiedlichen Arten an. Sie lassen sich zwar verpaaren, aber es entsteht entweder ein

Maultier oder ein Maulesel. Beides sind nicht fortpflanzungsfähige Hybride.

Bevor wir tief in die Grundzüge der Biologie einsteigen, gehen wir doch lieber die Treppe der Einteilungen etwas nach oben.

Die Gattung *Lucilia* umfasst weltweit mehrere Dutzend Arten, die aufgrund ihrer Abstammung miteinander verwandt sind. Die Gattung gehört zur Familie der Schmeißfliegen *(Calliphoridae)*. Über der Familie kommt die Überfamilie als *(Oestroidea)* und darüber die Teilordnung *(Muscomorpha)*. Für beides findet sich leider keine eindeutige deutsche Bezeichnung.

Zurück in übersichtlichere Bahnen. Über der Teilordnung kommt die bereits erwähnte Unterordnung der Fliegen *(Brachycera)* in der Ordnung der Zweiflügler *(Diptera)*. Die Fliegen sind ein Teil der Klasse der Insekten *(Insecta)*. Zu dieser Klasse gehören, grob gesagt, fast alle Tiere, die sechs Beine und zwei Flügelpaare besitzen. Schmetterlinge, Eintagsfliegen, Käfer, Bienen, Wanzen, Schaben, Libellen, Wasserläufer und Läuse. Die Insekten gehören also zum Unterstamm der Sechsfüßer *(Hexapoda)*, der wiederum eine Stufe höher zum Stamm der Gliederfüßer *(Arthropoda)* gehört. Die Arthropoda bezeichnet man im deutschen Alltag schlicht als Krabbeltiere.

Nun muss ich leider gestehen, dass es auf jeder Stufe der Taxonomie die eine oder andere Ausnahme, Sonderregelung, nicht-taxonomische Untergruppe oder Einteilung gibt. Der Grund dafür? Wir sind mit der Forschung noch lange nicht am Ende und weit davon entfernt, sämtliche Zusammenhänge des Tier- und Pflanzenreichs zu verstehen. Vor allem neue genetische und evolutionsbiologische Erkenntnisse spielen eine entscheidende Rolle, um jede Art an ihren Platz in der Taxonomie zu stellen.

Ein Ratschlag: Am besten behandelt man die lateinischen Artnamen wie einen Personennamen. Anstatt Lisa Müller *Lucilia sericata*. Das wird sich beim weiteren Lesen als sehr hilfreich erweisen.

Jedem seine ökologische Nische

Fliegen *(Brachycera)* sind an die verschiedensten Nahrungsangebote angepasst.

Blut von Säugetieren benötigen Bremsen *(Tabanidae)*, ähnlich wie Mücken, um befruchtungsfähige Eier zu produzieren. Dabei saugen nur die weiblichen Tiere Blut. Die männlichen Tiere ernähren sich an Blüten von Pollen und bestäuben dabei auch Pflanzen.

Schwebfliegen *(Syrphidae)* sind eine sehr artenreiche Gruppe der Fliegen. Sie sind dafür bekannt, lange Zeit in der Luft an einem Platz zu schweben und durch ruckartige Flugbewegungen herumzuschwirren. Meistens wirken sie dabei eher provozierend. Meist sind es männliche Tiere, die ihren Luftraum verteidigen.

Die Schwebfliegen haben dabei ganz erstaunliche ökologische Nischen besetzt. Am stärksten fallen diese Tiere durch ihre sogenannte Mimikry auf. Sie tarnen sich mit ihrer Körperfärbung als wesentlich gefährlicheres Tier. Sie imitieren Wespen, Bienen oder Hummeln, und das zum Teil so gut, dass der Laie sofort Angst vor einer harmlosen Fliege bekommt. Zufällig saugen dann diese getarnten Fliegen an den gleichen Blüten wie ihre Vorbilder.

Eristalis tenax ist ein sehr schönes Beispiel dafür. Sie wird auf Deutsch auch Mistbiene oder Schlammbiene genannt. Dies finde ich wenig schmeichelhaft für dieses ansonsten außergewöhnlich schöne Tier. Ein anderer Name passt da besser: Scheinbienen-Keilfleck-Schwebfliege.

Es sind die Larven der Fliege, die ihr die weniger schönen Namen einbringen. Sie leben in Jauchegruben und in schlammigen Bereichen von Teichrändern, in denen man faulende Bestandteile und sauerstoffarmes Wasser findet. Die Larven besitzen, wie fast alle Fliegenlarven, die Atemöffnungen am hinteren Ende des Körpers.

Die spezielle Anpassung dieser Art sieht so aus: Die Atemöffnung lässt sich mit einem schwanzartigen, teleskopförmigen Atemrohr an die Oberfläche und somit zur Luft ausfahren. Deswegen gibt es auch für die Larve einen unschönen Namen: Rattenschwanzlarve. Mit dieser schwanzartigen Verlängerung filtern die Larven Bakterien und faulende Pflanzenteile aus dem Wasser. Hier kommt der lateinische Doppelname ins Spiel. Aus dem Griechischen wurde *eri* für »lang« und *stalis* für »Stange am Vorderende des Schiffes« entlehnt und aus dem Lateinischen *tenax* für »zählebig« im Sinne von überlebensfähig.

Früher hielten Philosophen das Entstehen von Tieren in Mist oder Kadavern für einen Beweis der Urzeugung. Dabei wurde von der Antike bis in die Renaissance angenommen, dass kleinere Tiere spontan entstehen, quasi von selbst und ohne Zutun. Der Moment der Eiablage und das Schlüpfen der Larven wurden meist aufgrund der geringen Größe übersehen. Manchmal konnte man auch einfach eine Larve nicht mit einem ausgewachsenen Tier in Verbindung bringen.

Einige Schwebfliegenarten fressen im Larvenstadium Blattläuse, was sie für den Menschen zu Nützlingen macht.

Die Larven der Fliegengattung *Mesembrina*, bei uns Rinderfliege genannt, jagen im Rinderdung die Larven von anderen Fliegenarten, beispielsweise Dungfliegen *(Scatho-*

phagidae). Dungfliegen wiederum sitzen gerne auf Blüten, bestäuben dort aber nicht, sondern lauern auf Schmeißfliegen *(Calliphoridae)*, um sie im Flug zu packen und auszusaugen.

Wieder andere Schwebfliegen leben als Larven in der Nähe von Ameisenbauten oder sogar darin und ernähren sich von den Resten der Ameisen. Die Larven von *Xylota segnis* ernähren sich von austretenden Baum- und Pflanzensäften auf abgestorbenen oder absterbenden Pflanzen.

Diese Beispiele zeigen, dass es für jeden Lebensraum und jedes Nahrungsangebot eine passende Art gibt. Gibt es noch keine, wird sie sich durch einen lange andauernden, evolutionären Prozess aus einer vorhandenen Art entwickeln.

Permanente Konkurrenz um ein spezielles Nahrungsangebot kann dazu führen, dass sich Arten entwickeln, die besser an eine Nische angepasst sind. Die Nische Aas hat dabei einen sehr großen Anteil am Nahrungsspektrum, da sich die sterbenden Lebewesen sehr voneinander unterscheiden.

Der ausgewachsene Elefantenbulle wird von Hyänen und Geiern grob vorzerkleinert. Die Schmeißfliegen, Aas- und Dungkäfer erledigen den Rest. Die tote Schmeißfliege wird entweder von Vögeln, Eidechsen oder Bakterien gefressen und verdaut. Irgendwo gibt es sie immer, die eine Art, die sich angepasst hat, um genau eine andere Art zu verstoffwechseln. Das macht Ökosysteme so interessant.

Problematisch wird dies, wenn Arten verschleppt werden und in einem fremden Lebensraum Nischen besetzen, weil sie dominanter sind, und ursprüngliche Arten verdrängen. Diese Neophyten (Pflanzen) und Neozoen (Tiere) richten teilweise verheerende Schäden in Ökosystemen an.

Interessant sind auch die Fleischfliegen *(Sarcophagidae)*, die verschiedene Nahrungsstrategien entwickelt haben. So ziemlich jeder Mensch, der mit offenen Augen am sonntäglich sommerlichen Kaffeetisch auf Terrasse oder Balkon sitzt, kennt sie. Charakteristisch für die ungefähr 15 Millimeter langen Fliegen ist die schachbrettartige Musterung auf dem Hinterleib. Der Brustteil ist längs gestreift, und die Augen sind meist rötlich.

Von bisher grob 2500 beschriebenen Arten kommt in Deutschland nur ungefähr ein Dutzend vor. Von daher sind diese Arten schnell zu erkennen. Auch bei dieser Gruppe gibt es Kot- beziehungsweise Aasfresser. Ihre Spezialisierungen sind bemerkenswert. Einige Arten nisten sich als Larven in Regenwürmern ein und schlüpfen dann meist gleichzeitig aus den bestehenden Wohnröhren der Würmer. In tropischen und subtropischen Gebieten werden auch Skorpione und Schaben befallen.

Manche Arten sind sogenannte Kleptoparasiten, d. h., sie klauen Beute anderer Tiere. Grabwespen *(Spheciformes)* sind dafür bekannt, andere Tiere, meist Spinnen oder Raupen, in einem Kampf mit einem Stich zu betäuben. Sie schleppen dann die meist viel größere und schwerere Spinne beziehungsweise Raupe zu einer Erdhöhle und vergraben ihr Opfer dort, nachdem sie ein Ei darauf platziert haben. Die Beutetiere werden bei lebendigem Leib von der Larve gefressen.

Die Fleischfliege lässt es nicht so weit kommen. Sie dringt in dieselbe Höhle ein und legt ihr eigenes Ei auf die betäubte Beute der Wespe. Die Fliegenlarve schlüpft, wächst schneller und verdrängt so die Wespenlarve.

Wieder andere Arten leben als Larven unbeeinträchtigt in den Bauten von Hummeln und Bienen und klauen dort Nektar und Pollen.

In Nordamerika gibt es eine endoparasitische Art bei Säugetieren, die Rotschwänzige Fleischfliege *(Sarcophaga haemorrhoidalis)*. Endoparasiten leben im Körper des Wirts. Wenn befallenes Fleisch aufgenommen wird, überstehen die Eier die Magensäure und entwickeln sich im Darm des Wirts. Dabei können auch Menschen zum Wirt werden. Zudem befallen diese Fliegen offene Wunden und können auf beide Arten eine sogenannte Myiasis auslösen. Dazu später mehr.

Schwein gehabt

Da es in Deutschland für Wissenschaftler nicht möglich ist, menschliche Leichen in die Natur zu bringen und anschließend bei ihrem Zerfall zu beobachten, bedient man sich bei heimischen Freilandexperimenten der Schweine. Genau das habe auch ich bei meiner Masterarbeit gemacht.

Anders sieht die Lage beispielsweise in Amerika aus. Dort haben sich mehrere Forschungseinrichtungen etabliert, die mit menschlichen Körperspendern arbeiten. Diese Einrichtungen heißen nicht zu Unrecht im Volksmund auch *body farm*. Die bekannteste liegt in Knoxville im Bundesstaat Tennessee und gehört zum *Forensic Anthropology Center* der dortigen Universität. Bekannt geworden ist sie nicht zuletzt durch Patricia Cornwells Kay-Scarpetta-Romane.

Wer will, kann dort seinen Körper für forensische Forschungen zur Verfügung stellen. Die Universität Knoxville hatte noch nie zu wenige Leichen, da das Interesse der Menschen zu Lebzeiten so groß ist, dass sie sich nach ihrem Tod den jungen Wissenschaftlern zur Verfügung stellen.

So werden auf einem abgesperrten Areal, das rund um

die Uhr bewacht wird, mehrere Dutzend Leichen in den verschiedensten Situationen positioniert und danach zum Teil monatelang beobachtet. Fragestellungen aus dem polizeilichen Alltag werden dabei genauso beantwortet wie wissenschaftliche Fragestellungen.

Derzeit wird dort daran geforscht, ob es möglich ist, aufgrund der Veränderung der bakteriologischen Zusammensetzung auf der Leiche etwas über deren Liegezeit zu sagen. Da man sich leider nicht auf nur eine dieser Forschungsanlagen verlassen kann, entstanden in anderen klimatischen Regionen ähnliche Einrichtungen.

Wie bereits erwähnt, ist es in Deutschland schwer vorstellbar, eine derartige Freilandforschung zu betreiben. Einige Gesetze stehen dem grundsätzlich entgegen. Die Bestattungsgesetze der Bundesländer schreiben beispielsweise eine sogenannte Bestattungspflicht vor. So muss jedem Leichnam eine Bestattung zukommen.

Nun könnte man argumentieren, dass auch die Überreste der Leichen nach den jeweiligen Forschungsprojekten bestattet werden können. Doch es gibt weitere Gesetze, die dem Schutz von Grundwasser und Boden dienen und einem solchen Unterfangen daher entgegenstehen. Auch das Infektionsschutzgesetz und verschiedene Naturschutzgesetze bilden hohe Hürden. Ich male mir gerne aus, wie mögliche Geldgeber schreiend davonlaufen, wenn sie ihr Geld in Leichen investieren sollen – was für einen Werbeeffekt sollte man davon wohl haben. Und am Ende will sowieso niemand die Verantwortung tragen, wenn einmal etwas passieren sollte. So könnten Raubvögel oder Krähen Leichenteile davontragen oder Wildschweine auf das abgezäunte Gebiet vordringen.

Angesichts dieser Schwierigkeiten greift man bei uns also lieber auf Versuchstiere zurück.

Der erste Schweinskadaver für meine Masterarbeit war jedoch ein Wildschwein und fiel einem Verkehrsunfall zum Opfer. Der zuständige Jäger entnahm pflichtbewusst die Organe. Danach war das Schwein leider nur noch dazu geeignet, den Versuchsaufbau für meinen Hauptversuch mit einem Hausschwein zu testen.

Unweit des Ablageplatzes für das Wildschwein befand sich ein Ameisenhaufen der Roten Waldameise *(Formica rufa)*. Diese Tiere beziehen ihre Nahrung in der Regel aus Läusekolonien in den Baumkronen und zu einem Teil aus tierischer, eiweißreicher Nahrung. Der Haufen war im ersten Jahr, vor dem Start der Versuche, ungefähr kniehoch. Am Ende des Jahres, vom Wildschwein war nach fünf Monaten nichts mehr übrig, war der Haufen ziemlich gewachsen. Die Ameisen hatten die Fliegenmaden als Nahrungsquelle für sich entdeckt.

Im Versuch mit dem Wildschwein hatten sich außerdem sogenannte Sturzfallen bewährt. Dabei laufen oder kriechen die Insektenmaden über einen breiten Rand, fallen anschließend in ein mit gesättigter Benzoesäure gefülltes Glas, werden abgetötet und gleichzeitig konserviert.

Diese Gläser werden in regelmäßigen Abständen ausgetauscht und der Inhalt ausgewertet. Gerade in der Phase der Abwanderung der Fliegenmaden waren die Gläser meistens randvoll.

Macht man sich klar, dass nur fünf Prozent der vorhandenen Fläche von diesen Fallen abgedeckt werden und 95 Prozent der Maden das verwesende Schwein einfach so verlassen haben müssen, wird einem die riesige Zahl beteiligter Tiere klar: Denn mitunter hatte ich an einem einzigen Tag mehrere Tausend Fliegenmaden in den Fallen. Hinzu kommen Aaskäfer und die vielen Tiere, die als Zufallsfänge in die Fallen stürzen. Das sind meist kleinere Ameisen,

Spinnen und winzige Zikaden, die ohnehin auf der Fläche vorkommen.

Nachdem der Testlauf mit dem Wildschwein abgeschlossen war, suchte ich mir für den Hauptversuch ein intaktes Hausschwein. Das gestaltete sich deswegen schwierig, weil ich nicht eigens ein Tier für meine Versuche töten lassen wollte. Ein befreundeter Bauer verriet mir aber, dass in der Mast häufiger einmal ein Schwein einen Herzinfarkt erleidet. Also tauschte ich eines schönen Vormittags in einer Schweinemastanlage ein in der Nacht verstorbenes Schwein gegen einen Kasten Bier und fuhr dieses Tier in einem viel zu kleinen Auto quer durch Sachsen. Der Geruch, der sich mehrere Wochen im Auto hielt, war nicht gerade angenehm, wie man sich vorstellen kann.

Da der Versuchszeitraum mit dem des Wildschweins identisch sein sollte, musste mein totes Schwein anschließend einen Monat in einer Tiefkühltruhe zwischengelagert werden. Immerhin wog es knapp über 60 Kilo und war damit als Vergleichsobjekt für einen Menschen bestens geeignet.

Um Probleme mit anderen Tieren wie Wildschweinen und Füchsen auszuschließen, platzierte ich das Schwein in einem ehemaligen aus- und einbruchsicheren Wildgehege und baute darüber einen Käfig aus Maschendraht, um Vögel abzuhalten. Ansonsten entsprach die direkte Umgebung der mehrfach geschilderten klassischen Waldwiese. Um die Fläche herum stand ein alter Fichtenwald.

Bereits wenige Minuten nachdem ich das noch gefrorene Schwein in den Käfig gelegt und die Bodenfallen bestückt hatte, saßen schon die ersten Fliegen im Umfeld. Allerdings hielt die Kälte des Kadavers die Tiere noch ab.

Zwei Tage später war das komplette Schwein von den Fliegen in Beschlag genommen. Der Kopf und der After waren mit Fliegenmaden besiedelt, und überall fanden sich Fliegenweibchen, die ihre Eier ablegten. Wespen flogen surrend um den toten Körper.

Ich konnte bereits eine beginnende Blähung des Bauches feststellen. Das von den Darmbakterien dunkel verfärbte Venennetz schimmerte am Bauch durch. Zwei Tage hatten die Bakterien gebraucht, um sich vom Darm in die ehemaligen Blutbahnen zu verbreiten. Dies wurde nun durch die immer wieder aufs Neue erscheinende Zeichnung deutlich.

Eine Woche nach dem Auslegen des Schweinekadavers hatte ich eine gewisse Angst, mich dem Versuchsaufbau zu nähern, da das Schwein von den Gasen der Blähung wie ein Ballon aufgeblasen war. Die Beine standen durch die Spannung ab, und die Fliegenmaden hatten das dritte Larvenstadium längst erreicht. Den großen Knall habe ich in sicherer Entfernung verpasst.

Bei der nächsten Entnahme der Proben war eine weitere Woche vergangen und von der ursprünglichen Form nichts mehr zu erkennen. Wie ein alter Teppich war das Schwein in sich zusammengefallen. Käfer lieferten sich Wettläufe über die vertrocknende Haut. Die Schädelknochen wurden langsam erkennbar, denn das Muskelgewebe des Kopfes war bereits von den Insektenlarven verspeist. Die Phase der aktiven Zersetzung befand sich in vollem Gange.

In dieser Phase wurden viele Tausend Fliegenmaden während ihrer Abwanderung in den Bodenfallen gefangen. Jetzt wandelte sich die Zusammensetzung der Besiedlung das erste Mal in der Zersetzung stark.

Ein starker Niederschlag überschwemmte in der darauffolgenden Woche die Fläche und den Kadaver. Das bisher durch die Sonneneinstrahlung getrocknete Gewebe war durch die Feuchtigkeit in einen cremig breiigen, sehr zähflüssigen Zustand übergegangen. Die Knochen lagen zu großen Teilen frei. Während in den vorangegangenen Wochen Fäulnis, unter Luftabschluss, und Verwesung, mit Luftkontakt, gleichzeitig abliefen, fand nun nur noch Letztere statt: Ein gefundenes Fressen für die Larven von *Necrodes littoralis,* dem Ufer-Aaskäfer. Diese waren offenkundig die größten Profiteure vom breiigen Zustand des Kadavers. Durch den robusten, asselartigen Körperbau waren die Käfer bestens an die Umstände angepasst. Fliegenmaden sterben bei zu viel Flüssigkeit ab, da die klebrige Substanz ihre Atemöffnungen verschließt.

Die folgende Woche war erneut sehr warm und trocken, und der Kadaver änderte wiederum seine Form. Während er nach dem Starkregen eher eine gelbliche Färbung hatte, verwandelte er sich nun in eine schwärzliche, harte Masse, die von Fraßgängen durchzogen war. Die Larven des Ufer-Aaskäfers hatten längst das Weite gesucht, und viele kleinere Maden und Larven bewegten sich kaum sichtbar auf und in der Masse. Die Knochen der Wirbelsäule und des Rippenkorbs traten nun von der Sonne gebleicht hervor und hatten in der grünen Wiese etwas von einem Schiffswrack, das auf ein Riff aufgelaufen ist.

Dieses Bild änderte sich in der Folgezeit nicht mehr. Die Insektenaktivität hatte sich unter die sichtbare Oberfläche verlegt. Bereits in der achten Woche des Versuchsaufbaus drückte sich das Gras durch die Reste des Kadavers. Vier Wochen später war sprichwörtlich und endgültig Gras über die Sache gewachsen.

Noch im Folgejahr konnte man die Stelle, an der das Schwein seine letzte Ruhe gefunden hatte, deutlich erkennen. Dort stand bereits im Frühjahr das Gras grüner und höher als auf dem Rest der Wiese. Die Knochen waren überwachsen. Lediglich der Schädel war bei genauerem Hinsehen auszumachen.

Aber ich fand noch eine andere deutlich sichtbare Folge der beiden Schweinekadaver. Die Roten Waldameisen hatten sich über zwei Sommer hinweg an den toten Körpern mit dem Eiweiß von Tausenden Fliegenmaden und Käferlarven versorgt und ihren Staat auf das Mehrfache ausgedehnt. Wo ehemals ein kniehoher Ameisenhaufen war, befand sich jetzt ein stattlicher Berg von mehr als einem Meter Höhe, gesäumt von zwei anderen Haufen von ungefähr 80 Zentimetern Höhe. Ein vierter Haufen wurde gerade an der alten Wurzel einer Fichte errichtet. Die Ameisen waren so versessen auf die Eiweißmahlzeit gewesen, dass ich in den Bodenfallen Ameisen fand, die Fliegenlarven mit ihren Mundwerkzeugen festhielten.

Den Behauptungen, die Simon Beckett so eindrücklich auf den ersten Seiten seines ersten David-Hunter-Romans »Die Chemie des Todes« aufgestellt hat, dass Fliegenlarven einen Kadaver immer Richtung Süden verlassen, in einer Reihe und wie an einer Perlenschnur eingereiht, muss ich jedoch leider widersprechen.

In meinem Versuchsaufbau waren die Bodenfallen in allen vier Himmelsrichtungen und in einem und fünf Metern Abstand aufgestellt. In allen Fallen konnten Fliegenmaden zu Tausenden festgestellt werden. Sogar die Wirbelsäule, die sich in Richtung Norden befand, stellte kein Hindernis dar.

Für das vorliegende Waldgebiet wurde mit diesem Experiment das erste Mal ein Verwesungsverlauf dieser Größe dokumentiert. Ich konnte damit beispielsweise statistisch nachweisen, dass die gefangenen Stutzkäfer (Histeridae) nur vorhanden sind, wenn es auch das dritte Larvenstadium der Schmeißfliegen am Kadaver gibt. Danach verschwinden die beiden Spezies wieder gemeinsam vom zerfallenden Körper. Dies liegt daran, dass sowohl die Käfer als auch ihre

Larven den Fliegenmaden nachstellen und diese fressen. Zudem konnten viele weitere Zusammenhänge durch dieses Experiment bestätigt oder statistisch nachgewiesen werden.

Nach zwölf Wochen waren in den Bodenfallen nur noch Arten zu finden, die auch ohne Kadaver auf der Wiese vorkamen. Das zeigt, dass in den späten Frühjahrs- und frühen Sommermonaten in heimischen Wäldern der Leichenzerfall sehr schnell abläuft. Das Summen wird lauter.

Die Fliegen hörten wir summend das Aas umstreichen
und sah'n das schwarze Heer
Der Larven dichtgedrängt den faulen Leib beschleichen,
wie ein dickflüssig Meer.

Aus »Ein Aas« von Charles Baudelaire; Gedichtband
»Les Fleurs du Mal – Die Blumen des Bösen«

5
DIE WUNDERBARE WELT
DER FLIEGEN

Woher kommt das Summen, das diese Arbeit so besonders macht und vielen Leuten einen kalten Schauer über den Rücken jagt oder tiefsten Ekel empfinden lässt?

Häufig höre ich von Polizisten im Sektionssaal, dass sie »solche« Fliegen noch nie gesehen haben. Meistens handelt es sich dabei jedoch um sehr häufige Fliegenarten. Mit einem Zitat von Arthur Conan Doyle lässt sich dieses Phänomen gut beschreiben: *You see, but you do not observe.* – Sie sehen, aber Sie beobachten nicht.

Die Fliege auf dem frischen Steak, das man sich gerade auf den Grill legen wollte, oder der Fliegenschwarm, der beim Lieblingsitaliener den Teller umkreist – sie alle begannen ihr Leben woanders. Auf toter eiweißreicher Substanz.

Man kann nach der bisherigen Lektüre eins und eins zusammenzählen und bekommt ungefähr eine Ahnung, um welche tote eiweißreiche Substanz es sich unter anderem handeln könnte. Deswegen könnte man sagen, dass das folgende Kapitel das Herzstück des Buches ist, ohne das alle anderen Seiten keinen rechten Sinn ergeben würden. Begeben wir uns also auf die Reise durch die wunderbare Welt der Fliegen.

Überall und oft übersehen

Die Fliegen sind das Kernstück der forensisch-entomologischen Arbeit und in den meisten Gebieten der Erde auch das Kernstück der biologischen Abbauprozesse, lässt man Bakterien und Pilze außen vor. Sie liefern uns wichtige Hinweise und Beweise, sind omnipräsent und immer in unserer Nähe. Sogar im Winter sitzen sie an warmen, sonnenreichen Tagen an Hauswänden, um sich zu wärmen, und kriechen, wenn es kälter wird, unter Dachziegel oder in Geräteschuppen. Ihre Puppen liegen versteckt im Kompost oder im Blumenbeet und warten dort auf den Frühling.

Manche Arten sind auch im Winter aktiv und benötigen nur Durchschnittstemperaturen über dem Nullpunkt, um zu fliegen und Eier zu legen. Die Larven dieser Arten können bei kühlen Temperaturen fressen und wachsen, wenn auch nur sehr langsam.

Der Mensch bekommt von alldem nichts mit. Summt nicht gerade ein als »Brummer« beschimpftes Tier durch die Wohnung oder hebt sich vom am Vortag gekauften Obst bei jeder Bewegung eine Wolke aus kleinen Fliegen, leben wir von diesen Tieren im normalen Alltag relativ unbehelligt.

Fliegen können sowohl Nützlinge als auch Schädlinge sein. In einigen Teilen der Welt hat der Zoll deswegen am Flughafen ein geschulteres Auge auf Obst als auf Marihuana.

Ein Tag, an dem man kein Insekt sieht, ist in unseren Breiten fast nicht möglich, außer im tiefsten Winter. Und selbst dann übersehen wir sie wahrscheinlich. Warum auch nicht? Bis auf einen lästigen Stich oder einen schmerzhaften Biss beeinflussen uns die Insekten nicht.

Weit gefehlt! Ohne die Insekten würde das Leben auf

unserem Planeten nicht funktionieren, das ist uns nicht zuletzt durch den Klimawandel zunehmend bewusst. Zum einen stellen Insekten einen großen Grundstock in der Nahrungskette dar und sind in viele Nahrungsnetze eingegliedert. So sehr uns Mücken und Fliegen im Sommer ärgern, sie sind das Futter für viele Vögel. Insekten bestäuben Blüten, verwerten biologische Abfälle, helfen uns bei der Schädlingsbekämpfung und produzieren sogar Nahrungsmittel.

In das biologische System eingeteilt, gehören die Fliegen, gemeinsam mit den Mücken und Schnaken, zu den sogenannten Zweiflüglern und heißen in der wissenschaftlichen Bezeichnung Diptera. Bei diesen Tieren ist nur eines der zwei Flügelpaare, die die allermeisten Insekten besitzen, zu Flugflügeln ausgebildet. Das »Di« im Namen steht für Zwei und das »Ptera« vom lateinischen »Pteron« für Flügel. Das hintere Flügelpaar hat sich im Laufe der Evolution zu kleineren Schwingkölbchen zurückentwickelt.

Diese Kölbchen sind bei den Mücken und Schnaken tatsächlich nur als kleiner Stiel mit einer Verdickung zu erkennen. Sie sehen aus wie kleine Keulen. Durch diese wird das allseits unbeliebte, schlafraubende Summen der Mücken erzeugt.

Bei den Fliegen werden diese Kölbchen von kleineren, als Halteren bezeichneten, plattenartigen Nebenflügeln ergänzt. Diese dienen zur Flugstabilisierung und nehmen bei den Fliegen die Funktion eines Heckrotors ein, ähnlich wie bei einem Hubschrauber. Hätte ein Hubschrauber keinen Heckrotor, würde er sich durch den Drehimpuls des Hauptrotors wie ein Karussell um die Rotorachse drehen. Um dies zu kompensieren, erzeugt der Heckrotor eine stabilisierende horizontale Strömung.

Ähnlich ist es bei den Fliegen. Hätte die Fliege nur ein Schwingkölbchen, würde sie sich im Kreis drehen. Hätte sie gar keines, könnte sie nicht abheben, da der Auftrieb fehlen würde.

Wie bei allen anderen Insekten ist auch bei den Fliegen der komplette Bewegungsapparat am Brustteil angegliedert, so auch die sechs Beine. Diese ermöglichen den Fliegen, kopfüber an der Decke zu laufen oder sich an Fensterscheiben zu setzen. Möglich wird dies durch die sogenannten Van-der-Waals-Kräfte. Das sind Anziehungskräfte zwischen Atomen und Molekülen. Sie wirken theoretisch nur auf einer sehr kleinen Fläche. Die Fliegen besitzen aber an ihren Füßen jeweils drei behaarte Lappen, die seitlichen, paarweise ausgeprägten Pulvilli und das mittig sitzende, einzelne Arolium. Zudem gibt es noch ein viertes Sohlenläppchen, das Empodium. Jedes Haar, auf ebendiesen vier Flächen, weist eine winzige Oberfläche auf. Addiert man die Oberfläche der einzelnen Haarspitzen, denn nur diese berühren den Untergrund, ergibt sich in der Summe eine sehr große Fläche, auf der die Anziehungskräfte wirken können. Zusätzlich werden diese Lappen über winzige Kanäle mit einer Haftflüssigkeit benetzt, die die Haftung am Untergrund durch anziehende Kapillarkräfte erhöhen.

Bei dieser ganzen Haftung stellt sich nun natürlich die Frage, wie die Fliege nach dem Sitzen so schnell starten und davonfliegen kann. Neben den Pulvilli, dem Arolium und dem Empodium besitzen die Tiere an jedem Fuß auch ein paar Klauen. Diese werden Ungues genannt und sehen aus wie lange, gebogene Dornen. Mit diesen stoßen sich die Tiere vom Untergrund ab und lösen dabei die Haftung zwischen den Fußlappen und dem Untergrund.

Doch nicht nur zum Verweilen und als Starthilfe setzen die Fliegen ihre Beine ein. An den Borsten der Unterschenkel sitzen, wie an fast allen anderen Körperregionen, Geschmacksrezeptoren. Mit diesen kann durch Ertasten die

Verfügbarkeit des Materials als Nahrung oder Eiablageplatz festgestellt werden. Dabei wurde durch Versuche mit Fruchtfliegen herausgefunden, dass diese wie der Mensch Geschmacksrezeptoren für süße und bittere Geschmacksrichtungen besitzen. Somit gibt es bei diesen kleinen Tieren bevorzugte Geschmacksrichtungen. Worauf die Obstfliegen in der Regel den größten Appetit haben, zeigt sich meist im Sommer in der Küche. Zudem wurde herausgefunden, dass die Tiere ebenfalls Rezeptoren auf den Flügeln, am Legeapparat und selbstverständlich am Rüssel besitzen.

Die Rüssel der Fliegen gehören zu den leckend-saugenden Mundwerkzeugen der Insekten. Ein Kauen, wie bei den meisten Käfern, für eine Nahrungszerkleinerung ist also nicht möglich. So sind die meisten Fliegen auf Flüssigkeiten angewiesen.

Aber auch hier gibt es natürlich Ausnahmen. Der Wadenbeißer *(Stomoxys calcitrans)*, der eng mit den Stubenfliegen verwandt ist, besitzt einen Stechrüssel und ernährt sich von Blut. Im Gegensatz zu den Bremsen *(Tabanidae)* und den Stechmücken *(Culicidae)*, bei denen nur die weiblichen Tiere Blut für die Eiproduktion aufnehmen, saugen bei den Wadenbeißern Männchen und Weibchen an ihren Opfern.

Um ihre Opfer zu erreichen, aber auch, um im Notfall einem Fressfeind zu entgehen, ist die Flugfähigkeit so genau auf den Körperbau und das sprichwörtliche Fliegengewicht abgestimmt, dass die Fliege sich permanent putzen und reinigen muss, um das Gleichgewicht für einen optimalen Flug halten zu können. Bei der Reinigung folgen sie einer Art Choreografie, damit alle Körperteile von Staub und Schmutz befreit werden. Für das Putzen nutzt die Fliege jeweils das hintere beziehungsweise das vordere Beinpaar. Die Vorderbeine reinigen den Kopf, die Hinterbeine den Brustteil, den Hinterleib und die Flügel. Abschließend säubern sich die jeweiligen Beinpaare durch Aneinanderreiben selbst, was den Eindruck erzeugt, die Fliegen würden etwas aushecken. Für diese Körperpflege nehmen sich die Tiere mehrere Minuten Zeit.

Nicht nur die Flugstabilität ist ein Grund für diese aufwendige Reinigungszeremonie. Insekten und ihre Larven atmen nicht wie wir mit einer Lunge, die durch Muskeln bewegt wird, sondern besitzen sogenannte Tracheen. Das sind kleine Öffnungen an der Seite des Körpers mit einem Röhrensystem im Inneren. Diese sind häufig untereinander vernetzt und belüften somit den kompletten Insektenkörper. Wären diese durch Schmutz verstopft, würde das Insekt ersticken. Sobald es einen Luftkontakt zur Umwelt gibt, ist auch der Körper mit Sauerstoff versorgt.

Dieses System ist auf der einen Seite bereits bei urzeitlichen Insekten zu finden. Auf der anderen Seite führt eine derartige Atmung zu einer Beschränkung der maximalen Körpergröße. Man weiß, dass viele Insekten zur Zeit der Dinosaurier wesentlich größer waren als heute. Dies wird darauf zurückgeführt, dass die Atmosphäre mit mehr Sauerstoff angereichert war und damit mehr Sauerstoff durch die Tracheen aufgenommen werden konnte. Das führte letztlich dazu, dass größere Körper belüftet werden konnten.

Die Augen der Fliegen haben sich ebenfalls in ihrer Beschaffenheit in den letzten Jahrmillionen kaum verändert. Es handelt sich dabei um sogenannte Facettenaugen, die eine sehr große Oberfläche des Kopfes einnehmen und aus vielen Einzelaugen bestehen. Diese Augen bieten den Vorteil, dass bei einem schnellen Flug sehr viele Einzelbilder verarbeitet werden können. Während ein Mensch zwischen 60 und 65 Bildern in der Sekunde wahrnimmt, sind es bei

Fliegen bis zu 300 Bilder. Das führt dazu, dass eine Fliege ihre Umgebung in einer Art Zeitlupe wahrnimmt.

Das erklärt auch, warum man sie so schlecht fangen kann. Selbst unsere schnellste Bewegung nimmt die Fliege als langsam wahr. In der Zeit, in der wir die Fliege sehen und ein Signal von unserem Gehirn zur Hand geschickt wird, um eine Bewegung auszulösen, hat die Fliege schon zum Start angesetzt. Das liegt schlicht und ergreifend an unseren, im Vergleich zur Fliege, sehr langen Leitungsbahnen der Nerven.

Auch bei der Wahrnehmung von Lichtveränderungen ist die Fliege dem Menschen haushoch überlegen. Dies liegt ebenfalls an der kurzen Leitungsbahn der Nerven vom Auge zum Gehirn. Nicht einmal ein Millimeter Nervenbahn trennt diese beiden Organe voneinander. Auch der Weg vom Gehirn zu den Muskeln des Flügels ist sehr kurz. Das verkürzt die Reaktionszeit. Das Gehirn einer Fliege wiegt ungefähr ein halbes Milligramm, das reicht in den meisten Fällen aus, einem unbewaffneten Menschen zu entkommen.

Der Nachwuchs der Zweiflügler wird Made genannt. Entwicklungsbiologisch gesehen sind es aber Larvenstadien, wie bei einem Großteil der anderen Insekten. Eine Made zeichnet sich dadurch aus, dass sie keine feste Kopfkapsel und keine Beine besitzt. Die Kopfkapsel ist sehr deutlich bei den Larven der Käfer zu sehen und beinhaltet alle Kopforgane und verhärtete Mundwerkzeuge. Manche Maden von Mücken haben Stummelfüße. Andere Insekten wie Bienen und Ameisen oder Bockkäfer besitzen ähnliche Larvenstadien, diese werden aber nur als madenartig bezeichnet. Man kann also bei Fliegen sowohl von Maden als auch von Larven sprechen. Die Fliegen wird beides nicht stören.

Wie die Käfer gehören die Fliegen zu den sogenannten Holometabola. Dies bedeutet, dass die Tiere eine komplette Metamorphose durchmachen und sich damit die Larvenstadien von den erwachsenen Tieren stark unterscheiden. Die anderen Insekten sind sogenannte Hemimetabola, die sich durch stetige Häutung aus mehreren Nymphenstadien irgendwann zu einem ausgewachsenen Tier entwickeln. In den Jugendstadien erkennt man bei diesen Tieren zunehmend die spätere Form der ausgewachsenen Insekten. Hierzu zählen beispielsweise Schaben, Grillen und, in weiterer Verwandtschaft, auch die Wanzen.

Bei den holometabolen Insekten gibt es also nach einer bestimmten Anzahl an Larvenstadien immer ein Puppenstadium, aus dem das adulte, also ausgewachsene Insekt schlüpft. Das klassische Beispiel dafür ist die Raupe des Schmetterlings, der als Larve ausschließlich frisst und sich anschließend in seinen Kokon einspinnt. In Form und Beschaffenheit hat der Schmetterling nichts mit der Raupe zu tun.

Der Lebenszyklus einer Schmeißfliege beginnt als Ei. Zusammen mit Tausenden von anderen Eiern, die eine weibliche Fliege produziert, werden sie in Paketen an das Futter abgelegt. Manche Fliegenarten legen nur einzelne Eier ab, wenn sie als Parasitoide Wirtstiere befallen. Je nach Anpassung kann der Ablageort Aas, Biomüll, frisches Obst, die Raupe des eben erwähnten Schmetterlings oder ein Regenwurm in seiner Röhre sein. Die Natur kennt dabei fast keine Grenzen.

Die in der Regel sehr hohe Anzahl abgelegter Eier resultiert daraus, dass diese vielen Gefahren ausgesetzt sind und nur ein Bruchteil von ihnen zu einer Fliege wird. Die Eier sind nur wenige Millimeter groß und beinhalten den Embryo der Larve. Ist diese fertig entwickelt, schlüpft sie.

Viele Fliegen können ihre Eiablage bei geringem Futterangebot zurückhalten, was dazu führt, dass bereits bei der Ablage eine kleine Made erscheint. Das erweckt den Anschein, sie seien lebend gebärend.

Bevor man den kompletten Lebenszyklus verstanden hatte und erkannte, dass holometabole Insekten eine Verwandlung vollziehen, glaubte man im Mittelalter wie schon vorher in der Antike an die Spontanzeugung. Aristoteles beschrieb diese als dritte Fortpflanzungsart, neben der sexuellen Fortpflanzung der größeren Tiere und der vegetativen Fortpflanzung der Pflanzen. Man nahm damals an, dass tote Materie wie Müll, Fäkalien und abgestorbenes Gewebe durch einen Umwandlungsprozess zu neuem Leben führte. Dass die Materie natürlich keinesfalls tot war, sondern Bakterien und Pilze diese umsetzten, war noch nicht bekannt. Auch konnte man sich nicht erklären, wie aus dem Nichts Insektenlarven auftauchen konnten. Die sexuelle Fortpflanzung der Insekten und die Larvenentwicklung mit anschließender Metamorphose wurden erst im Zeitalter der Aufklärung und mit der Etablierung der Naturwissenschaften entdeckt.

Hat sich die Larve aus ihrer Eihülle befreit, beginnt für sie ein stetiger Prozess des Fressens. Dabei ist sie sehr stark von ihren Umgebungseigenschaften abhängig. Ist es zu kalt, wächst sie langsamer oder erfriert. Ist es zu trocken, kann sie schnell vertrocknen. Der Nachteil der Fliegenlarven ist eine sehr dünne Außenhaut, die sie anfällig gegen Einflüsse außerhalb ihres Toleranzbereichs macht. Häufig findet man deswegen auf älteren Leichen und Kadavern vertrocknete oder erstickte Fliegenmaden, weil der tote Körper dann nicht mehr dem Nahrungsbedürfnis der Fliegenmade entspricht.

Für die Larve Scheinbienen-Keilfleck-Schwebfliege (*Eristalis tenax*) ist es beispielsweise fatal, wenn der faulige

Eristalis tenax

Tümpel, in dem sie frisst, in einem heißen Sommer ver-
trocknet. Für die Larven der Igelfliege *(Tachina fera),* die an
lebenden Raupen parasitieren und diese auffressen, sind
Ameisen, die gezielt nach Raupen suchen, der sichere Tod.
So beginnt für die Larve schon bei der Eiablage durch das
Muttertier ein risikoreiches Leben.

Fast alle Fliegenarten besitzen drei Larvenstadien. Das
erste Stadium ist wenige Millimeter lang und darauf angewiesen, dass es beim Schlupf möglichst in einer günstigen
Position abgelegt wird, um schnell an Futter zu gelangen.
Dabei macht die Larve es sich zunutze, dass sie einen sehr
dehnfähigen Körper besitzt, mit dem sie es schafft, sich auch
durch geschlossene Reißverschlüsse zu pressen.

So kam es bei Sektionen vor, dass beim Öffnen der Schä-
delhöhle kein Gehirn vorgefunden wurde, sondern ein großer Haufen Maden im dritten Larvenstadium. Die kleinen
Larven hatten sich durch die knöcherne Struktur des Schädels bis zum Gehirn durchgearbeitet und waren dort zu
groß geworden, um einen Ausweg zu finden.

Die Fliegenlarven im ersten Stadium besitzen keine effektiven Mundwerkzeuge und scheiden Verdauungsenzyme aus, um Material außerhalb ihres Körpers zu verdauen. Erst dann wird der entstandene Saft in den Körper eingesogen, in einem Kropf zwischengelagert und anschließend verdaut.

Ist eine bestimmte Körpermasse erreicht, häutet sich die Larve und geht in das zweite Larvenstadium über. In diesem Stadium ist die Hauptbetätigung ebenfalls das Fressen. Nach einer weiteren Häutung wird das dritte Larvenstadium erreicht.

Bedenkt man, dass die Fliegenmaden permanent mit dem Kopf im Futter stecken, könnte man denken, dass sie irgendwann nicht mehr genug Sauerstoff zum Überleben haben. Da hat die Natur jedoch vorgesorgt. Am hinteren, dicken Ende der Made sind zwei Atemorgane zu finden. Diese weisen im ersten Larvenstadium einen, im zweiten Larvenstadium zwei und im dritten Larvenstadium drei Öffnungen auf. Somit ist die Bestimmung des Larvenstadiums problemlos möglich. Um eine Zirkulation der Luft zu ermöglichen, befindet sich am Kopf auf jeder Seite nochmals ein Atemorgan, also bei Fliegenmaden immer am spitzen Ende.

Im dritten Larvenstadium passiert nach dem Fressen etwas Interessantes. Die Tiere leeren ihren Kropf und beginnen mit der Suche nach einem geeigneten Ort zur Verpuppung. Dabei wandern sie zuerst auf dem Körper umher, verlassen diesen anschließend und kriechen mehrere Meter weit weg. Manche Arten bevorzugen es, sich in dunklere und kühlere Bereiche zurückzuziehen. So findet man die Tiere während und nach ihrer Verpuppung im Freien unter Laubstreu, bei Wohnungsleichen unter Teppichen, Kleidungsstücken oder Möbeln.

Während der Puppenruhe verändert sich die Made komplett. Beim Schlüpfen hat die Fliege nichts mehr mit ihrer jugendlichen Form gemein. In der Puppenhülle zurück bleiben die verhärteten Mundwerkzeuge, die man dort unter dem Mikroskop immer noch erkennen kann.

Durch das im besten Fall reichhaltige Futterangebot wachsen die Tiere innerhalb weniger Tage heran, verpuppen sich, und nach einiger Zeit, wenn die Fliegen ihre Geschlechtsreife erreicht haben, startet der Zyklus der Vermehrung erneut.

Noch eine Besonderheit des Schlupfmechanismus aus der Puppenhülle sei erwähnt. Man unterscheidet bei den Fliegen zwischen Spaltschlüpfern und Deckelschlüpfern. Die Deckelschlüpfer sprengen ihre Puppe mithilfe einer Blase am Kopf, dem sogenannten Ptilinum. In dieses wird durch Kontraktion des Körpers Hämolymphe eingepresst, das Blut der Insekten, sodass diese sich aufbläht. Dabei wird das vordere Ende der Hülle in zwei Hälfte aufgesprengt, und die Fliege kann die auch als Tönnchen bezeichnete Puppenhülle verlassen.

Die Deckelschlüpfer sind höher entwickelt als die Spaltschlüpfer. Diese pressen sich durch eine Längsnaht aus ihren Puppen und ähneln damit im Schlupfverhalten eher den mit den Fliegen verwandten Mücken.

Ist der Schlupf vollbracht, dauert es eine gewisse Zeit, bis der komplette Körper ausgehärtet ist und die Fliege losfliegen kann. Dann macht sie sich auf die Suche nach einer Futterquelle und einem geschlechtsreifen Partner. Ist dieser gefunden, so beginnt der Paarungsakt. Hierbei kommt es mitunter zu akrobatischen Leistungen beim Flug. Wenn das Männchen während des Geschlechtsaktes auf dem Weibchen sitzt, sind beide gemeinsam trotzdem in der Lage zu fliegen. So werden sie leichte Beute für Vögel.

Als wäre das Leben in der Natur nicht schon gefährlich genug, werden die Fliegen vom Menschen in den meisten Fällen nicht geduldet. Das führt dazu, dass auch diese Arten einen Rückgang erleiden.

»Verjage die Fliege von der Stirn deines Freundes nicht mit dem Beil.«

Chinesisches Sprichwort

Schmeißfliegen *(Calliphoridae)*

Die Schmeißfliegen sind das Begrüßungskommando am Tatort. Egal, wann ich an den Fundort einer mehr oder weniger frischen Leiche komme, sie oder ihr Nachwuchs sind schon da. Diese Fliegen sind die Tiere, auf die es bei der Leichenliegezeitbestimmung maßgeblich ankommt.

In besonderen Fällen wird man von summenden Wolken begrüßt. In anderen Fällen lauern sie an Kellerwänden auf einen Lichtstrahl, wenn man sie kurz nach dem Schlupf aus ihrem Puparium im Keller eines verlassenen Hauses findet, während die Leiche langsam zu Leichenwachs wird oder vertrocknet.

So betraten wir eines Tages einen Keller, in dem bereits am Vortag eine Leiche geborgen worden war. Da mich die Ausbeute der Tiere bei der Sektion nicht zufriedenstellte und mir versichert wurde, dass es nur die wenigen asservierten Tiere gegeben hatte, wollte ich mir selbst ein Bild machen.

Der Fundort befand sich in einem feuchten Keller. Um dorthin zu gelangen, musste man ein längeres Stück durch einen dunklen Korridor laufen. Im Schein der Taschenlampen bot sich uns bereits im Kellerabgang ein eindrucksvolles Bild. Die Wände waren über und über mit großen, bläulich schimmernden *Calliphora vicina* gesprenkelt, die gerade geschlüpft waren. Durch die konstante Temperatur im Keller und den Zeitpunkt des Schlüpfens aus der Puppenhülle war mir damit eine sehr genaue Aussage zur Leichenliegezeit möglich.

Sobald die Tiere vom Lichtschein der Taschenlampen getroffen wurden, begann ein wildes Gesumme. Da die Flugfähigkeit der Fliegen noch nicht voll ausgeprägt war, landeten sie bei der Asservierung ständig auf uns. Dies sind die Momente, die meinen Beruf so »besonders« machen.

Eine Schmeißfliege riecht also den Tod. Kein anderes Lebewesen kann dies an Land so wie diese Fliegenfamilie. Das ist auch logisch, wenn man weiß, dass sie in ihrer ökologischen Nische an die Verwertung von Aas angepasst ist.

Lucilia sericata ist an den Leichen im Sektionssaal unseres Instituts ab Juni die häufigste Fliegenart, da sie warme Temperaturen bevorzugt. Ich habe sie sogar bei einer stark verwesten Leiche in einem Auto gefunden, das im Hochsommer auf einem Supermarktparkplatz abgestellt war. Durch die direkte Sonneneinstrahlung heizte sich der Innenraum derart auf, dass die Fliegenlarven innerhalb kürzester Zeit das fortgeschrittene dritte Larvenstadium erreicht hatten.

Weltweit sind mittlerweile ungefähr 1000 Schmeißfliegenarten bekannt. Einige davon sind vermutlich durch den Menschen, als sogenannte Neozoen, in andere Teile der Erde verschleppt worden. So gibt es in Neuseeland die Arten *Lucilia sericata* und *Calliphora vicina,* die auch in Mitteleuropa zu den häufigsten Arten zählen. Vermutlich im Bauch von Schiffen, vielleicht als Larve an einem Rattenkadaver, kamen sie in der neuen Heimat an und fanden ein ähnliches Klima vor wie in ihrem Ursprungsland. Da der Tod zum Leben gehört und ökologische Kreisläufe überall nach den gleichen Grundprinzipien ablaufen, konnten sich diese anpassungsfähigen Tiere innerhalb kürzester Zeit mit der neuen Umgebung arrangieren.

Man muss sich dabei vor Augen führen, dass eine weibliche befruchtete Schmeißfliege in ihrem Leben nur ein einziges Ziel verfolgt, die Eiablage. Dazu haben sich über die evolutionären Prozesse bemerkenswerte Mechanismen entwickelt.

Im Meer können Haie einen Tropfen Blut im Wasser über Kilometer hinweg wahrnehmen. Ähnliche Leistungen vollbringen auch die Schmeißfliegen. Mit speziellen Rezeptoren in den Antennen am Kopf werden die bakteriellen Abbauprodukte wahrgenommen. Dies kann so weit gehen, dass sie bereits im Sterbeprozess angeflogen kommen, weil sich die chemische Zusammensetzung von Atemluft oder Körperschweiß ändert.

In den Fliegen hat sich ein Biosensor entwickelt, der empfindlicher arbeitet als jede vom Menschen geschaffene Maschine. In der Fachliteratur finden sich Entfernungen von 10 bis 16 Kilometern Flugdistanz, über die ein toter Körper wahrgenommen werden kann. Die durchschnittliche Fluggeschwindigkeit beträgt dabei 10 bis 12 Stundenkilometer.

Innerhalb von ein paar Stunden erscheinen so Dutzende Schmeißfliegen am toten Körper. Der Duft, der die Fliege anlockt, besteht aus unterschiedlichen chemischen Verbindungen wie beispielsweise Skatol und Indol, beide für den Gestank von Fäkalien verantwortlich, und biogenen Aminen. So werden die Derivate des Ammoniaks genannt.

Verschiedene Fliegenarten aus unterschiedlichen Gattungen treten nacheinander an einer Leiche oder einem Kadaver auf, da unterschiedliche Leichenstadien unterschiedliche Gerüche freisetzen und verschiedene Schmeißfliegen unterschiedliche Nahrungs- und Eiablagevorlieben besitzen. So kann über Stoffe in der Luft auch Kot oder verrottendes Pflanzenmaterial gefunden und besiedelt werden. Ganz nach dem Geschmack der Fliegenlarven.

Zur Familie der Schmeißfliegen gehören mehrere charakteristische Arten. Für die Forensische Entomologie sind dabei besonders die drei Larven- und das Puppenstadium interessant. *Lucilia sericata* ist vermutlich die bekannteste Art. Dies liegt unter anderem daran, dass sie in der populärwissenschaftlichen Literatur häufig genannt wird und durch Kriminalromane und -serien bekannt ist.

Durch meine Arbeit am Leipziger Institut für Rechtsmedizin erschloss sich mir zudem eine Besonderheit unseres Stadtgebietes. Da Leipzig von einem großen Auwald durchzogen wird und sehr viele große Parks das Stadtbild bereichern, finden sich auch Arten an den Leichen, die normalerweise wesentlich naturnähere Umgebungen bevorzugen.

Calliphora vicina beispielsweise tritt bei günstiger Witterung noch im späten Herbst auf. Die untere Temperaturgrenze dieser Fliegenart liegt bei 2 °C. Bis zu dieser Temperatur kann die ausgewachsene Fliege fliegen und Eier ablegen. Es dauert dann zwar länger, bis die Maden schlüpfen und sich entwickeln, aber mit dieser Anpassung hat sich diese Fliegenart die kühlere Jahreszeit erobert und ist gegenüber *Lucilia sericata* im Vorteil. Damit erschließt sie sich nutzbare Nahrung mit weniger Konkurrenz.

Wird es zu kalt, gehen sowohl Fliegen als auch Larven in eine Kältestarre über. Wenn es wieder wärmer wird, fressen sie weiter. Diese Kälteresistenz wird durch Einlagerung von Zucker erreicht. Bei kaltem Wetter, wenn das Insekt Hunger oder unter Stress leidet, hat es die Möglichkeit, sehr schnell an diese Reserven zu gelangen. Dabei werden meist langkettige Zucker über eine Synthese in Glucose umgewandelt. Diese liefert dem Körper in der Notzeit Energie. Werden die Tiere allerdings von Frost überrascht, oder sinken die Temperaturen unter eine bestimmte Grenze, sind dieser Schutz und der Energiespeicher nutzlos. Die Tiere sterben.

Während der evolutionären Entwicklung haben alle Arten einen mehr oder weniger großen Lebensraum erobert. *Lucilia sericata* hat eine gewisse Vorliebe für den Kontakt zum Menschen entwickelt.

Die menschliche Nähe bietet der Fliege große Vorteile. So lagern wir beispielsweise unseren organischen Müll in speziellen, für die Fliege leicht zugänglichen Tonnen, in denen durch die Zersetzung eine ideale Wachstumstemperatur für die Maden herrscht. In unseren Städten tummeln sich Millionen von Ratten, Mäusen und Tauben, die ebenfalls durch den Menschen angezogen werden. Sterben diese irgendwann, dienen sie wiederum den Fliegenmaden als Nahrung.

Das Hauptproblem, das der Mensch mit *Lucilia sericata* und einigen anderen »menschenfreundlichen« Fliegenarten hat, ist aber ein anderes. Schmeißfliegen sind als potenzieller Überträger von Krankheiten bekannt, die durch Viren, Bakterien und Pilze ausgelöst werden. Durch den engen Kontakt zum Menschen und die Vorliebe für verrottendes Material und Kot können durch einmaliges Landen auf der menschlichen Nahrung verschiedenste Bakterien, Viren und Pilzsporen eingeschleppt werden, je nachdem, wo die Fliege vorher herumgekrabbelt ist.

So besteht die Möglichkeit, dass große Ausbrüche von Viruserkrankungen, wie beispielsweise der EHEC-Ausbruch in Norddeutschland im Jahr 2011, durch Schmeißfliegen zumindest gefördert werden. Im Nachhinein können oft nur die belasteten Lebensmittel festgestellt beziehungsweise bestimmte Nahrungsquellen näher eingegrenzt werden. Der eigentliche Grund der Keimbelastung und der genaue Übertragungsweg bleiben meist unklar. Es besteht einfach das Problem, dass eine Fliege mit schmutzigen Füßen nicht so lange auf der Nahrung sitzen bleibt, bis das Veterinäramt sie abholt.

Auf Fliegen wurden schon die unterschiedlichsten Krankheitserreger festgestellt. Das Bakterium *Vibrio cholerae,* das die Cholera überträgt und zu schweren Durchfallerkrankungen führt, wurde in Indien in der Stubenfliege *Musca domestica* nachgewiesen, die zu den Echten Fliegen gehört. Auch diese Art ist dem Menschen sehr zugetan, kommt bei uns ebenfalls vor und gilt als ausgesprochen erfolgreicher Kulturfolger des Menschen.

Bei einer tschechischen Studie, die sich mit der Übertragungsmöglichkeit von verschiedenen Erregern auf Schweine und Kühe beschäftigt, kam heraus, dass *Calliphora vicina* und *Lucilia caesar* das Bakterium *Mycobacterium avium subspecies paratuberculosis* verschleppen können. Man vermutet einen Zusammenhang zwischen dieser Bakterienart und der Krankheit Morbus Crohn beim Menschen. Die Aufnahme des Bakteriums durch die Fliegen erfolgte damals in einem Schlachtbetrieb, der kranke Tiere verarbeitete.

Häufig handelt es sich bei durch Fliegen übertragenen Bakterienstämmen um Verursacher von Krankheiten des Magen-Darm-Traktes. Durch den Krankheitsverlauf, der meist mit Erbrechen und Durchfall einhergeht, wird zusätzliche Nahrung für die Fliegen bereitgestellt. Hilft auch

Lucilla caesar

noch der Mensch selbst bei der Übertragung, beispielsweise durch eine schlechte Lebensmittelhygiene oder achtlosen Umgang mit Nahrungsresten und Abwässern, so ist ein Krankheitsausbruch vorprogrammiert.

Das mag für Mitteleuropa nicht nach einem ernsten Problem klingen, aber in Entwicklungsländern gelten das enge Zusammenleben von Mensch und Tier und geringe hygienische Standards als zwei der Hauptgründe für Epidemien.

Die Fliegen übertragen, trotz ihrer regelmäßigen Reinigungseinheiten, die Bakterien nicht mutwillig. Im borstigen Fliegenkörper gibt es für die winzigen Organismen aber ausreichend Platz. Einige Bakterienstämme werden auf der Körperoberfläche der Fliege verschleppt, andere im Darm.

Muss man sich nun Sorgen machen, wenn man eine Fliege verschluckt, dass man sich eine potenziell tödliche Krankheit einhandelt? Diese Frage ist klar mit einem Nein zu beantworten. Ein gesunder Mensch kann eine so geringe Keimbelastung problemlos vertragen. Das regelt die Magensäure. Allerdings sollte man darauf achten, dass Fliegen nicht mit Lebensmitteln in Kontakt kommen, die für den späteren Verzehr gedacht sind. Sind die Gegebenheiten günstig, und vergeht einige Zeit, können sich Bakterien schnell vermehren.

Lucilia sericata geht bei ihrer Eiablage an Kadavern sogar so weit, zur Eiablage tief in die Luftröhre hineinzukriechen. Dies verringert aus Sicht der Fliege das Risiko, dass der Nachwuchs aufgefressen wird. Zudem sind die Larven so klein, dass sie durch die feinen knöchernen Strukturen des Kopfes passen und so den kompletten inneren Bereich des Schädels besiedeln können.

Diese Elastizität des Madenkörpers ermöglicht es auch, dass Leichen besiedelt werden können, die in Koffern oder Reisetaschen versteckt wurden. Reißverschlüsse stellen für kleine Fliegenmaden kein Hindernis dar.

Lucilia sericata zählt in der wärmeren Jahreszeit zu den ersten Tieren, die eine frische Leiche besiedeln, und ist gut erforscht. Ihre Verwandten, die anderen *Lucilia*-Arten, sind bei Weitem nicht so gut in der Forschung etabliert. Die golden-grünlich bis golden-bläulich schimmernde Fliege zählt mit einer Körperlänge von ungefähr einem Zentimeter Länge zu den mittelgroßen Fliegenarten. Sie sind in der Regel von Juni bis September zu finden. Mitunter taucht sie bei milden Jahresverläufen bis zum ersten Frost auf.

Bei Wohnungsleichen findet man die Art öfter als bei Leichen im Freiland. Grund dafür ist die Vorliebe zur menschlichen Nähe und die Konkurrenzschwäche zu anderen Arten.

Das macht es uns nicht unbedingt einfacher, wenn wir bei hochsommerlichen Temperaturen in einer Wohnung arbeiten müssen. Wie die meisten Fliegen wird auch *Lucilia sericata* von kleinsten Duftspuren der Verwesung angezogen und sammelt sich, wenn Fenster geöffnet sind, dort zu

Hunderten. Glücklicherweise sind wir in solchen Fällen immer in Tatortanzügen unterwegs, sonst wäre die Arbeit unerträglich.

Die Tiere benötigen Flüssigkeit, Zucker und Mineralsalze und fliegen ständig auf die Leiche oder zu Nahrungsresten. Da sie ihre Verdauung außerhalb ihres Körpers in »hervorgewürgten« Flüssigkeitsblasen durchführen, finden sich neben Tausenden Punkten Fliegenkot überall kleine Ringe, die Überbleibsel der Blasen sind, ähnlich wie bei einem Kaffeefleck. Auch die Tatortanzüge und die Ausrüstung bleiben in derartigen Fällen nicht verschont. Die Einweganzüge, Masken und Handschuhe wandern ohnehin in den Müll. Die Tatortausrüstung muss jedoch gereinigt werden.

Wer nun fragt: »Warum öffnet niemand die Fenster?« Die Antwort ist einfach: Solange es eine Leiche oder deren Hinterlassenschaften in der Wohnung gibt, würde das nur neue Horden von Fliegen anziehen.

Die ausgewachsenen Tiere von *Lucilia sericata* lassen sich übrigens ausgezeichnet für wissenschaftliche Versuche züchten und überleben mit einem Gemisch aus Traubenzucker und Wasser mehrere Wochen. Bei den Schwesterarten hat man damit meist mehr Probleme. In der Natur sind sie neben anderen Blütenbesuchern ein wichtiger Verteiler von Pollen und tragen so effektiv zur Pflanzenbestäubung bei.

Im Vergleich zu *Lucilia sericata* ist die Art *Phormia regina* in Europa nicht so häufig. Bisher habe ich sie nur im Fall eines erweiterten Suizids gefunden und während meiner Masterarbeit in den Proben vom Schweinekadaver nachgewiesen. Sie besitzt im Vergleich zu den schillernden *Lucilia*-Arten einen dunkleren Körper, der aber trotzdem noch einen goldenen Schimmer abstrahlt.

An *Phormia regina* wurde nachgewiesen, dass Fliegen, ähnlich wie der Mensch, im Alter die Fähigkeit zum Riechen langsam verlieren.

Bei den größeren Arten ist die Gattung *Calliphora* mit ihren beiden Vertreterinnen *Calliphora vicina* und *Calliphora vomitoria* ebenfalls sehr gut erforscht. An diesen beiden Schwesterarten sieht man sehr genau, warum es so wichtig ist, dass der Forensische Entomologe die Tiere eindeutig auf das Artniveau bestimmen kann. Bei einer Lufttemperatur von 25 °C benötigt *Calliphora vicina* knapp 17 Tage für die Entwicklung vom Ei zum ausgewachsenen Tier, während die gleiche Entwicklung bei *Calliphora vomitoria* 21,5 Tage dauert. Dieser Unterschied ist natürlich bei der Liegezeitbestimmung von Leichen ausschlaggebend.

Die relativ kurze Entwicklungszeit führt dazu, dass es von den meisten Schmeißfliegen mehrere Generationen im Jahr gibt und die letzte Herbstgeneration überwintert. *Calliphora vicina* ist dabei besonders resistent gegenüber kühlen Temperaturen. Bis zu einer Tagesdurchschnittstemperatur von 2 °C können sie fliegen und Eier ablegen, auch die Larven entwickeln sich weiter. Die Entwicklungsdauer steigt dabei natürlich auf mehrere Wochen an. In der Regel schlüpfen die Fliegen erst aus den Puppen, wenn es wieder wärmer wird. Diese Anpassung führt dazu, dass auch verendete Tiere in Bergregionen verwertet werden können, die beispielsweise von Lawinen verschüttet worden sind.

Calliphora vomitoria wird im Deutschen auch als »Brechfliege« bezeichnet. Dies resultiert aus dem Verhalten, dass sie aufgenommene Flüssigkeiten wieder hervorbricht, um sie an der Luft weiter verdauen zu lassen, und den entstandenen Tropfen anschließend wieder einsaugt. Dadurch entsteht ein charakteristischer kleiner Kreis, der eher an den

Kaffeering einer Tasse erinnert als an Erbrochenes. Diese Fähigkeit besitzen aber alle Fliegen. Bei ihnen ist die Verdauung außerhalb des Körpers sehr weit verbreitet.

Da alle Insekten wechselwarme Tiere sind und keine Wärme produzieren, müssen sie die Sonnenstunden aktiv nutzen, um ihren Körper aufzuwärmen und flugfähig zu bleiben. So sind die meisten größeren Schmeißfliegen, zu denen auch die *Calliphora*-Arten gehören, bereits unterwegs, wenn sich die ersten Frühblüher durch den Schnee kämpfen. Der blaue Schimmer der Fliegen macht sie für den Laien leicht erkennbar.

Allerdings muss man mitunter für eine genaue Artbestimmung unter dem Mikroskop das Gesicht der Fliege näher betrachten, um charakteristische, artspezifische Färbungen erkennen zu können.

Calliphora vicina und *Lucilia sericata* sind auch im Sektionssaal die häufigsten Schmeißfliegenarten. Sie sind sozusagen die Stars in der Manege. Daneben gibt es ein paar Sonderlinge, auf die ich gerne noch eingehen möchte.

Die Gattung *Chrysomya* mit ihrer Art *Chrysomya albiceps* ist zumindest im dritten Larvenstadium von jedem zu erkennen. Im Gegensatz zu allen anderen Larven haben diese borstenähnliche Anhänge an ihrem Larvenkörper. Diese Borsten erkennt man sogar noch an der Puppenhülle, wodurch auch diese auf den ersten Blick eindeutig identifizierbar ist.

Normalerweise bevorzugen die *Chrysomya*-Arten wärmere Gebiete mit durchgehenden Temperaturen im Plusbereich. So verwundert es nicht, dass die Art ursprünglich in der Mittelmeerregion und im Nahen Osten gefunden und dort in kürzerer Zeit von mehreren Naturwissenschaftlern das erste Mal beschrieben wurde. Sie hatte daher, bevor sie endgültig den Namen *Chrysomya albiceps* bekam, mehr als ein Dutzend anderer wissenschaftlicher Bezeichnungen. Durch den Klimawandel und die internationalen Handelswege begünstigt, tritt *Chrysomya albiceps* inzwischen auch häufig in Mitteleuropa auf.

An Kadavern folgt sie im Sommer auf *Lucilia sericata* beziehungsweise die kleineren erstbesiedelnden Fliegen. Der Grund dafür ist die Anpassung ihrer Larven. Im ersten Larvenstadium fressen diese noch wie ihre Verwandten von aufgelöstem Leichenmaterial. Sobald sie allerdings das zweite oder dritte Larvenstadium erreichen, beginnen sie die Larven der kleineren Schmeißfliegen zu jagen und ernähren sich von ihren Kollegen.

Die Auswirkung sehe ich häufig bei der Auswertung von asservierten Proben. Da *Chrysomya albiceps* die Futterkonkurrenz kurzerhand auffrisst, stellen wir oft fast nur noch ihre Larven fest. Einmal bekam ich sogar einen Anruf aus dem Sektionssaal, man hätte Maden mit Borsten gefunden. Für die Rechtsmediziner eine neue Erfahrung!

Bei Wohnungsleichen in Naturnähe kommen sie häufiger vor als im Stadtkern. Hier spielt wieder die besondere Lage der Stadt Leipzig eine Rolle. So liegen nur 2,8 Kilometer zwischen dem Auwald und dem Institut für Rechtsmedizin. Für größere Fluginsekten stellt eine derartige Strecke keine Herausforderung dar. Wie sich durch diese einzelne Art zukünftig die Artzusammensetzung an forensisch relevanten Leichen verändert, wird sich zeigen. Außerdem sieht man an dieser Entwicklung, dass auch die Forensische Entomologie vom Klimawandel betroffen ist.

Im Gegensatz zu *Chrysomya albiceps* ist die Totenfliege, *Cynomya mortuorum*, in unseren Breiten heimisch. Sie besitzt bei ihrer Besiedlungsstrategie eine Vorliebe für tote

Fische und wird vor allem in Skandinavien für die Forensische Entomologie genutzt. Mit einer Größe bis zu 17 Millimetern ist sie eine der größten Schmeißfliegen in Mitteleuropa und neben ihrem glänzenden, blauen Hinterleib an ihrem deutlich nach vorn spitz zulaufenden Gesicht zu erkennen.

Aber nicht nur an Leichen frisst der Nachwuchs von Schmeißfliegen. Wie bereits erwähnt, finden sich auch parasitoide, wie *Lucilia bufonivora,* und parasitische Vertreter in dieser Insektenfamilie.

Die Gattung *Pollenia* beispielsweise hat sich auf Regenwürmer als Beute für die Larven spezialisiert. *Pollenia rudis* legt ihre Eier an die Röhren der Würmer. Nach dem Schlupf suchen die Larven aktiv nach den Würmern und bohren sich durch ihre Haut. Da sie als Parasiten ihren Wirt nicht töten, ernähren sie sich am lebendigen Wurm von dessen Körpergewebe und Körperflüssigkeiten. Hat die Larve

Cynomya mortuorum

ihren Fraß beendet, verlässt sie das Wirtstier und verpuppt sich im Boden.

Wenn diese Tiere nach ihrer Metamorphose aus den Puppen schlüpfen, kann man häufig das Phänomen des gleichzeitigen Schlupfes beobachten. An warmen, sonnigen Tagen kriechen wie aus dem Nichts viele Fliegen gleichzeitig aus dem Boden. Die letzte Generation des Jahres sucht sich im Anschluss einen Platz zum Überwintern. Dies sind in der menschlichen Nähe meistens Dachböden, die Kästen von Rollläden oder Spalten und Nischen in Holzschuppen. Diese Fliegen sorgen regelmäßig für Entsetzen, wenn nach dem Winter die Lagerplätze vom Menschen entdeckt werden und dieser von den vielen Hundert toter Fliegen überrascht ist, die den Winter nicht überstanden haben.

In den meisten Fällen verlassen die Schmeißfliegenlarven den toten Körper, nachdem sie an ihm die Nahrungsaufnahme beendet haben. Sie suchen sich einen Ort zur Verpuppung und sind dabei in einigen Fällen sehr wählerisch. Ich habe bereits Fälle in Wohnhäusern gehabt, bei denen sich die Larven durch mehrere Kellerräume hindurch bis unter einen Tisch verkrochen hatten. Dort waren das Lichtverhältnis, die Temperatur und vielleicht auch der Untergrund für die Tiere optimal. Nachvollziehen lässt sich auf jeden Fall, dass viele Arten die Leiche nach dem Fraß meiden. Der Platz der Verpuppung muss dann einen gewissen Schutz bieten, da die Tiere als Puppe völlig wehrlos sind.

Anders verhält es sich bei der Schmeißfliegenart *Protophormia terraenovae,* die sich meistens direkt an der Leiche verpuppt, und zwar vornehmlich in den Haaren und Kleidungsstücken. Zudem ist sie bei kühleren Temperaturen noch aktiv und findet sich gerade in Leipzig im Frühjahr meist als erste Fliegenart an Leichen ein. Das Gleiche gilt für den Herbst, sogar noch nach dem ersten Frost.

In einem Fall an unserem Institut war eine vermisste Person aus einem Pflegeheim verschwunden, und die Leiche wurde erst Monate später gefunden. Die Bekleidung des Oberkörpers, eine wattierte Winterjacke, war gefüllt mit verkrusteten Puppenhüllen von *Protophormia terraenovae*. Die Hüllen waren bereits leer, und somit war eine Liegezeitbestimmung nur noch eingeschränkt möglich. Mittlerweile war die Leiche von kleinen Käsefliegenlarven besiedelt. In diesem Ausmaß hatte ich das bisher nicht beobachtet. Puppenhüllen von anderen Arten fanden sich jedoch im gesamten Umkreis der Leiche keine. Dies deutete darauf hin, dass *Protophormia terraenovae* zum Zeitpunkt der Besiedlung die einzige aktive Art war, was auf einen Sterbezeitraum in den kühleren Frühjahrsmonaten schließen ließ.

Diese Fliegenart ist sehr kältetolerant und besiedelt Leichen auch im Spätherbst und im Winter. Durch ihre charakteristischen Puppentönnchen, die am hinteren Ende gezackt sind, fällt sie sofort auf.

Wir finden diese Tönnchen außerdem an Leichen in kalten Habitaten wie Gletscherspalten, Höhlen oder dunklen, feuchten Kellern. Dabei orientiert sie sich wie alle anderen Schmeißfliegen am Geruch, fliegt aber nicht direkt zur Leiche, sondern legt die Distanz eher springend zurück.

So ist es nicht verwunderlich, dass in Deutschland und Belgien sowohl in einem Mammut- als auch in einem Wollnashornschädel Puppentönnchen von *Protophormia terraenovae* gefunden worden sind. Unter eiszeitlichen Gegebenheiten konnte diese Fliegenart in Europa problemlos überleben.

Fleischfliegen (*Sarcophagidae*)

Die Vertreter der Fleischfliegen sind seltene Gäste an Leichen und auch gelegentlich bei einer Wundmyiasis zu finden. Bei Freilandversuchen mit Kadavern findet man verschiedene ihrer Arten in Lebendfallen, sogenannten Malaise-Fallen, die aus aufgespannten Netzen bestehen und in ein Sammelgefäß zusammenlaufen. Vor nicht allzu langer Zeit nahm man an, dass diese Arten direkt mit dem toten Körper in Zusammenhang stehen. Doch dieser Nachweis ist bisher nicht eindeutig erbracht worden.

Fleischfliegen werden in der Forschung gerade vermehrt unter die Lupe genommen, um herauszufinden, ob und welche Arten für die Forensik von Bedeutung sein könnten. Das größte Problem dabei stellen Fehlbestimmungen und Fehlbenennungen in der Vergangenheit dar. Es hat eine Zeit gegeben, in der der Artenreichtum der Fleischfliegen viel kleiner eingeschätzt worden ist und somit verschiedene Arten für ein und dieselbe gehalten worden sind. Das zeigt auch, warum die Forschung der Forensischen Entomologie immer wieder neue Herausforderungen bietet.

Die ausgewachsenen Fleischfliegen kommen auch an Aas vor, besiedeln aber bevorzugt andere Nahrungsangebote.

Im Vergleich zu den Schmeißfliegen sind die Vertreter der Fleischfliegen tatsächlich lebend gebärend. Sie legen ihre Maden mitunter an tierischen und menschlichen Leichen ab.

Die häufigste Vertreterin ist *Sarcophaga carnaria,* die mit ihrem grauen Schachbrettmuster auf dem Hinterleib, ihren roten Augen und vergleichsweise großen Füßen bestimmt jedem schon einmal aufgefallen ist.

Ähnlich wie die gerade beschriebenen Pollenia-Arten der Schmeißfliegen hat sich *Sarcophaga carnaria* Regenwürmer als Beutetiere ausgesucht. Sie ist sogar so sehr auf diese Würmer angewiesen, dass im heißen trockenen Sommer 2018 kaum Vertreter dieser Art zu finden waren. Die Regenwürmer hatten sich, für sie unerreichbar, tief in den feuchten Bereichen des Erdbodens zurückgezogen.

Sowohl die ausgewachsenen weiblichen Fliegen als auch die Larven haben die Fähigkeit, bewohnte Regenwurmröhren zu finden. Das Weibchen orientiert sich dabei an frischen Kothaufen und legt ein paar Larven am Rand des Röhreneingangs ab. Im Anschluss fliegt sie sofort weg, um das Prozedere an anderer Stelle zu wiederholen. Im Gegensatz zu den Männchen, die häufig an sonnigen Plätzen im Freiland zu finden sind, leben die Weibchen gerne in Laubwäldern im Halbschatten. Denn dort befinden sich die Wohnröhren der Regenwürmer. Sie liegen meistens geschützt unter Laub oder Gras und bieten der empfindlichen Larve des ersten Stadiums ausreichend Schutz.

Nach kurzer Orientierung verschwinden die Larven im Eingang der Regenwurmhöhle und suchen aktiv nach den Bewohnern. Die Larven von *Sarcophaga carnaria* sind wahre Sprinter. Sie sind doppelt so schnell wie die Larven aller anderen Arten der Gattung. Die Orientierung im Tunnel nehmen sie primär am Geschlechtsorgan des Regenwurms vor.

Sie dringen in den Wurm ein und beginnen, ihn bei lebendigem Leib aufzufressen. Diese Fähigkeit besitzen sie nur im ersten Larvenstadium. Werden sie durch einen wehrhaften Regenwurm aus dem Körper entfernt, können sie ab dem zweiten Larvenstadium nicht mehr in den Wurm zurück. Das Entfernen geschieht durch Einkapselung und Abstoßung oder durch Abstreifen.

Finden die Larven einen toten Regenwurm, wird dieser mit Vorliebe besiedelt. Die Entwicklung geht bei *Sarcophaga carnaria* vergleichsweise schnell. Bei 23 °C entwickeln sich die Larven innerhalb von vier Tagen und verlassen den toten Wurm, um sich zu verpuppen.

Echte Fliegen *(Muscidae)*

Diese Gruppe der Fliegen beherbergt eine der bekanntesten Arten, die Stubenfliege *(Musca domestica)*. Das *domestica* im Namen zeigt bereits an, dass sie eine Vorliebe für die häusliche Umgebung des Menschen hat.

Bei Fällen, in denen diese Arten eine Rolle spielen, geht es meist um die Leichenliegezeit. Sie sind glücklicherweise selten. So kann es vorkommen, dass bei vernachlässigten Säuglingen, die aufgrund einer Unter- oder Nichtversorgung gestorben sind, neben den Schmeißfliegen auch Stubenfliegen bei der Leiche zu finden sind. Mit ihren Larven kann ich die Zeitdauer einer Unterversorgung nachweisen. Der Todeszeitpunkt dagegen wird mithilfe der Besiedlung durch die Schmeißfliegen bestimmt.

Manchmal können unsere Untersuchungen jedoch glücklicherweise auch dazu beitragen, dass Kindern rechtzeitig geholfen wird. So waren in einem Fall, der an unserem Institut untersucht wurde, die Windeln von zwei Kindern in einer Wohnung bereits mit dem ersten Larvenstadium von *Musca domestica* besiedelt. Das Jugendamt sah es daraufhin als erwiesen an, dass die Kinder von Mutter und Stiefvater mehrere Tage allein gelassen und vernachlässigt worden waren. Es gab die Kinder in eine Pflegefamilie.

Über alle Zeiten hinweg, von der Antike über das Mittelalter bis in die Neuzeit, ist die Stubenfliege als sogenannter Lästling beschrieben. Viele Erfindungen der Menschheitsgeschichte sind vermutlich wegen genau dieser Fliegenart

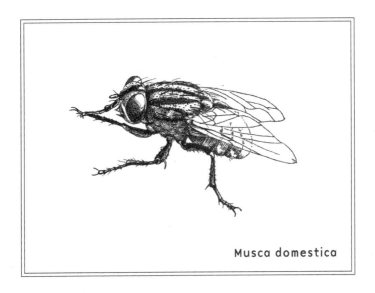

Musca domestica

in die Welt gesetzt worden. Klebende Fliegenfänger, Fliegenklatschen, verschiedene Giftsprays, die anfänglich auch Menschen umbringen konnten, und kleine, als Luftschiffattrappen getarnte Fliegenfallen sind nur eine kleine Auswahl des Abwehrinstrumentariums.

Auch der Fliegenpilz hat vermutlich seinen Namen indirekt durch die Stubenfliege bekommen. *Amanita muscaria,* so der lateinische Name des Pilzes, und das ihm eigene Gift Muscimol sind nach den Fliegen benannt. So wurden gezuckerte Stücke des Pilzes in Milch gelegt. Diese Mischung lockte die Fliegen an und brachte sie nach dem Aufnehmen um.

Stubenfliegen werden nicht von Aas angelockt, sondern von faulenden organischen Stoffen und Exkrementen. So muss das Futter der Larven, die bei den Echten Fliegen ebenfalls drei Stadien durchlaufen, von der Natur »vorverdaut« werden. Die Abbauprozesse nehmen sie wie die anderen Fliegen über ihre Chemorezeptoren wahr.

Während man die Stubenfliege problemlos mit fauligen Gerüchen anlocken kann, so ist es beim Wadenbeißer *(Stomoxys calcitrans),* der ihr zum Verwechseln ähnlich sieht und mit ihr verwandt ist, zuerst der Körpergeruch der Wirtstiere, an denen er Blut saugt. Erst diese Blutmahlzeit führt bei den Weibchen zur Entwicklung der Eier im Körper.

Die Ablage der Eigelege findet bei beiden Arten an Dung, Kompost oder anderem verrottendem Material statt. Dabei werden auch Leichen kurz nach dem Tod und deren austretende Flüssigkeiten besiedelt.

Durch ihre Affinität zu totem, verrottendem Material und zu Kot gehören diese Fliegen ebenfalls zu den wichtigen Überträgern von Bakterien, Viren und Pilzsporen.

Käsefliegen *(Piophilidae)*

Die Familie der Käsefliegen hat ihren Namen daher, dass die Tiere in früherer Zeit als Vorratsschädlinge haltbar gemachte Nahrungsmittel besiedelten, beispielsweise Käselaibe auf Almen. Auch vor luftgetrocknetem Schinken machen sie nicht halt. Verantwortlich dafür: *Piophila casei.* Dabei handelt es sich um die gleiche Art, die auch bei Leichenfunden eine Rolle spielt.

Auf Sardinien werden die harten Laibe des Schafskäses Pecorino freiwillig den Fliegen zur Besiedlung überlassen. Dafür werden sogar Teile der harten Rinde entfernt, um den Fliegenmaden das Eindringen zu erleichtern.

Eine Fliege kann dabei bis zu 500 Eier auf den Käse ablegen. Die Verdauungsenzyme der Fliegenlarven zerstören dabei die Fette des Käses, und dieser fermentiert. Der Pecorino wird dadurch zu *casu marzu.*

Eine ähnliche Käsesorte gibt es auch auf Korsika. Ist der Käse fertig »gereift«, wird er pur und mit den lebenden Maden gegessen. Eine Delikatesse! Die Gäste in den Restaurants, in denen er verkauft wird, halten vor dem Verzehr die Hände über den Käse, damit nicht aus Versehen eine Fliegenmade den Teller verlässt.

Bedenkt man die normalen Besiedlungsgewohnheiten von *Piophila casei,* ist es verwunderlich, dass nicht mehr Menschen mit Beschwerden Ärzte aufsuchen. Durch die Magensäure wird die Fliegenmade nämlich nicht unbedingt abgetötet und kann so zu einer Pseudomyiasis des Verdauungsapparates führen.

Diese Fliegen bieten im Sektionssaal gerade in den kühleren Jahreszeiten eine besondere Bereicherung. Sie werden im Englischen als *cheese skipper fly* bezeichnet. Als Käsespringfliege.

Dieser Name beschreibt, was die Larven der Käsefliegen tun. Sie ziehen ihren Körper zusammen, sodass sie mit ihren Mundhaken das hintere Ende ihres Körpers erreichen. Dann spannen sie ihre Muskeln an und lösen schlagartig die Haken, was zu Folge hat, dass sie bis zu 30 Zentimeter in die Höhe springen, wenn sie sich gestört fühlen.

In der Natur nutzen sie diese Fähigkeit, um Fressfeinden zu entkommen. Zudem setzen sie diese für Laien überraschende Technik ein, wenn sie nach dem dritten Larvenstadium den Körper verlassen möchten. Anschließend verpuppen sie sich im Erdboden.

Dieses sprunghafte Verhalten führte während einiger Obduktionen bei jungen Polizeibeamten und Justizreferendaren zu Schreckmomenten. Keiner von ihnen rechnete damit, dass sich kleine Maden so hoch in die Luft katapultieren können.

Warum diese Tiere hauptsächlich in der kälteren Jahreszeit an Leichen vorkommen, hängt mit der verlangsamten Zersetzung zusammen. Während in den Sommermonaten alles sehr rasant vonstattengeht, gibt es in den Frühlings-, Herbst- und milderen Wintermonaten nicht so viele Erstbesiedler, die den Körper bis auf das Skelett abfressen. Bei den dann üblichen Temperatur- und Luftfeuchtigkeitskonstellationen kommt es häufig dazu, dass der Körper mit seinen Fetten in eine käsig breiige Verwesung übergeht und damit die Käsefliegen anlockt. Der Geruch, den die Leichen verströmen, erinnert in solchen Fällen tatsächlich eher an alten Käse.

Meistens sind vom Befall nur bestimmte Körperregionen betroffen, die den Maden der Käsefliege attraktiv erscheinen. In Kleidungsteilen sammeln sie sich meistens in Haufen an den tiefsten Punkten, an denen sich auch die Verwesungsflüssigkeiten ansammeln. Sie verschwinden meistens erst, wenn der Körper beziehungsweise Überreste und Knochen komplett vertrocknet sind.

Gerade bei Leichen in feuchten Kellern oder bei vorangegangenem nasskalten Wetter im Wald findet man deswegen die Käsefliegen häufiger. Zudem scheinen sie eine natürliche Vorliebe für die Leichen von Übergewichtigen zu haben, was sich mit der Ernährungsgewohnheit der Larven erklären lässt.

Auch wenn sich Liegezeiten mit diesen Tieren nicht auf den Tag genau schätzen lassen, sind sie ein Indikator für die ausklingende Zersetzung und können in einer Gesamtbetrachtung der Umgebungseigenschaften und des Wetters grobe Hinweise für Ermittlungen liefern.

Es gibt Arten innerhalb dieser Familie, die erst vor wenigen Jahren entdeckt worden sind und eine ausgesprochen spezialisierte Lebensweise haben. Die Elch-Geweih-Fliege,

Protopiophila litigata, verbringt nahezu ihr ganzes Leben auf der abgeworfenen Schaufel eines Elchs. Die ausgewachsenen Tiere sind nur 1,6 bis 3,6 Millimeter groß.

Wie bereits erwähnt, sind sowohl Lebenszeit als auch Lebensraum für jedes Lebewesen unterschiedlich definiert. Während Wale ganze Ozeane durchstreifen und ein riesiges Ökosystem nutzen, reicht der Elch-Geweih-Fliege die Schaufel eines Elchs. Die adulten Männchen streiten sich sehr aggressiv um die Schaufeln, die der männliche Elch jährlich abwirft und neu bildet. Doch noch viel härter wird der Kampf um die Weibchen geführt. Während das Weibchen die Eier ablegt, versuchen die Männchen sie weiterhin zu begatten.

Sind die winzigen Larven aus den Eiern geschlüpft, suchen sie sich kleine Löcher und Fugen, um in den Schaufelknochen einzudringen und sich dort von den fettigen Bestandteilen des porösen Knochengewebes zu ernähren. Haben sie das Wachstum abgeschlossen, verlassen sie den Knochen und springen von der Elchschaufel weg, um sich im Boden zu verpuppen. Da diese Sprünge sehr viel Energie benötigen, sind die Larven nur in der Lage, einige wenige Hüpfer auszuführen, bis ihnen die Kraft ausgeht.

Die Geweihe von Rentieren und die Schaufeln von Elchen trocknen mit der Zeit aus. Deswegen kann eine Schaufel nur für zwei Jahre von den Elch-Geweih-Fliegen besiedelt werden.

Taufliegen (*Drosophilidae*)

Taufliegen, die wir auch als Fruchtfliegen bezeichnen, bieten ebenfalls keine direkte Möglichkeit, die Leichenliegezeit zu bestimmen. Doch sie sind durch ihre Nähe zum Menschen und ihre zahlreiche Anwesenheit in unseren Wohnungen und Häusern zumindest für wichtige Rückschlüsse gut.

Bei Leichenfunden in Wohnräumen beispielsweise sind die Küchenböden häufig mit Hunderten Taufliegenleichen übersät. Da sie dort zu Boden stürzen, wo sie die Kraft verlässt, ist der Fußboden in den meisten Fällen sehr gleichmäßig mit den Tieren bedeckt. So können sie einen Hinweis darauf geben, ob jemand nach dem Tod des Verstorbenen in der Wohnung war. Würde ein Täter in die Wohnung zurückkehren, um beispielsweise Wertsachen mitzunehmen, würde er dort sichtbare Fußabdrücke hinterlassen.

In einem sehr tragischen Fall drehten sich meine Untersuchungen aber um die zentrale Frage, ob ein Kleinkind durch die unterlassene Versorgung der Aufsichtspersonen in einen lebensgefährlichen Zustand geraten war. Bei der Spurensicherung in der Wohnung fand man in einer Schüssel in der Küche Reste von Apfelmus. Dieses war mittlerweile ausgetrocknet, und im Inneren entdeckte ich verkrustete, geschlossene Puppenhüllen von Taufliegen. Für diese Entwicklung benötigen die Larven zwischen fünf und sieben Tage.

Wegen nachgewiesener Vernachlässigung wurde das Kind daraufhin durch das Jugendamt in eine Pflegefamilie gegeben.

Obwohl in einigen Ländern der Zoll eher nach Fruchtfliegen sucht als nach Drogen, ist diese Fliegenfamilie mittlerweile fast auf der ganzen Welt heimisch geworden. Wo sie es nicht ist, tut der Mensch alles, damit dies so bleibt. Sie gelten als Schädlinge im Obst- und Weinbau. Im Sommer kommt es bei günstigen Bedingungen auch schnell zu einer Massenvermehrung in den eigenen vier Wänden.

Angezogen werden die Tiere durch gärende, pflanzliche Substanzen, was man ziemlich schnell merkt, wenn man zwischen April und Oktober frisches Obst in der Küche liegen hat. Wie durch Zauberhand erscheinen ungefähr zwei Tage später diese Tiere und erzeugen bei jeder Bewegung in ihrer Nähe eine kleine Wolke aus Fliegen.

Schmetterlingsmücken (Psychodidae)

Die Schmetterlingsmücken werden aufgrund ihres Vorkommens gerne auch als Abort- oder Kloakenfliegen bezeichnet. Oder wegen ihrer Form als Herzmücke. Sie gehören aufgrund ihrer forensischen Relevanz in dieses Kapitel.

Mithilfe von *Psychoda grisescens* konnten wir in einem speziellen Fall eine Leichenumlagerung beweisen.

Dabei wurde die Leiche eines obdachlosen jungen Mannes von Kabeldieben auf einer alten Industriebrache entdeckt. Der Körper war bereits mit zahlreichen Schmeißfliegen besiedelt, allerdings fanden sich in seiner Kleidung auch Abortfliegen, die in den restlichen Räumen der Brache nicht vorkamen.

Bei der genaueren Inaugenscheinnahme des Kellers wurde klar, dass die Tötung vermutlich dort stattgefunden hatte. Wir fanden mehrere ausgedehnte Blutlachen, und zu meinem Erstaunen wimmelten die Wände von Abortfliegen. Das kam daher, dass diese Tiere im Gegensatz zu anderen Mücken sehr schlechte Flieger sind. Wahrscheinlich kommt das von der pelzigen Behaarung des ganzen Körpers samt Flügeln. Die nur wenige Millimeter großen Mücken sind gegen jeden Luftstrom machtlos. Es wäre für diese Tiere unmöglich gewesen, den Weg aus dem Keller in die höheren Etagen anzutreten, wo die Leiche gefunden wurde.

Die Schmetterlingsmücken ernähren sich als Larven zu großen Teilen von verrottendem Material, Bakterien und Pilzen in der Nähe von feuchten Abflüssen, Toiletten oder nassen Mauerstücken. Bei der Besiedlung von Leichen und Leichenflüssigkeiten scheint für die Mücken vor allem der unter dem toten Körper entstehende Schlamm aus Leichenflüssigkeit und mineralischem Untergrund interessant zu sein.

6
MEIN ERSTER FALL

Schüsse in der Nacht ... Was war in der Nähe der Kleingartenanlage mitten im Wald passiert? Genau das hatte ich bei meinem ersten Einsatz an einem Tatort zu klären.

An einem warmen Sommertag, wieder einmal ein Sonntag, saß ich auf der elterlichen Terrasse in einem kleinen Dorf im Erzgebirge. An der Hauswand jagten Springspinnen Fliegen, und die Katze lag seelenruhig neben mir. Genau in diesem Moment klingelte das Telefon. Ein Kollege aus der Rechtsmedizin. Ein Leichenfund.

Eine fremde Telefonnummer auf dem Display des Smartphones oder der Anruf eines Kollegen zu einer ungewöhnlichen Uhrzeit sind meist ein klares Vorzeichen für einen Einsatz.

Es war mein erster »richtiger« Fall. Vorher hatte ich bereits Gutachten für die Polizei und die Staatsanwaltschaft ausgearbeitet. Doch jetzt war endlich der Zeitpunkt gekommen, meinen ersten Leichenfundort in Augenschein zu nehmen.

Ich ließ mir erzählen, was die Kollegen über Fundsituation und Fundort wussten, suchte meine Sachen zusammen und fuhr los. Kamera, Sicherungsutensilien, eine große Flasche Wasser und Mückenschutz. Gerade bei Funden im Wald kann man im Sommer nie genug von Letzterem dabeihaben.

Ich war natürlich sehr gespannt, was mich erwartete. Eine ältere Frau hatte eine Leiche entdeckt, als sie mit ihrem

Hund einen morgendlichen Spaziergang machte. Sie wohnte unweit des Fundortes in einem Bungalow und gab an, in der Nacht einen Schuss gehört zu haben. Die sofort alarmierte Polizei machte sich umgehend an die Spurensicherung.

Das Summen im Wald

Nach zweistündiger Fahrt traf ich gegen 15 Uhr am Ort des Geschehens ein und musste wie üblich an der ersten Absperrung erklären, wer ich war und was ich am Tatort wollte. Auf dem schmalen Zufahrtsweg hinter der Absperrung stand ein langer Tross von Fahrzeugen. Da es sich um einen Fundort im Freien handelte und die Fundstelle weithin einsehbar war, hatte die Polizei sehr weiträumig abgesperrt, um Pressevertreter und Schaulustige abzuhalten.

Die Kriminaltechniker in ihren weißen Overalls waren noch damit beschäftigt, die letzten Spuren um die Leiche herum zu sichern. Ein Blick auf das Thermometer zeigte 36 °C. Es war der bis dahin wärmste Tag des Jahres. Die Sache versprach, spannend zu werden.

Ich wurde von einem Beamten der Kriminalpolizei in Empfang genommen und über das informiert, was man bereits in Erfahrung gebracht hatte. Danach musste ich ziemlich lange warten, bis die Spurensicherung alles dokumentiert hatte. Dazu zählen das Abkleben möglicher Faser- und DNA-Spuren genauso wie das Sichern von Schuh- und Reifenabdrücken.

Der Ablageort der Leiche war, bei Tageslicht betrachtet, sehr schlecht gewählt. Aus Sicht des gestressten Täters, der in der Nacht eine Leiche beseitigen will, stellte sich das zu diesem Zeitpunkt wahrscheinlich ganz anders dar.

Die nahe Kleingartenanlage, in der auch die Finderin in den Sommermonaten lebte, konnte leicht übersehen werden. Fuhr man nachts mit einem Pkw von der Hauptstraße ab, wurde die asphaltierte Straße zu einem Schotterweg, von dem irgendwann ein Waldweg abgeht. Der ortsunkundige Täter schien nicht bemerkt zu haben, dass keine hundert Meter weiter bebautes Gebiet begann. Deswegen wurde die Leiche relativ schnell entdeckt.

Die Kriminalpolizei war seit ihrem Eintreffen damit beschäftigt, einen Überblick zu bekommen, die Umgebung abzusuchen, Fotografen zu verscheuchen und die Anwohner der Kleingartenanlage zu befragen. Einige Zeugen gaben an, einen Schuss gehört zu haben. Andere berichteten von Reifenquietschen.

Um das Gebiet besser überblicken zu können, ließ man eine Drohne die nähere Umgebung überfliegen. Gefunden wurde allerdings nichts.

Als die Sicherung um die Leiche herum abgeschlossen war, konnten der Kollege der Rechtsmedizin und ich endlich an den Körper heran. Dazu zwängten wir uns in luft- und mehr oder weniger DNA-dichte weiße Tatortoveralls. Dazu kamen Überzieher für die Schuhe und FFP3-Schutzmasken, also Gesichtsmasken mit Luftfilter. Der Luftfilter dient dabei weniger der eigenen Gesundheit, sondern primär der Reinhaltung des Tatorts.

Die Leiche war auf den ersten Blick als weiblich erkennbar, komplett bekleidet, trug jedoch keine Schuhe. Sie lag auf der rechten Seite, als würde sie zusammengerollt schlafen. Die Haare schienen verfilzt zu sein.

Die Schmeißfliegen hatten die Tote bereits vollständig für sich beansprucht. Überall summte es. Auf allen Baumstämmen und Blättern der Umgebung sah man die kleinen goldenen »Brummer« sitzen.

Durch die warmen Temperaturen gerieten wir in unseren Anzügen fast an die Leistungsgrenze. Der Schweiß lief uns im Inneren der Anzüge nur so am Körper herunter. Für die Fliegen war es jedoch die reinste Wohlfühltemperatur. Für sie konnte es an diesem Tag kaum besser laufen. Der Tod beschert ihnen ein Festmahl und sichert den Fortbestand der Art.

Aber auch wichtige Spuren werden von der Natur nicht verschont. Deshalb ist es wichtig, schnell und exakt zu arbeiten, um diese möglichst zu erhalten. Als Forensischer Entomologe habe ich damit wenig Probleme, da die Beweismittel genau jene Tiere sind, die die Spuren zerstören.

Problematischer wird es für Molekularbiologen und Mediziner. Haben die Maden beispielsweise die Stichkanäle eines Messers aufgefressen, sind diese Informationen vernichtet. Liegt eine Leiche in einer feuchten Umgebung oder gar im Wasser, werden auch DNA-Spuren schnell zersetzt. Die Dynamik eines Ökosystems macht vor Beweismitteln nicht halt.

Nach der ersten Begutachtung der Leiche mit der Kriminaltechnik, der Staatsanwältin und dem Rechtsmediziner berieten wir uns über das weitere Vorgehen.

Die Tote war noch nicht identifiziert. Sofort wurden alle Bilder von vermisst gemeldeten Frauen auf einem Tablet überprüft. Keines stimmte überein.

Mittlerweile war ziemlich klar, dass der Fundort keinesfalls der Tatort sein konnte, da zum einen die Position der Leiche auf einen Transport in einem Kofferraum schließen ließ. Dort war auch die Totenstarre eingetreten. Zum anderen konnten frische Reifenspuren in den matschigen Stellen des Waldweges gesichert werden.

Die Leiche wurde angehoben und in ihrer Fundposition auf eine Plastikplane gelegt, um etwaige Spuren nicht zu verlieren. Dabei fielen mehrere Details ins Auge. Als ich die in das Gesicht fallenden Haare zur Seite schob, sahen wir deutlich die Hämatome im Bereich der Augen und der Nase. Die Einblutungen zeigten, dass ihr die Verletzungen zu Lebzeiten zugefügt worden sein mussten. Zudem rutschte ein Plastikseil aus dem Kragen des Pullovers heraus.

Bei der anschließenden Drehung der Leiche fielen uns zudem Löcher in der Oberbekleidung auf, die auf Stiche mit einem Messer hindeuteten. Deswegen wurde die Tote sofort schrittweise entkleidet, um mögliche Spuren noch vor Ort zu dokumentieren.

Der erste Verdacht einer multiplen Gewaltanwendung bestätigte sich. Wir fanden Zeichen einer massiven Gewalteinwirkung und Hinweise für ein mehrphasiges Tatgeschehen. Es musste mehrere aufeinanderfolgende, jedoch voneinander unabhängige Aktionen gegeben haben. Ein Einschussloch oder Hinweise auf einen Schusswaffengebrauch haben wir trotz intensiver Suche nicht gefunden.

Bei der Entkleidung fiel mir auf, dass die primäre Erstbesiedlung durch Fliegenlarven im Gesicht, wo ich sie bei dieser Fundsituation erwarten würde, nicht stark ausgeprägt war. Dafür fand sich im Brustbereich ein großer Madenteppich von schätzungsweise mehreren Zehntausend Tieren. Also da, wo sich die Messerstiche befanden.

Frisch geschlüpfte Fliegenmaden wenden sich gerne der am leichtesten zugänglichen Nahrungsquelle zu. Tritt aus einer Körperöffnung Blut aus, wird dieses bevorzugt. Das hängt mit dem fragilen Körperbau der Larven des ersten Larvenstadiums zusammen. Die frühen Entwicklungsstadien besitzen nur sehr kleine und eher schwache Mundwerkzeuge und suchen sich deshalb weichere Körperpartien wie zum Beispiel die Schleimhäute im Mund, in der Nase oder in den Augen. Tritt jedoch Blut aus, werden die Wunden zuerst besiedelt.

Vor Ort nahm ich dann verschiedene Proben von Larven, Eigelegen und ausgewachsenen Tieren, die ich anschließend in Alkohol konservierte. Außerdem wurde eine Lebendzucht auf einem Stück Schweineniere angesetzt.

Das Problem des ersten Larvenstadiums besteht darin, dass man die Art der Fliegen sehr schlecht bestimmen kann. Da die Natur sowieso ihren Lauf nimmt und die Larven unentwegt fressen und wachsen, züchten wir sie deswegen bis in das dritte Larvenstadium in einem Klimaschrank weiter. Zudem bleibt so ein Teil des Materials von der Leiche für weitere Tests verfügbar. Meine Klimaschränke sind daher auch im Winter meistens noch mit den Nachkommen der übers Jahr gesammelten Larven gefüllt. Auf diese Weise erhalte ich gleichzeitig die benötigten Arten für meine Forschung.

Eine Larve macht den Unterschied

Nach meiner Probenentnahme und der äußeren Begutachtung der Leiche durch den Kollegen der Rechtsmedizin wurde die Leiche von Bestattern in das Institut für Rechtsmedizin nach Leipzig gebracht. Bei der anschließenden Obduktion wurden sowohl stumpfe als auch scharfe Gewalteinwirkungen festgestellt.

Nasenbein und Jochbein waren zersplittert. Es gab ein großes Hämatom auf der linken Gesichtshälfte. Infolge einer Gewalteinwirkung auf den Hals waren die Schildknorpelhörner im Kehlkopf abgebrochen. Das weist in der Regel auf Erdrosseln oder Erwürgen hin, weil diese Knorpel bei bestimmten Krafteinwirkungen sehr schnell brechen.

Die eigentliche Todesursache waren aber die 14 Messerstiche in die Brust. Dabei wurden beide Lungenflügel und das Herz verletzt. Es kam zu massiven Blutungen in der Brusthöhle.

Bei der Auswertung der gesammelten Insekten konnte ich mehrere interessante Details feststellen. Es handelte sich bei den Larven im ersten Larvenstadium nicht nur um eine Art, sondern um zwei. Im dritten Larvenstadium habe ich sie als die beiden Schmeißfliegenarten *Lucilia sericata* und *Lucilia caesar* identifiziert. Auch die Tiere, die sich in der Folgezeit aus den Lebendproben entwickelten, gehörten zu diesen beiden Arten. Die Fliegen waren also mal wieder die Ersten am Fundort gewesen.

Zum Glück für den Fortgang der Ermittlungen eignet sich *Lucilia sericata* hervorragend für eine Liegezeitbestimmung. Sie lässt sich leicht züchten. Anders sieht es bei *Lucilia caesar* aus, sie ist eine Mimose und erfordert sehr viel mehr Pflege. Und ein Zuchterfolg ist keineswegs garantiert.

Die Altersverteilung der Larven war für mich der zweite bemerkenswerte Punkt. Am Fundort wurden bei der ersten Begutachtung nur Larven des ersten Larvenstadiums festgestellt. Alle Maden, mehrere Zehntausend Stück, befanden sich in dieser Entwicklungsphase. Diese Masse bedeckte in einem großen Teppich den Brustbereich und den brustnahen Teil des Halses.

Bei genauerer Untersuchung entdeckte ich aber später ein einzelnes Exemplar am Rand einer Stichwunde, das schon größer war. Sehr zum Glück der Ermittler. Dieses befand sich im zweiten Larvenstadium und war damit etwas älter. Dieser Fakt sollte sich später als wichtig herausstellen.

Die durchschnittliche Umgebungstemperatur betrug an diesem Tag 28 °C. Es gab keine Niederschläge und war nahezu windstill. Ideales Wetter für die goldenen Schmeißfliegen. Neben den Spuren, die gesichert und in 70-prozentigem Ethanol konserviert wurden, entnahm ich wie üblich Lebendproben, die nach Ankunft im Institut in einem Klimaschrank bei 28 °C weitergezüchtet wurden. Sie erreichten das zweite Larvenstadium nach vier bis fünf Stunden.

Aus all diesen Fakten ermittelte ich für die Leiche eine Liegezeit zwischen zehn und zwölf Stunden. Dies bedeutete, dass die Besiedlung der Leiche am Fundtag zwischen sechs und acht Uhr morgens stattgefunden haben musste. Der Täter hatte sie also wahrscheinlich in der vorangegangenen Nacht dorthin gebracht.

Hätte die Leiche sich bereits am Vortag dort befunden, hätte man wesentlich größere Fliegenlarven finden müssen. Und *Lucilia*-Arten fliegen nachts in der Regel nicht. Ihre Facettenaugen benötigen eine bestimmte Menge Licht. Man muss sich das so vorstellen, als ob man ohne Licht nachts mit 120 km/h auf der Autobahn fährt. Klar, dass das nicht lange gut geht.

Die einzelne Larve des zweiten Larvenstadiums hatte einen Wuchsvorsprung und war mindestens 16 Stunden alt. Da die Spurenlage den Fundort als Tatort ausschloss, gab es also zwei Zeitpunkte, für die sich die Staatsanwaltschaft interessierte.

Wann wurde die Leiche am Fundort abgelegt?

Wann starb die Frau?

Für diesen Sonntag wurde die Arbeit nach der Sektion beendet. Bis zu deren Abschluss wussten wir noch nicht, um wen es sich bei der Toten handelte.

Erste Ermittlungsergebnisse

Am Montagmittag, also 18 Stunden nach Leichenfund, erreichte den Kollegen der Rechtsmedizin die Nachricht, dass in einem 90 km entfernten Ort eine Frau vermisst wurde. Zudem war ihr Ehemann nicht auffindbar, und in der gemeinsamen Wohnung hatte die Polizei Blutspuren entdeckt.

Der Zahnstatus brachte kurze Zeit später Gewissheit. Bei der Leiche handelte es sich um die vermisste Frau.

Nun rückte der Lebensgefährte in den Fokus der Ermittlungen, da es sowohl von ihm als auch vom gemeinsamen Pkw keine Spur gab. Eine Fahndung wurde eingeleitet.

Währenddessen wuchsen die Fliegenlarven in meinem Klimaschrank heran. Wie bereits geschildert, musste die Ablage der Leiche am Fundort in der Nacht zum Sonntag stattgefunden haben. Die Fliegen entdeckten den Leichnam erst, als nach Sonnenaufgang ausreichend Sonnenlicht vorhanden war. Der Schuss, den Zeugen in der Nacht gehört haben wollten, war aller Wahrscheinlichkeit nach das Zuschlagen der Kofferraumklappe gewesen.

Die einzelne Larve des zweiten Larvenstadiums war mindestens 16 Stunden alt und legte als spätesten möglichen Todeszeitpunkt die späten Nachmittags- beziehungsweise frühen Abendstunden des Samstags fest. Zu dieser Tageszeit gab es noch ausreichend Licht für eine oder zwei Schmeißfliegen, um die Leiche der Toten sofort zu besiedeln. Diese Primärbesiedlung fand also kurz nach der Tat statt. Die Sekundärbesiedlung begann erst am nächsten Tag.

Die zweite Leiche

Drei Tage später kam ein Anruf von der Polizei. Eine Polizeistreife hatte den gemeinsamen Pkw des Ehepaares 14 Kilometer vom Leichenfundort entfernt sichergestellt. Sofort war den Polizisten ein charakteristischer Geruch aufgefallen. Nach kurzer Suche fanden sie dann auch eine leblose Person im fortgeschrittenen Verwesungszustand.

Sofort tauchten die nächsten Fragen auf: Gab es eventuell eine dritte beteiligte Person? Handelte es sich um ein doppeltes Tötungsdelikt?

Eine Identifizierung vor Ort war aufgrund der fortgeschrittenen Verwesung nicht mehr möglich. Nachdem die Spurensicherung ihre Arbeit am zweiten Leichenfundort beendet hatte, wurde die Leiche umgehend in das Institut für Rechtsmedizin gebracht und vier Stunden nach dem Auffinden seziert. Auch hier klärte der Zahnstatus vorläufig die Identität. Es handelte sich um den gesuchten Lebensgefährten der toten Frau.

Trotzdem wird in einem solchen Fall ein genetisches Gutachten zur endgültigen Identitätsfeststellung angefordert. Dieses benötigt einige Tage. In der Geschwindigkeit, wie es die Kriminalisten in deutschen und amerikanischen Krimiserien hinbekommen, läuft es (leider) noch nicht ab.

Bei der Sektion wurden verschiedene selbst beigebrachte Verletzungen entdeckt. Die Rechtsmediziner stellten eine Schnittverletzung am linken Handgelenk und mehrere Stichverletzungen im Brustbereich fest. Begründet wird die Annahme der Selbstverletzung durch die Verlaufsrichtung der Stichkanäle in der Tiefe des Gewebes und den Fakt, dass der Tote Rechtshänder war. Hätte eine andere Person zugestochen, wären die Stichkanäle anders verlaufen.

Die äußeren Verletzungen waren bereits durch Fliegenmaden beschädigt. Letztlich wurden die Lungenflügel und in der Tiefe auch das Herz verletzt, was zum Tod führte.

Außerdem wurde bei dem Toten ein Messer gefunden, das sowohl für seine als auch für die Stichverletzungen verantwortlich war, die bei der Frau gefunden wurden. Andere DNA-Spuren entdeckte man nicht. Bei dem Fall handelte sich per Definition also um einen erweiterten Suizid.

Alles geklärt

Zur finalen Klärung des genauen Zeitablaufs zog ich erneut die Insekten zurate. Durch den fortgeschrittenen Verwesungszustand fanden sich am männlichen Leichnam alle Larvenstadien der besiedelnden Fliegen. Es handelte sich um *Lucilia illustris* und *Phormia regina* als Primärbesiedlung. Zudem wurden Stutzkäfer *(Histeridae)*, Kurzflügel-

Phormia regina

käfer *(Staphylinidae)* und Totengräberkäfer *(Necrophorus)* gefunden. Die Stutzkäfer waren an den Leichnam gekommen, um an den Fliegenmaden zu fressen. Die Totengräberkäfer fressen am Leichnam selbst und füttern zugleich ihren eigenen Nachwuchs damit.

Von *Lucilia illustris* fand ich keine ausreichenden Basisdaten. Wegen der unterschiedlichen Längen der Larvenstadien wurden verschiedene Kontrollzuchten angelegt.

Einen besseren Zuchterfolg verzeichneten wir bei *Phormia regina*. Die gefundenen Larven waren zwischen 70 und 80 Stunden alt, berücksichtigte man Temperatur, Luftfeuchte und Fundsituation. Damit überlappte sich der Todeszeitpunkt des Mannes mit dem Ablagezeitpunkt der Frau.

Die Sekundärbesiedlung der Lebenspartnerin begann wie die Primärbesiedlung des Mannes am Tag des ersten Leichenfundes. Der Todeszeitpunkt der Frau war jedoch, wie oben beschrieben, auf den Vortag eingegrenzt worden.

Für Kriminalpolizei, Rechtsmedizin und mich stellte sich nach Auswertung aller Erkenntnisse die Tat wie folgt dar: Die Befragung von Verwandten und Nachbarn hatte ergeben, dass es seit längerer Zeit Streitigkeiten zwischen dem Mann und seiner Frau gab. Der Mann tötete die Frau im Affekt. Zur Verschleierung der Tat lud er die Leiche in den Kofferraum seines Wagens. Dort fand vermutlich die erste Eiablage durch Schmeißfliegen statt, setzte die Leichenstarre ein und führte zu der gekrümmten Leichenposition. Der von Zeugen gehörte Knall war kein Schuss, sondern das Zuschlagen der Kofferraumklappe.

Was nach der Ablage der Leiche im Wald passierte, konnte durch die Auswertung der Handysignale ermittelt werden. Das Telefon des Mannes loggte sich in zwei weitere Funkzellen ein. Danach wurde es abgeschaltet. Vermutlich wurde er sich seiner Tat bewusst, fuhr noch eine kurze Strecke mit dem Auto und entschloss sich dann zum Suizid.

Die Beteiligung einer dritten Person konnte ausgeschlossen werden. Der Fall war gelöst.

Diese Geschichte macht deutlich, wie nützlich die Arbeit der Forensischen Entomologie für Kriminalpolizei und Staatsanwaltschaft ist. Nur sie ermöglicht eine klare, wissenschaftlich fundierte Einschätzung der Leichenliegezeit.

Deswegen ist es ideal, wenn der Forensische Entomologe an ein rechtsmedizinisches Institut angeschlossen ist. Nur so können alle Beteiligten auf kurzem Wege bei der Begutachtung und Asservierung mitwirken und sich über ihre Funde austauschen.

7
KÄFER, DIE KRABBELNDEN ERMITTLER

Sobald sich der Geruch einer Leiche intensiviert, werden nach den Fliegen auch verschiedene Käfer angelockt. Das gilt natürlich besonders im Freien. Sie dringen jedoch durchaus auch in Gebäude vor. Im Gegensatz zu den Fliegen, die hauptsächlich zur Eiablage an den toten Körper kommen, haben die Käfer eine Vielzahl anderer Beweggründe und Anpassungen.

Wenn man sich einen Leichnam nach den Kriterien der Insekten vorstellt, könnte man das mit einer Wohnungssuche bei uns Menschen vergleichen. Es stellen sich in der Tat ganz ähnliche Fragen. Wie groß ist die Wohnung? In welcher Umgebung liegt sie? Strahlt das Licht gut durch die Fenster? In welche Himmelsrichtung liegt der Balkon? Und die wichtigste Frage: Ist die Gegend kinderfreundlich?

Jetzt übertragen wir das auf die Käfer. Wie groß ist der zu besiedelnde Körper? In welcher Umgebung liegt er? Ist es ein sonnenbeschienener oder schattiger Platz? Wie ist der Kadaver ausgerichtet beziehungsweise wie ist er exponiert? Und die wichtigste Frage: Kann er dem Nachwuchs als Lebensgrundlage dienen?

Man sieht ziemlich deutlich die Verbindungen. Doch worum geht es wirklich? Wie in den vorangegangenen Kapiteln festgestellt wurde, handelt es sich bei toter tierischer Biomasse um eine zeitlich begrenzt verfügbare Ressource.

Das Gegenbeispiel ist ein abgestorbener Baum im Wald. Langkettige, stabile Verbindungen wie das Lignin im Holz bleiben länger erhalten und zerfallen langsamer. Bäume brauchen Jahrzehnte oder Jahrhunderte, um zu verrotten. Ein totes Wildschwein benötigt nur ein paar Wochen, maximal Monate, um sich fast völlig zu zersetzen. Die stabilen Knochen und Zähne überdauern etwas länger, aber auch diese werden irgendwann mineralisiert. Abhängig sind die einzelnen Prozesse natürlich von der Temperatur und der Luftfeuchtigkeit am Liegeort. Je höher beides ist, desto schneller läuft die Zersetzung ab. So gesehen haben wir hier in Mitteleuropa noch ganz annehmbare Zeitfenster.

Die zeitlich begrenzte Verfügbarkeit ist für die Käfer wie für die Fliegen die zentrale Herausforderung. Aber Insekten passen sich an, das gilt nicht nur für Fliegen. Schauen wir uns die wichtigsten Käfer an und lernen sie etwas näher kennen. Am wichtigsten für den Entomologen ist natürlich die Familie der Aaskäfer, die Silphidae.

Totengräber (Nicrophorus)

Bei den Totengräbern handelt es sich um eine Aaskäfergattung mit über 65 bestätigten Arten, verteilt auf Nordamerika und Eurasien. Die Lebensweise der Käfer ist in der Tierwelt einzigartig. Nicrophorus sind die einzigen Käfer, die eine ausführliche Brutpflege betreiben, ihren Nachwuchs aktiv verteidigen und füttern. Es ist die Gattung, die uns im Sektionssaal häufig eine Überraschung bereitet, wie wir später noch sehen werden.

Die Totengräber werden bis zu 3,5 Zentimeter lang und haben in den meisten Fällen leuchtend orange Streifen auf ihren Deckflügeln. Die Fühler sind am Vorderende keulenförmig verdickt. Man erkennt sie dadurch sehr gut.

Die exakte Artbestimmung fällt bei dieser Gattung nicht immer leicht. Zum einen können die Muster stark variieren, zum anderen sind für eine exakte Bestimmung die Borsten an der Unterseite des Käfers wichtig, die er aber bei seinen Aktivitäten häufig abbricht oder verliert. Zudem sind die Farben dieser Borsten entscheidend. Die farbliche Palette reicht von Rotbraun über Gelbbraun zu Goldbraun. Da muss man also nicht nur ein Auge für winzige Unterschiede, sondern auch ein gewisses Talent zur Farbdifferenzierung mitbringen, wenn man es ganz genau wissen will oder, wie in meinem Fall, wissen muss.

Als ausgewachsene Tiere fressen sie Larven von Fliegen, anderen Käfern und Aas. Zur Fortpflanzung werden bevorzugt kleinere Tierleichen besiedelt. Trifft zuerst ein Männchen ein, so beginnt es sofort, den Kadaver zu vergraben. Wie er das macht? Er unterhöhlt den Liegeplatz, bis der Kadaver absackt. Ist die Arbeit getan, beginnt das Käfermännchen, sich eine Angebetete heranzuwinken. Allerdings weder mit den Fühlern noch mit den Beinen. Das Käfermännchen winkt mit dem letzten Abdominalsegment, also mit dem Hintern. Diese Bewegung wird Sterzeln genannt.

Das Sterzeln zieht leider nicht nur potenzielle Verehrerinnen an, sondern lockt auch andere Männchen zum bereits vergrabenen Kadaver. Nach einem kurzen Kampf bleibt der Gewinner vor Ort, und der Verlierer zieht ab.

Kommt ein interessiertes Weibchen angeflogen, und versteht man sich, beginnen beide Tiere, den Kadaver weiter zu vergraben. Dies dauert in der Regel doch einige, wenn auch nur wenige Stunden. Danach buddeln die beiden Käfer einen schrägen Gang nach unten vom Kadaver weg.

Durch das Zerren in den Gang rollt sich der Körper weiter zusammen.

Bei größeren Aasstücken wurde beobachtet, dass mehrere Käferpaare zusammenarbeiten und Brutkolonien bilden. Manche Arten vergraben ihre Beute so bis zu sieben Zentimeter tief.

Ist die nötige Tiefe des Gangs unter der Leiche erreicht, werden vom Hauptgang kleinere Gänge abgezweigt. Das Weibchen bringt ein Ei in jeden Gang. Anschließend krabbelt es zurück und frisst als Einstiegshilfe für die Larven ein Loch in den Kadaver. Dieses Loch in das Kinderzimmer wird mit Sekreten markiert.

Sobald die Larven geschlüpft sind, wandern sie in den Kadaver. Da die Mundwerkzeuge nicht vollständig ausgeprägt sind, füttern die Elterntiere den Nachwuchs. Nach der ersten Häutung können die Larven im zweiten Larvenstadium selbstständig fressen.

Eigentlich müsste man davon ausgehen, dass vergrabenes Aas parallel zum Fraßvorgang verrottet. Durch den Speichel der Elterntiere wird der Zerfall der Leiche aber stark verlangsamt. Also konservieren die Käfer im Grunde ihre Nahrung.

Versucht ein Fressfeind das Aas oder den Nachwuchs anzugreifen, erzeugen die Käfer mit ihren Beinen und Flügeldecken fauchende Geräusche, sondern ein stark stinkendes Sekret ab und beißen mitunter auch zu.

Es wurde zudem beobachtet, dass Elterntiere ihren Nachwuchs fressen und so einzelne Larven »aus dem Rennen« nehmen, um eine Balance zwischen Nachwuchs und Kadavergröße herzustellen. Dies mag auf der einen Seite gruselig wirken, aber so garantieren die Eltern, dass immer ein Teil des Nachwuchses das fortpflanzungsfähige Alter erreicht und den Arterhalt sichert.

Nach dem Abschluss des dritten Larvenstadiums wandern die Larven vom Kadaver weg und suchen sich im Erdreich einen Platz für ihre »Puppenwiege«: Durch das häufige und oft stundenlange Drehen um die eigene Achse wird das Erdreich um die Larve herum verfestigt.

Arten, die bereits im Mai und Juni aktiv sind, schlüpfen im selben Jahr und überwintern in ihrer Käferform in einer Kältestarre. Arten, die ab August aktiv sind, überwintern als Puppe im Boden und schlüpfen erst im Folgejahr. Die Übergänge können fließend sein. Das hängt letztlich von den klimatischen Gegebenheiten des Biotops ab.

Wenn der tote Körper zu groß ist und von den Käfern nicht vergraben werden kann, frisst das Brutpaar ein kreisförmiges Loch in den Körper und legt dort eine Kaverne an. Diese künstlich geschaffene Höhle sieht bei der äußerlichen Begutachtung auf den ersten Blick wie ein Einschussloch aus. Bei einer Sondierung des vermeintlichen Einschusslochs mit einer kleinen Metallsonde während der Sektion findet man aber keinen Schusskanal, sondern es ertönt ein leises Fauchen. Bei einem Verdacht auf eine Schussverletzung werden zudem im Computertomografen kein Schusskanal und kein Projektil gefunden.

Viele Aaskäfer sind ausgesprochen gute Flieger, auch wenn es der Körperbau auf den ersten Blick nicht vermuten lässt. Wie die Fliegen nehmen die Käfer über ihre Fühler den Geruch von Verwesung und Zerfall über viele Kilometer hinweg wahr und steuern dann direkt darauf zu.

Aaskäfer sind jedoch im Vergleich zu den Fliegen an sehr naturnahe Umgebungen angepasst und damit nicht so variabel, d. h., Wohnungsleichen haben so gut wie nie einen Befall mit Aaskäfern. Wenn es doch einmal Käfer in einer Wohnung gibt, so liegt diese meist innerhalb einer weitläufigen und naturbelassenen Umgebung. In Leipzig wäre dies beispielsweise der Auwald.

Totenfreunde *(Thanatophilus)*

Einem Wanderer fiel tief im Wald in der Umgebung von Leipzig ein unangenehmer Geruch auf, der ihn zu einem kleinen roten Auto führte – und wenig später mich an den Fundort einer Leiche brachte. Neben dem Wagen hatten nicht die üblichen Schmeißfliegen den Leichnam allein für sich beansprucht, sondern mussten sich ihn mit Käfern aus der Gattung der Totenfreunde samt Nachwuchs teilen. Es handelte sich um *Thanatophilus sinuatus,* den Gerippten Totenfreund. Dieser Käfer ist in der Gegend von Leipzig der häufigste Vertreter der Aaskäfer bei Leichen im Freiland.

Das Auto des Toten stand auf einem schmalen, schwer passierbaren Waldweg, fast völlig verborgen von hohem Gras. Neben dem Fahrzeug lag der aufgeblähte Leichnam eines Mannes, nur mit einem T-Shirt und Schuhen bekleidet. Überall saßen Schmeißfliegen, es summte und brummte an allen Ecken und Enden.

Die Hose des Mannes fand sich im Pkw. Rücksitz und Fahrersitz waren kotverschmiert. Außerdem stellte die Spurensicherung viele Medikamente sicher, unter anderem solche gegen Durchfall. Was sich allerdings nicht fand, waren Trinkwasser oder andere Getränke. Der Pkw hatte sich festgefahren und konnte nicht bewegt werden.

Durch den Leichnam war im hohen Gras eine kleine Lichtung entstanden, und auf dieser bewegten sich Hunderte von schwarzen Käfern und asselförmigen Larven unterschiedlicher Größe. Es waren so viele, dass ich ihre Bewegungen hören konnte.

Trotz des ausgezeichneten Fluchtinstinkts der Totenfreunde fanden sich sogar noch im Leichensack, in dem die Leiche zur Sektion kam, unzählige Käfer und Larven.

Bei der Obduktion stellten wir fest, dass der Mann verdurstet war. Eine Liegezeitbestimmung brauchte ich also nicht zu machen, aber die Käfer hätten mir da bestimmt gute Dienste geleistet.

Auch die Identität des Toten wurde zweifelsfrei geklärt. Es handelte sich um den Halter des Autos. Warum er in den Waldweg abgebogen war, blieb jedoch ein Rätsel. Bei seiner Familie hatte er sich mit der Angabe abgemeldet, er wolle zum Einkaufen fahren. Zum Zeitpunkt des Fundes wurde er bereits seit mehreren Tagen vermisst.

Von *Thanatophilus* gibt es zwei Arten, denen mein Berufsstand häufiger begegnet, *Thanatophilus sinuatus* und *Thanatophilus rugosus*. *Thanatos* (griechisch für Tod) ist in der griechischen Mythologie der Totengott. Das Wort *philos* bedeutet »liebend« oder »Freund«. Insgesamt gibt es in Europa acht Arten dieser Gattung. Das Wort *sinuatus* im Namen übersetzt sich mit »gekrümmt oder gebogen« und *rugosus* mit »runzelig«. Damit sind auch schon die wichtigsten Unterscheidungsmerkmale der Gattung genannt. Während *sinuatus* gekrümmte Rippen auf seinen Deckflügeln hat, sind diese bei *rugosus* runzelig. Bei *Thanatophilus dispar* (getrennt) berühren sich die Kanten der Flügeldecken nicht. Kennt man also die Bedeutung des Namens, ist einem bei dieser Gattung schon viel geholfen.

Im Gegensatz zu den *Nicrophorus*-Arten sind die Vertreter von *Thanatophilus* eher flugfaul. Sie leben tagaktiv an allen Arten und Größen von Aas und verschmähen auch tote Nacktschnecken am Wegrand oder tote Kröten am

Teichufer nicht. Larven und Elterntiere sind auf Aas als Nahrung spezialisiert. Wie bei allen nekrophagen, also aasfressenden Tieren spielt sich die Fortpflanzung im direkten Umfeld des toten Körpers ab. Sex in der Küche sozusagen.

Bei der Fortpflanzung gelingt *Thanatophilus* etwas Bemerkenswertes. Während der Begattung sitzt das Männchen auf dem Weibchen und hält sich dabei an ihren Fühlern fest. Der Penis, der bei Insekten Aedeagus heißt, gibt dabei ein ganzes Samenpaket (die sogenannte Spermatophore) ab, das durch ein Sekret zusammengehalten wird. Bekundet ein weiteres Männchen ebenfalls Interesse an dem schon befruchteten Weibchen, kann dieses durch spezielle Zacken am Aedeagus die Spermatophore des Vorgängers wieder entfernen und seine eigene platzieren. Nicht der Erste setzt sich durch: Bei den Käfern geht es durchaus heiß her.

Was seine Ernährung angeht, ist *Thanatophilus* sehr gut angepasst. Larven und Käfer können in einem kurzen Zeitraum sehr viel Nahrung zu sich nehmen oder sehr lange fasten, wenn es gerade nichts zu fressen gibt.

Die Larven von *Thanatophilus* sind robust gebaut und vertragen auch heftigen Niederschlag oder Sonneneinstrahlung ohne größere Beeinträchtigungen. Durch ihre dickere und verhärtete Rückenpartie ähneln sie eher Kellerasseln.

In einem meiner Freilandversuche in der Nähe von Dresden war *Thanatophilus sinuatus* der zahlenmäßig stärkste Vertreter der Aaskäfer. Ganze 91 Prozent der gefangenen Tiere gehörten zu dieser Art. Zwischen der zweiten und dritten Woche nach Versuchsbeginn waren sie zahlenmäßig am stärksten vertreten. Das zeigt, dass sie sich auf das Stadium der aktiven Verwesung spezialisiert haben.

Ufer-Aaskäfer (*Necrodes littoralis*)

Bei den bereits erwähnten Freilandexperimenten zu meiner Masterarbeit in den Jahren 2013 und 2014 habe ich diese Art besonders lieb gewonnen. Die Gattung *Necrodes* besitzt dabei nur eine Art, *Necrodes littoralis*. *Littoral* kommt aus dem Französischen und bedeutet »Ufer«. So kommt man zum deutschen Namen Ufer-Aaskäfer.

Da es nur einen sehr markanten Vertreter gibt, ist dieser schwarze Käfer selbst für Laien leicht zu bestimmen und aufgrund seiner Größe auch nicht zu übersehen. Bei einer Länge von bis zu 2,5 Zentimetern und einer länglichen Körperform ist das auffälligste Merkmal der große runde Halsschild. Die vordersten drei Fühlerglieder sind orange bis rostrot gefärbt. Zudem können die großen Flügeldecken den Hinterleib nicht ganz verdecken. So ist immer ein Teil des sogenannten Abdomens zu sehen.

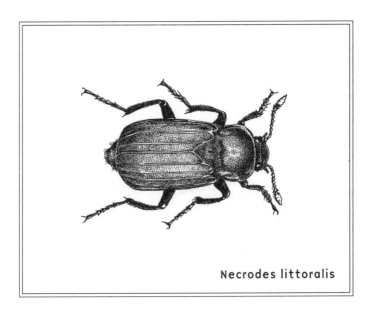

Necrodes littoralis

Meist reichen schon kleine Bodenerschütterungen, um ihn zu vertreiben. Dann verschwindet er blitzschnell in der Laubstreu oder im Gras oder stellt sich tot. Wenn ich diese Käfer in ihren Boxen für Versuche nutze, setze ich die vorgeblich leblosen Tiere immer auf ihre Einstreu. Nach einer Stunde sind alle Tiere wie durch Zauberhand in der Streu verschwunden.

Sobald es einen Leichenfund in einem etwas feuchteren Gebiet gibt, kann man sich in Mitteleuropa fast sicher sein, *Necrodes littoralis* und seine Larven zu finden. Auch die Larven sind sehr auffällig, denn sie haben bereits sechs Beine und eine Körperoberseite, die mit Chitinplatten verhärtet ist.

Sowohl die ausgewachsenen Käfer als auch die Larven ernähren sich von Aas. Hierbei spielen die Größe und die Art keine Rolle und machen sie auch vor Insekten nicht halt: Gerne werden auch Fliegenlarven gefressen. Durch ihren robusten, flachen Körperbau schaffen sie es bis in den letzten Winkel eines Kadavers.

Aufgrund ihrer Anpassung ist der Leichenzustand für diese Käfer nicht zwingend wichtig. Sie treten vermehrt ab dem Zustand der aktiven Zersetzung an Leichen auf und bleiben so lange an den Überresten, wie es etwas zu holen gibt. Manchmal findet man sie bereits an frischen Leichen, von denen sie am Waldboden abgetropfte Körperflüssigkeiten aufnehmen.

Die Eiablage findet dabei allerdings nicht am Aas statt. Das Muttertier legt sie in Erdgängen in der Nähe ab, da dadurch für den Nachwuchs ein gewisser Schutz vor Fressfeinden besteht. Die Larven ähneln wiederum eher einer Assel, sind sehr beweglich und schnell. Die ausgewachsenen Käfer füttern aktiv die ersten Larvenstadien, da deren Mundwerkzeuge noch nicht komplett ausgehärtet sind. Bei

Gefahr können auch sie zudem ein stinkendes Sekret ausstoßen, das auch wir Menschen wahrnehmen können.

Durch die naturnahe Umgebung Leipzigs findet sich dieser Käfer recht häufig im Sektionsgut unseres Instituts.

Rothalsige Silphe
(Oiceoptoma thoracica)

Dieser speziellen Käferart bin ich bei einem Fall begegnet, für den wir in ein Auwaldgebiet gerufen wurden. Dort angekommen, begrüßte ich den Kriminalkommissar, der mir die bekannten Fakten schilderte und dann einfach nur in Richtung Gebüsch zeigte. Dort sollte sich ein Erhängter befinden.

Wir durchquerten ein von Mücken und Zecken befallenes Grasgebiet und kamen nach 100 Metern auf eine Lichtung. An einem Baum hing ein Mann. Die Fußspitzen berührten gerade noch den Boden. Um den Baum herum standen mehrere kleine Tritthilfen und Hocker. Ein zusammengeschnürter Zeitungsstapel aus sehr alten Computerzeitschriften lag zu seinen Füßen. All diese Gegenstände hatte der Tote offenbar eigenhändig in dieses abgelegene Gebiet geschleppt.

Außerdem lagen angebrochene Packungen mit Toast und leere Käsepackungen herum. Er hatte also augenscheinlich mehrere Tage in diesem Wald gelebt. Wie wir inzwischen wussten, wurde er wegen verschiedener Delikte gesucht, die ihm mit Sicherheit mehrere Jahre Gefängnis eingebracht hätten.

Während wir Proben nahmen, landeten ständig riesige Mücken auf uns. Und an den Bäumen ringsum saßen bereits die Rothalsigen Silphen und warteten darauf, ungestört am Leichnam fressen und ihre Eier ablegen zu können. Teile des toten Körpers gingen nämlich gerade in die attraktive Phase der aktiven Zersetzung über.

Eine derartige Häufung der Käfer mit dem auffälligen Halsschild war mir bisher noch nie untergekommen und ist es bis heute nicht. An jedem Baumstamm im Umkreis saßen Tiere. Besonders an dem Stamm, an dem der Tote hing, lauerten sie mehr oder weniger reglos auf unser Verschwinden. Diesen Gefallen konnten wir ihnen leider nicht tun. Sobald wir mit der Asservierung fertig waren, holten die Bestatter den Leichnam ab und brachten ihn zur Sektion in unser Institut. Der Verdacht der Selbsttötung bestätigte sich bei der Obduktion.

Das Halsschild der Rothalsigen Silphe (*Oiceoptoma thoracicum*) ist, wie der Name schon sagt, rot bis orange gefärbt. Damit ist sie auf den ersten Blick zu erkennen.

Sie kommt im ganzen europäischen Raum vor. Mit einer Körperlänge von durchschnittlich 14 Millimetern gehört sie zu den mittelgroßen Arten, die sich an Kadavern gütlich tun. Auch ihre Paarung findet dort statt. Manchmal sieht man sogar, dass beide Partner dabei am toten Körper fressen.

Die Ernährung des Käfers beschränkt sich nicht nur auf Aas. Auch Kot, Fliegenlarven, faulende Pflanzenreste und Pilze gehören auf den Speisezettel. Von den Pilzen, vor allem Stinkmorcheln, nehmen sie unverdauliche Sporen auf und tragen diese weiter und machen sich dadurch noch auf andere Weise in der Natur nützlich – es handelt sich dabei um eine Symbiose, also eine Gemeinschaft zu beiderseitigem Nutzen: Der Käfer frisst den Fruchtkörper des Pilzes und verteilt dafür die Sporen des Pilzes weitläufig. Das funktioniert deshalb so gut, weil der Käfer einen sehr ausgeprägten Geruchssinn besitzt. Er kann sowohl Verwesungsgerüche als auch den Geruch der Stinkmorchel über Kilometer hinweg wahrnehmen, wie Forscher herausgefunden haben.

Schneckenfresser *(Phosphuga)*

Der Schwarze Schneckenjäger ist ebenfalls eine Art, die die einzige in ihrer Gattung ist. Der deutsche Name verrät eigentlich wieder alles. *Phosphuga atrata* gehört zwar zu den Aaskäfern, hat sein Nahrungsspektrum aber auf Schnecken ausgerichtet. Sowohl der ausgewachsene Käfer als auch die Larven leben von Schnecken und jagen diese aktiv.

Durch einen sehr langen, gut beweglichen Hals schafft es der Käfer, in die Schneckenhäuser einzudringen, auch wenn sich die Schnecke noch darin befindet. Durch seinen sehr schmalen Körper ist er in der Lage, in den kleinsten Spalten nach Futter zu suchen. Seine Larven weisen ebenfalls diese Anpassung auf.

Ab und zu finde ich die Schwarzen Schneckenjäger auch in feuchteren Gebieten in der Nähe von Leichen. Durch die Leichenflüssigkeit abgestorbene Pflanzen ziehen bei der Verrottung Schnecken an, die wiederum die Schneckenjäger anlocken. Außerdem konnte man bereits beobachten, dass diese Tiere auch das Fleisch von Säugetieren und Regenwürmer nicht verschmähen. Insgesamt ist dieser Aaskäfer jedoch ein eher seltener Gast unter meinem Mikroskop.

Gute Chancen, ihn zu finden, hat man, wenn man im Garten Bretter und größere Steine umdreht, die beispielsweise als Begrenzung für Beete dienen. Ob man diesen

Käfer wirklich treffen will, ist eine andere Frage. Er hat eine sehr gute Möglichkeit gefunden, Störungen aller Art zu begegnen.

Bei der geringsten Erschütterung seiner Umgebung, spätestens bei der Berührung seines Körpers stellt er sich tot. Wenn die Störung nicht endet, sondert der Käfer ein Sekret ab, das noch mehr stinkt als jeder Kadaver. Egal, wie und womit man sich anschließend die Hände wäscht, der Geruch bleibt. Gartenhandschuhe oder betroffene Kleidung muss sofort entsorgt werden.

Spezialisten für organische Chemie haben die Substanz des Sekrets analysiert. Es ist das Ammoniak darin, das für den Gestank sorgt, versetzt mit ein paar Beimischungen, die wir mit unserer Nase aber wohl nicht mehr unterscheiden.

Manche Käfer riechen nach Aas, manche nach verfaultem Fisch. Das abgegebene Gemisch ist zumeist stark basisch. Und damit nicht genug. Wird der Käfer gereizt, sondert er mit dem Hinterleib zuerst nur einen Tropfen ab. Wird er weiter gestört, fängt er an, diesen Tropfen auf sich und dem möglichen Angreifer zu verreiben. Das schlägt dann wirklich jeden Fressfeind in die Flucht.

Kurzflügelkäfer (Staphylinidae)

Vermutlich ist jedem schon einmal aufgefallen, dass man manchmal vor einem Gewitter oder bei sehr schwüler Luft von kleinen schwarzen Tierchen belagert wird. Ähnlich erging es mir an einem Leichenfundort, an dem kurz darauf ein Gewitterguss niedergehen sollte. Alle Menschen vor Ort waren bald von kleinsten schwarzen Punkten übersät.

Staphylinidae

Einige bemerkten sogar ein Zwicken an den unbekleideten Körperstellen.

Bei den Tierchen handelte es sich um winzige Kurzflügelkäfer *(Staphylinidae)*, nicht einmal drei Millimeter lang, die sich gerade zur Fortpflanzung zusammenfanden. Das Zwicken ist auf eine sehr empfindliche Haut zurückzuführen, die die kleinen Fußhaken der Käfer spürt.

So fanden sich dann auch in unseren Proben für das Institut viele dieser Käfer, die beinahe wie von selbst in den mit Alkohol gefüllten Gläschen landeten. Anscheinend wurden sie während ihrer Paarungsflüge durch den verdunstenden Alkohol angelockt.

Allerdings sind die Kurzflügelkäfer für die Forensische Entomologie nur in seltenen Fällen relevant. Wenn, dann liefern sie aber sehr detaillierte Informationen. Meist geht es dabei um Leichenverlagerungen.

Viele Kurzflügler haben bestimmte Lebensräume erobert und verlassen diese nur in den seltensten Fällen, um beispielsweise neue Nahrungsvorkommen zu erschließen. Meistens jagen die Käfer und ihre Larven dann die Maden von Schmeißfliegen.

Finde ich also bestimmte Arten dieser Tiere an einem Tatort, die dort ursprünglich nicht hingehören, muss entweder der Käfer oder die Leiche bewegt worden sein.

Während wir bei den Aaskäfern auf Arten und Gattungen geblickt haben, sollte man die Kurzflügelkäfer eher als Paket betrachten. In Deutschland gibt es derzeit 1554 beschriebene Arten. Es ist die größte der Käferfamilien, und vermutlich wird genau in diesem Moment in einem Institut unter einem Mikroskop eine neue Art entdeckt. Das gilt nicht nur für das Jahr 2019, sondern wird auch noch für das Jahr 2050 gelten. Bisher zählt man ungefähr 47 000 Arten weltweit. Die tatsächliche Anzahl ist jedoch wahrscheinlich um ein Vielfaches höher, betrachtet man die Anpassungsfähigkeit dieser Käferfamilie.

Die Käfer ähneln sich alle in einem Punkt. Durch verkürzte Flügeldecken (Elytren) ist der weiche Hinterleib (Abdomen) permanent zu sehen. Der lang gestreckte Körper erinnert eher an einen Ohrenkneifer oder Ohrwurm *(Dermaptera)*. Das Flügelpaar zum Fliegen befindet sich unter den verkürzten Deckflügeln und wird sehr kompliziert zusammengefaltet. Die Größe der Käfer reicht von einem halben Millimeter bis zu fünf Zentimetern.

Kurzflügelkäfer haben sich jede vorstellbare Nahrungsnische erschlossen. Betrachten wir einen ganz normalen Mischwald. Es gibt Räuber *(carnivor)*, Allesfresser *(omnivor)*, Pilzfresser *(mycetophag)*, Aasfresser *(necrophag)*, Pflanzenfresser *(phytophag)* und die, die sich von abgestorbenen Pflanzen ernähren *(saprophag)*. Dazu Parasiten, die in den

Puppenhüllen von Fliegen die verpuppten Larven fressen, um anschließend selbst aus der Puppe zu schlüpfen. Wieder andere Käfer leben im Larvenstadium in den Nestern von Insekten und lassen sich von Ameisen, Wespen oder Hummeln vom Ei bis zum ausgewachsenen Tier durchfüttern. Das sind die Kuckuckskinder der Insektenwelt. Es gibt Arten, die sich auf Vogelnester oder Mäusebauten spezialisiert haben und von den Resten der Bewohner leben. Zudem sind Formen von Hyperparasitismus beschrieben, bei dem ein Parasit wiederum von einem Parasiten befallen wird. Dieser frisst dann sowohl die parasitierte Larve als auch den ursprünglichen Parasiten.

Der Schwarze Moderkäfer (Ocypus olens) ist aufgrund seiner Größe leicht zu erkennen. Er wird bis zu 33 Millimeter lang und besitzt den charakteristischen lang gestreckten Körperbau der Kurzflügler. Wer ihn einmal gesehen hat, erkennt ihn wieder. Der Kopf ähnelt aufgrund der großen Augen eher einer Ameise. Der Körper ist punktiert, marmoriert und mattschwarz. Bei Gefahr droht er mit seinen Kiefern, und sie stellen den Hinterleib drohend auf wie ein Skorpion seinen Schwanz. Er kann sehr kräftig zubeißen und ein stinkendes Sekret absondern. Der Moderkäfer ist zudem ein geschickter Jäger, der Würmer fängt, die um ein Vielfaches länger sind als er selbst.

Auf Exkursionen während meines Studiums waren diese Käfer auf den Waldwegen rund um Tharandt unsere regelmäßigen Begleiter. Die mitgeführten Hunde der Studenten, die im Forstwirtschaftsstudium sogar im Hörsaal geduldet werden, versuchten sich oft daran, diese Käfer zu erbeuten oder ihrer Herr zu werden. Durch die Wehrhaftigkeit des Käfers gelang es jedoch keinem. Es amüsierte uns sehr, wenn wieder ein Hund mit stinkendem Sekret bespritzt wurde und versuchte, es sich von seiner Schnauze abzuwischen.

Der Rote Pilzraubkäfer *(Oxyporus rufus)* lebt sowohl als Larve als auch als erwachsenes Tier in den Lamellen von Hutpilzen. Als Larve frisst der Käfer Pilzfasern, als ausgewachsenes Tier Insektenlarven, die am faulenden Pilz leben. Wer ihn sehen will, sollte beim Sammeln von Wald- oder Wiesenchampignons einfach zwischen die Lamellen der Pilze schauen. Spätestens beim Putzen der Pilze in der Küche fällt er uns auf, wenn auf einmal kleine Käfer auf der Arbeitsplatte herumwuseln.

Quedius lateralis ist ein pilzfressender Vertreter der Staphylinidae und kommt oft in alten Parkanlagen vor, in denen die Bäume von Pilzen befallen sind. Für ihn gibt es keinen deutschen Trivialnamen. Der Käfer besitzt einen metallisch glänzenden Kopf- und Halsschild, der bei manchen Tieren im Licht sogar golden schillert. Der Hinterleib ist hingegen mattschwarz. Er hat lange, spitze und gebogene Kiefer. Damit kann er aus kleineren Vertiefungen in Holz und Rinde, aber auch an abgebrochenen Ästen Pilze abweiden.

Die Kurzflügelkäferart *Lomechusa emerginata* ist eine myrmekophile Art. Das bedeutet, dass sie mit Ameisen positiv vergesellschaftet ist. Sie lebt einen großen Teil ihres Lebens in den Nestern von verschiedenen Ameisen. Vom Ei bis zum Schlupf aus der Puppe lässt sie sich im Bau der sogenannten Grauschwarzen Sklavenameise *(Formica fusca)* aufziehen, pflegen und füttern. Dabei imitiert die Larve den Geruch und die Bettelbewegungen von Ameisenlarven.

Ab und zu werden Arbeiterinnen von *Formica fusca* von anderen Ameisen, beispielsweise der Blutroten Raubameise *(Formica sanguinea)* entführt und zum Aufbau einer eigenen Ameisenkolonie benutzt. Dabei werden auch Larven verschleppt. So kann es sein, dass Käferlarven von *Lome-*

chusa emerginata in den Nestern anderer Ameisenarten gefunden werden.

Nach dem Winter verlässt der Kurzflügelkäfer den Ameisenbau, und der Kreislauf beginnt von vorn. Der Käfer sucht sich die nächste Kolonie der Grauschwarzen Sklavenameise und platziert seine Eier, die wieder von der Ameise aufgezogen werden.

Der Hornissenkurzflügelkäfer *(Velleius dilatatus)* lebt sein ganzes Leben lang unter Hornissennestern. Dort sammeln sich alle Reste, die von den Hornissen abfallen. Futterreste, Kot, tote Hornissen und Larven anderer Insekten, die daran fressen, bilden einen Haufen unter dem Nest. Dort ist der Käfer mit einer Körperlänge von 2,6 Zentimetern der größte Vertreter und damit Herrscher über das reichhaltige Büfett.

Man sieht an diesen Beispielen, dass die Kurzflügelkäfer annähernd jeden Nahrungsbereich und jede Nahrungsmöglichkeit erschlossen haben. Natürlich gehören auch tote Körper dazu.

Kopflose Stutzkäfer *(Histeridae)*

Stutzkäfer fallen im Sektionssaal meistens dann auf, wenn die Leiche vorher im Wald gelegen hat. Warum? Weil sie sich fallen lassen. Vom Leichnam, vom Sektionstisch, aus dem Leichensack.

Die ausgewachsenen Tiere ziehen bei Gefahr, also einer Erschütterung oder sonstigen Störung, alle Beine und ihren Kopf an und gehen zu Boden. So entgehen sie Fressfeinden, weil sie dadurch im Freien einfach im Gras verschwinden können. Durch diesen Fluchtreflex kommen nur wenige erwachsene Tiere überhaupt in den Sektionssaal.

Die Larven hingegen jagen noch Fliegenlarven, während schon lange die Sektion läuft. Die Larve hat wie die meisten Käferlarven sechs Beine und einen äußerst wendigen Körper. Zudem besitzt sie große Mundwerkzeuge, um ihre Beute zu packen. Durch ihre Beweglichkeit gelangt sie innerhalb kürzester Zeit in alle Ecken des Sektionssaals und plagt damit die Sektionsassistenten.

In einem Fall war die Anzahl der Stutzkäferlarven so hoch, dass alle Anwesenden, die an der Leiche beschäftigt waren und Handschuhe trugen, ständig verhindern mussten, dass die Tiere entwischen.

Während also normalerweise die Fliegenlarven einfach langsam vom Tisch kriechen und sich teilweise noch an der vertikalen Tischkante halten, bevor sie herunterfallen, beginnt bei Käferlarven schnell das große Krabbeln.

In bestimmten Fällen kann ich mithilfe der Stutzkäfer eine grobe zeitliche Eingrenzung der Liegezeit vornehmen. Da sie Räuber sind, erscheinen sie meist erst nach ihrer Beute auf dem Leichnam. Die ausgewachsenen Tiere legen dann Eier. Sobald diese schlüpfen, gehen die Larven ebenfalls auf die Jagd. Kennt man also das Alter der Larven, ist der Eiablagezeitpunkt bekannt. Dann weiß man auch, wann die Beute den Leichnam erreicht hat. Natürlich funktioniert dieses Vorgehen nicht so genau wie die Totenuhr der Schmeißfliegen, aber in einigen Fällen half es bereits bei Ermittlungen.

Findet man an einer Leiche auf einem trockenen Untergrund beispielsweise nur ein paar vertrocknete Fliegenlarven und sehr wenige Stutzkäfer, kann man davon ausgehen, dass speziell für diesen Standort die Leichenliegezeit mindestens drei Wochen beträgt. Auf einem feuchteren Standort sieht das jedoch wieder anders aus. Deshalb ist es sehr wichtig, dass man von möglichst vielen Standorten und Biotopen die Artzusammensetzung kennt.

Hister quadrimaculatus

Ähnlich wie bei den Kurzflügelkäfern gibt es bei den Stutzkäfern eine sehr vielfältige Anpassung. Alle sind in ihrer Körperform sehr abgerundet und glatt. Bei Gefahr ziehen sie alle Beine an den sehr hart chitinisierten Körper heran und klappen den Kopf nach unten an die Brust. Dadurch sehen sie zusammengestutzt aus, was ihnen ihren Namen eingebracht hat. In diesem Zustand kugeln sie wie kleine Murmeln umher und können, wie oben beschrieben, schnell zu Boden fallen und in Deckung gehen. Das vordere Beinpaar ist bei den Histeridae zu Grabwerkzeugen ausgeprägt.

Die Familie Histeridae ist nach einer ihrer Gattungen *(Hister)* benannt. In Mitteleuropa sind knapp über 100 Arten nachgewiesen. Die meisten Arten ernähren sich von verrottenden Pflanzen oder Pilzen unter Rinde oder in der Bodenstreu. *Hister cadaverinus,* der Aasstutzkäfer, lebt als Larve und als Käfer räuberisch von anderen Insektenlarven. Ihm sind wir gerade im Sektionssaal begegnet.

Ein weiterer Vertreter ist der Vierfleck-Gaukler *(Hister quadrimaculatus)*. Ausschlaggebend für diesen Namen sind die vier roten Flecke auf seinen ansonsten schwarzen Flügeldecken. Sie haben ein Faible für den Dung großer pflanzenfressender Säugetiere entwickelt und jagen in diesem die Larven von kotbesiedelnden Fliegen und anderen Käfern. Diese Käfer können mehrere Jahre alt werden und überwintern in einer Froststarre im Boden unter Kothaufen. Dabei können sie selbst zur Nahrung von Wildschweinen oder Dachsen werden.

Hetaerius ferrugineus ist ein Ameisengast und zwischen 1,5 und 2,0 Millimetern groß. Auch wenn ich als Entomologe mit sehr kleinen Lebewesen zu tun habe, so frage ich mich regelmäßig, wer derartig kleine Tiere entdeckt hat und wie diese Entdeckung abgelaufen ist. *Hetarius ferrugineus* lebt im Bau der Gelben Wiesenameise *(Lasius flavus)* und im Hügel der größeren Grauschwarzen Sklavenameise *(Formica fusca)*.

In den Bauten ernährt er sich von toten oder geschwächten Ameisen. Wenn er gerade keine Nahrung findet, frisst er auch Larven und Eier der Ameisen und wird dabei von den ausgewachsenen Arbeiterinnen ignoriert. Sollte er als Eindringling wahrgenommen werden, stellt er sich tot, zieht alle wichtigen Teile an den Körper an und wartet. Durch seine sehr defensive Art tragen ihn die Ameisen herum, lecken ihn ab, attackieren ihn aber nicht und lassen irgendwann von ihm ab.

Erdkäfer (*Trogidae*)

Was die Speckkäfer für Innenräume sind, sind die Erdkäfer für die freie Natur – sie räumen die Reste weg. Ungewöhnlich ist, dass diese Käfer in ihrer großen Überfamilie, eine weitere Einteilung der Taxonomie, die einzigen Arten sind, die sich von Keratin ernähren.

Bei mehreren Freilandexperimenten fielen mir Löcher im Boden auf, die über Tunnel zu Kammern führten, die mit Haut und Fell der von mir ausgelegten Versuchsschweine gefüllt waren. Die Erdkäfer tauchten erst auf, wenn der Kadaver komplett vertrocknet war, und waren auch ein Jahr später noch am Ort der Ablage zu finden. Zudem hatten sie in der Zwischenzeit weitere Röhren angelegt.

Erdkäfer arbeiten so lange weiter an einem Stück Aas, bis es für sie nichts mehr zu holen gibt. Sie haben sich darauf spezialisiert, vertrocknete Hautreste, Haare, Federn und Nagelmaterial zu fressen. Mumifizierte Leichen gehören also zu ihren potenziellen Lebensräumen.

Die Erdkäfer gehören zu den Scarabaeoidae und sind mit den Mistkäfern, den Blatthornkäfern und den Schrötern verwandt, zu denen zum Beispiel Hirsch- und Nashornkäfer zählen. Die verbreitetste Gattung ist Trox, weshalb sie unter Entomologen auch Troxe genannt werden.

Der Körper dieser Tiere ist abgerundet und besitzt meistens eine länglich ovale Form. Die Größe reicht dabei von 4 bis 25 Millimetern Länge. Die Flügeldecken sind bei fast allen Arten rau oder gefurcht. Die Fühler sind, wie bei allen Scarabaeoidae, vorn keulenförmig ausgeprägt. Die Keule besteht aus drei Gliedern, die sich zur Orientierung voneinander abspreizen lassen.

Dieser vordere Fühlerteil ist die Nase des Käfers. Das Abspreizen der Fühlerglieder vergrößert die Oberfläche, was dazu führt, dass mehr Moleküle an die Riechrezeptoren gelangen können.

Die Beine der Käfer sind sehr kräftig, und das vordere Beinpaar dient auch bei ihnen als Grabwerkzeug. Im Großen und Ganzen machen diese Käfer einen robusten Eindruck.

Trox scaber (ein deutscher Name existiert nicht) lebt unter großen Vogelnestern oder in alten Bruthöhlen von Vögeln. Er ernährt sich von Federn, toten Nestlingen oder den Nahrungsresten von Greifvögeln. Die Larven graben sich einen Gang direkt unter das Futter und ziehen kleine Stücke davon in die Erde, um daran zu fressen. Ein ähnliches Verhalten habe ich ja auch in meinen Freilandexperimenten mit Schweinen festgestellt.

Manche Erdkäferarten haben sich an einen bestimmten Tierkot angepasst. Vor allem der Kot von Carnivoren, also fleischfressenden Tieren wie Fuchs oder Katze, wird gern besiedelt.

Diese Tiere sind jedoch insgesamt viel seltener geworden, da Aas als Ressource viel zu schnell weggeräumt und damit dem Ökosystem entzogen wird.

Mistkäfer *(Geotrupidae)*

Besonders bei Leichenfunden auf sandigen Böden kommt es häufiger vor, dass man in der Nähe des Verstorbenen viele Mistkäfer findet. Gerade der Waldmistkäfer *(Anoplotrupes stercorosus)* ist dafür bekannt, neben Kot auch Leichenmaterial und verrottende Pflanzenteile für seinen Nachwuchs zu sammeln.

Diese Käfer sind die stärksten Tiere der Insektenwelt. Es wurde herausgefunden, dass sie weit über das Tausendfache ihres eigenen Körpergewichtes heben können. Diese Fähigkeit nutzen sie, um aus faulendem oder verrottendem Material und aus Kot Kugeln zu rollen oder Klumpen zu formen und diese anschließend zu vergraben.

Ihre Sensorik nimmt Gerüche von potenzieller Nahrung über Kilometer hinweg wahr. Die Anpassung an Aas scheint dabei für den Käfer relativ neu zu sein. Wahrscheinlich musste er sich umstellen, da immer weniger Kot in der Umwelt herumliegt. Während früher viel mehr Weidetierhaltung betrieben wurde, gibt es heute kaum noch große frei laufende Herden. Damit hat sich das potenzielle Nahrungsangebot verringert. Das führt wiederum dazu, dass dem Boden die natürliche Düngung, die die Käfer in den Boden einbringen, fehlt.

Für eine Liegezeitbestimmung sind die Tiere uninteressant, können jedoch trotzdem bei Ermittlungen helfen. Da sie meistens sehr langsam und bedächtig unterwegs sind, werden sie leicht überfahren oder zertreten. Der Gedanke, deswegen mithilfe der Käfer ausnahmsweise einmal eine räumliche Zuordnung vorzunehmen, kam uns bei der Suche nach einer Leiche. In den Sohlenprofilen der Bereitschaftspolizisten fanden sich nämlich Teile von Käfern, die die Kollegen beim Absuchen des infrage kommenden Gebietes zertreten hatten.

Findet man also derartige Teile an den Sohlen eines Tatverdächtigen und weiß man noch nicht, wo die Leiche versteckt ist, kann man Rückschlüsse auf den Ablageort ziehen. Leider ist uns eine solche Zuordnung in einem Fall bisher noch nicht geglückt. Aber so eine Gelegenheit kann sich irgendwann durchaus ergeben.

Am häufigsten sieht man bei Waldspaziergängen von diesen Verwandten der Maikäfer Vertreter der Gattung *Geo-*

trupes. So sind der Gemeine Mistkäfer *(Geotrupes stercorarius)*, auch Rosskäfer genannt, oder der Frühlingsmistkäfer *(Geotrupes vernalis)* regional sehr verbreitet.

Abhängig ist sein Vorkommen von der Bodenbeschaffenheit. Vor allem in Gegenden mit lockeren, sandigen Böden sind diese Käfer häufig. In Sachsen gibt es beispielsweise eine klare Nordsüdgrenze bei der Ausdehnung. So sieht man sie im Leipziger Umland ungefähr bis auf die Höhe von Chemnitz sehr häufig, südlicher dagegen so gut wie nie, da dort die Böden zu hart sind.

Die Vorliebe für weiche Böden resultiert aus der Lebensweise der Larven. Beide Elterntiere graben ein Loch, von dem mehrere Gänge abgehen, teils bis zu 50 Zentimeter tief. Diese Höhlen werden mit Kotkugeln gefüllt, von denen sich die Larven ernähren können. Dabei wird der Kot von pflanzenfressenden Großsäugetieren mit vorverdauten Pflanzenresten bevorzugt. Die Larve lebt dann ungefähr zehn Monate mitten im Futter und verpuppt sich anschließend.

Die meisten Arten haben einen metallischen Glanz. Die eben erwähnten schimmern beispielsweise an allen Körperteilen auffällig blau.

Speckkäfer *(Dermestidae)*

Einmal erschien ein aufgeregter Polizist bei mir im Institut, völlig außer sich, weil in seiner Wohnung Käfer aufgetaucht waren. Er versicherte mir, dass es bei ihm Zuhause sehr sauber sei. Seine Frau sei in großer Sorge, dass die Käfer gefährlich sein könnten. Nachdem er meine Frage, ob er auch wirklich keine Mumie in seiner Wohnung lagere, verneint hatte, konnte ich ihn schnell beruhigen. Es handelte sich um ausgewachsene Tiere des Dornspeckkäfers *(Dermestes maculatus)*. Nach mehrfacher Versicherung, dass das Auftauchen dieser Tiere nichts mit dem Putzzustand seiner Wohnung zu tun hat, war der Kollege beruhigt.

Speckkäfer kann man als typische Mitbewohner des Menschen bezeichnen. Andere Namen sind Teppichkäfer oder Pelzkäfer. Der Australische Teppichkäfer *(Anthrenocerus australis)* und der Gemeine Pelzkäfer *(Attagenus pellio)* sind die Namensgeber der Art.

Die Gemeinen Speckkäfer *(Dermestes lardarius)* sind unsere Kulturfolger. In Wohnungen mit Teppichboden kann man fast sicher sein, dass er dort Untermieter ist. Egal, wie sauber der Haushalt ist, dieser Käfer findet überall Futter. Sei es unter oder hinter Schränken, in Bettkästen, unter Sofas oder unter dem Herd in der Küche. Wo sich Hautschuppen, Haare und Nahrungsreste sammeln, leben Speckkäfer.

Sie finden sich immer erst spät am Leichnam ein. Für eine Liegezeitbestimmung sind sie nicht sehr geeignet, aber als Speichermedium für verschiedene Drogen, Medikamente, deren Abbauprodukten und für Schwermetalle, was sie für uns Forensische Entomologen sehr wertvoll macht.

In einem Fall kam eine Leiche in unser Institut, die von den Bestattern in die Decke eingewickelt worden war, auf der man den Leichnam gefunden hatte. Beim Auswickeln aus der Decke zerfiel der Körper förmlich zu Staub. Der Geruch von frischem Kompost machte sich im Sektionssaal breit.

Gerade die größeren Arten der Speckkäfer fressen die vertrockneten Reste eines Leichnams in kürzester Zeit komplett auf, vor allem in geschlossenen Räumen. Die Körperform wird dann nur noch durch Käferkot und Larvenhüllen definiert. Im beschriebenen Fall gab es keinen normalen Verwesungsprozess mit Absonderung von Flüssigkeiten. Der Tote lag nämlich auf einem alten Sofa, das mit Pflanzenmaterial und Rosshaar gefüllt war. So konnte die entstehende Flüssigkeit nach unten abfließen, wurde vom Polster aufgenommen und verdunstete langsam. Der Leichnam trocknete aus und mumifizierte. Die überall vorhandenen Speckkäfer vermehrten sich nun über mehrere Generationen und vertilgten den kompletten Leichnam.

In solchen Fällen kommt die Leiche meist nur zu einer Identitätsfeststellung in das Institut, um sicherzugehen, dass es sich beim Toten wirklich um den Bewohner der Wohnung handelt. Einen genauen Todeszeitpunkt festzustellen ist nach einer derartig langen Liegezeit meist nicht mehr möglich.

Da sich aber bei dieser Leiche ein Eimer mit vertrocknetem Inhalt vor dem Sofa und mehrere Herzmedikamente sowie Hilfspräparate gegen eine Grippe auf dem Tisch fanden, mussten wir davon ausgehen, dass der Tod eine natürliche Ursache hatte. Zumal sich in der Wohnung auch keine Spuren von einer Straftat oder der Einwirkung Dritter fanden.

Die Larven der Speckkäfer zeigen sich meist als fünf bis zehn Millimeter lange, pelzige Tierchen an der Wand. In zoologischen Sammlungen sind sie gefürchtete Schädlinge, die die Präparate zerstören und denen nur mit Gift oder extremer Kälte beizukommen ist.

Doch Speckkäfer sind nicht nur eine Gefahr, sondern auch eine Hilfe. Sie werden seit mehreren Jahrzehnten in Museen eingesetzt, um Knochenpräparate herzustellen. Da sie wirklich jeden noch so kleinen, trockenen Rest von den Knochen fressen, die Knochen selbst jedoch unangetastet lassen, sind sie hervorragende Helfer bei der Skelettierung und der Herstellung von Skelettpräparaten.

Das Käfertaxi

Zu der Familie der Aaskäfer zählen der Ufer-Aaskäfer (*Necrodes littoralis*), die Totenfreunde *(Thanatophilus sinuatus und Thanatophilus rugosus)*, die Schneckenjäger, die Rothalssilphe und die Totengräber *(Nicrophorus)*. Schaut man sich die Tiere in freier Wildbahn genauer an, sieht man, dass sie meistens nicht allein unterwegs sind. Kleine gelbe Milben laufen auf ihren Körpern umher. Sie erinnern an kleine Zecken und sind auch mit ihnen verwandt. Bei Milben handelt es sich nicht um Insekten, sondern um Spinnentiere mit acht Beinen statt mit sechs.

Einige Arten nutzen den Käfer als Transportmittel und verbeißen sich in seinen Chitinpanzer, um mit dem fliegenden Käfer an neue Kadaver zu gelangen. Man spricht dabei von Phoresie (vom griechischen Wort *phorein* für »tragen«). Dabei schädigt die Milbe den Transporteur nicht.

So hängen sich Schmarotzermilben meistens an Mistkäfer oder Aaskäfer, um sich von diesen zu neuen Lebensräumen tragen zu lassen und ganz nebenbei die gleiche Futterquelle wie die Käfer zu nutzen.

In einem Fall wurden mir zwei Aaskäfer in Alkohol zur Untersuchung geschickt. Im Spurensicherungsprotokoll waren ebenjene Käfer als Asservat mit einer Nummer versehen. In der Spalte dahinter stand der Vermerk *2 Tiere*.

Bereits beim Entgegennehmen der Proben sah ich eine dünne, orange Schicht am Boden des Probengefäßes. Von den Aaskäfern waren insgesamt 34 Schmarotzermilben heruntergefallen. Vermutlich lösten sie sich wegen des Alkohols von ihren Wirtstieren. Daher musste ich im Gutachten insgesamt 36 Tiere aufführen.

Ein aufmerksamer Beamter der Kriminalpolizei, der interessehalber das Gutachten bei der Staatsanwaltschaft angefordert hatte, rief daraufhin bei mir an und erkundigte sich, wie diese hohe Diskrepanz zustande käme. Leicht angeekelt, dass sogar solche kleinen Tiere wie Käfer von Milben befallen sein können, verabschiedete er sich nach diesem Telefonat von mir.

Die Schmarotzermilbenart *Parasitus coleoptratorum* setzt sich in ihrem Nymphenstadium (Wachstumsstadien bei Milben und anderen Insekten wie Wanzen) an den Hüften eines Mistkäfers fest. Dieser Punkt liegt beim Käfer an den Beinansätzen auf der Unterseite. Da der Käfer drei Beinpaare hat, hat er folglich sechs Hüften. Da gibt es genug Platz für etliche Milben.

Der Käfer trägt die Passagiere zu einem Kothaufen, auf dem sie absteigen, um dort von den Fliegeneiern und den Mineralien im Kot zu leben. Ist der Kothaufen dann ausgetrocknet, suchen sie sich wieder einen Käfer und ziehen weiter.

Die Art *Poecilochirus carabi* bevorzugt Totengräber als Transportmittel. Sie leben als Nymphenstadien in den Nestern der Käfer und klettern auf die Tiere, wenn diese das Nest verlassen, um eigene Futtergründe zu erschließen.

Die Milben setzen sich zudem auf den Kopf des Käfers und klauen ihm während des Fressens zerkautes Futter. Ist gerade keine andere Nahrung vorhanden, parasitieren sie an den Käfern selbst. Dazu suchen sie sich eine weiche Stelle im Panzer des Käfers und saugen an den Körperflüssigkeiten.

Bei den Schmarotzermilben gibt es die unterschiedlichsten Anpassungen. Manche Arten nutzen auch Bienen oder Hummeln für ihren Transport. Außerdem wurde Hyperphoresie beobachtet. Im Pelz einer Hummelkönigin fand sich beispielsweise eine Milbe, die eine kleinere Milbe transportierte. Der Fluggast wurde so selbst zum Transportmittel.

8
WO IST MEIN NACHBAR ABGEBLIEBEN?

Diese Frage ist für Menschen im ländlichen Raum meist schnell zu beantworten. Man kennt sich. Die Omas beschatten sich gegenseitig. Es wird viel geredet und geschwatzt. Steht ein Grashalm zu lang oder eine Rose schief, kann das zu nachbarschaftlichen Verstimmungen führen. In Städten wird es unübersichtlicher. Das Nachfragen beginnt oft erst mit dem Wahrnehmen eines unangenehm vertrauten Geruchs. Zu dem Linoleum, den abgestandenen Essensdämpfen, dem Putzmittel und dem kalten Zigarettenrauch mischt sich im Hausflur plötzlich etwas Verwesliches.

Ich wohne seit längerer Zeit in einem Altbau aus der Gründerzeit. Das Haus hat zehn Mietparteien. Wenn ich stets mehr oder weniger zur gleichen Zeit das Haus verlasse und wieder betrete, schaffe ich ein Zeitfenster, in dem ich immer denselben Menschen mit dem gleichen Tagesablauf begegne. Es käme mir aber keineswegs komisch vor, wenn ich vierzehn Tage nicht auf die Leute treffen würde. Manche der Hausbewohner sehe ich sowieso äußerst selten.

In größeren Wohnblöcken herrscht fast vollständige Anonymität, gewährleistet durch viele Stockwerke mit unzähligen Mietparteien. Diese Anonymität führt zwangsläufig zu Problemen, wenn es um die sozialen Interaktionen von alleinstehenden Menschen geht. Seltene Arztbesuche, fehlende Familienmitglieder und Freunde, die sich kümmern könnten, oder selbst gewählte Isolation führen dann nach einem stillen Tod meist zu einem unerwarteten Bekanntheitsgrad im Wohnumfeld.

Taucht irgendwo der besagte Geruch auf, macht man sich in der Nachbarschaft irgendwann Gedanken. Hat jemand den Biomüll vergessen? Oder sind es verschwitzte Turnschuhe? Manchmal ist die Ursache schnell gefunden. Kommen andere Hinweise hinzu, wie ein überquellender Briefkasten, ein permanent lautes Fernsehgerät oder dauerhaft brennendes Licht, dann sollte man vielleicht doch einmal klingeln. Wenn niemand öffnet, kann man beruhigt den Polizeinotruf wählen. Vor allem, wenn schon Fliegenmaden unter der Tür hindurchkriechen, wie es tatsächlich schon vorgekommen ist.

Was die Kollegen der Polizeistreifen nach so einem Anruf mitunter vorfinden, ist manchmal schwer zu verkraften, was häufig an der Beengtheit von Wohnungen liegt. In der Natur verteilen sich die Fliegenmaden in alle Himmelsrichtungen, wenn sie den Leichnam verlassen, um sich zu verstecken und in Ruhe zu verpuppen. Die geschlüpften, ausgewachsenen Tiere können sich hinterher frei bewegen. Das funktioniert in einer Wohnung natürlich nicht.

Fliegen, die durch den Geruch angelockt in die Wohnung gelangen, finden nicht wieder hinaus. Es sammeln sich also im Laufe der beginnenden Zersetzung sehr viele ausgewachsene Fliegen in der Wohnung. Ist kein Fenster geöffnet, versuchen sie es durch den Hausflur oder über Lüftungsschächte oder suchen sich einen Weg durch den Türspalt. Spätestens bei Fliegengewimmel im Hausflur werden die meisten Mitbewohner eines Hauses aufmerksam.

Schlimm ist es dann vor allem in sogenannten Messie-Wohnungen. Dort ist – naturgemäß – eine Grundpopulation von Insekten vorhanden. Je nach Sammelleidenschaft besteht bereits ein Speckkäfer- oder Fliegenbefall. Zusätzliche Untermieter wie Fischchen *(Zygentoma)* und Nagekäfer *(Ptinidae)* stellen sich schnell dazu ein.

Doch auch normale Wohnungen bieten ausreichend Besiedlungsspielraum, da wollen wir uns nichts vormachen. Das ist auch in Zeiten des ungehemmten Putzmittelverbrauchs so. Die häufigsten Untermieter sind Lebensmittelmotten *(Plodia interpunctella* oder *Ephestia kuehniella),* Speckkäfer oder die allseits beliebten Obstfliegen.

Sobald das Obst nicht mehr angerührt und der Biomüll nicht mehr geleert wird, entstehen in diesen kleinen Biotopen innerhalb kürzester Zeit riesige Populationen. Hinzu kommen Bakterien und Pilze, die sich ungebremst vermehren können und die entstehenden Gerüche verstärken. Pilzbefall ist zudem oft optisch keine schöne Angelegenheit.

Parallel zur Leichenzersetzung zersetzt sich auch jedes Nahrungsmittel in der Wohnung. Jedes Essen mit einem hohen Feuchtegehalt beginnt bei Raumtemperatur zu schimmeln oder zu gären. Dies lockt zusätzlich Insekten an.

In einer Schale für Babynahrung habe ich nach zwei Wochen Liegezeit in einer normalen Wohnsituation lediglich leere Puppenhüllen von Taufliegen gefunden. Diese hatten sich bestmöglich um die Lebensmittel gekümmert und dadurch eine wahre Populationsexplosion ausgelöst. Aus vielleicht zehn Taufliegen wurden sehr schnell Hunderte, dann Tausende. So hat jeder Leichenfund in einer Wohnung seine speziellen Begleiterscheinungen – mich interessieren natürlich in erster Linie die unterschiedlichsten Insekten.

Zu Unrecht verdächtigt

Wenn einer eine Reise tut, kann er manchmal auch hinterher zu Hause etwas erleben. Allerdings nicht immer Erfreuliches.

Fabian G. war im Schichtdienst tätig. Dadurch kam und ging er in einem Mehrfamilienhaus mit zehn Mietparteien jede Woche zu unterschiedlichen Zeiten. Mal traf er einen Nachbarn, der gerade von seiner Schicht heimkehrte. Manchmal, wenn er frühmorgens mit frischen Brötchen vom Bäcker kam, sah er die ältere verwitwete Frau auf dem Weg zum Supermarkt, die in der fünften Etage lebte und für die er manchmal kleinere handwerkliche Tätigkeiten erledigte. Sie wollte die Erste sein, wenn es darum ging, Schnäppchen zu ergattern, und dann stand sie früh auf.

Er lebte seit fünf Jahren in diesem Haus. Ein halbes Jahr zuvor war eine Frau mittleren Alters in die Wohnung gegenüber eingezogen. Jaqueline W. war 40 Jahre alt und hatte keine Kinder. Sie arbeitete als Versicherungsfachangestellte und befand sich seit längerer Zeit in psychologischer Behandlung. Bei ihr fing alles damit an, dass ihr Mann sie betrogen hatte. Eine Scheidung war die Folge. Damit brach ein großer Teil ihres Lebensinhalts weg und auch ihrer Sicherheiten. Da ihre Eltern bereits seit längerer Zeit tot waren und sie keine Geschwister hatte, fehlten enge Bezugspersonen. Ihr Freundeskreis gestaltete sich zunehmend überschaubar. Der Großteil der ehemaligen Freunde hielt nach der Scheidung zu ihrem Ex-Mann.

Traf Fabian G. im Treppenhaus auf Frau W., plauderte er gerne mit ihr, Themen gab es genug – ihre Balkone lagen nebeneinander. Sie kümmerte sich um seine Blumen und leerte den Briefkasten, wenn er Urlaub machte. Eines Tages fasste der nunmehr 32-Jährige einen Entschluss: Er wollte die Welt sehen und reisen. Also sparte er Geld und nahm sechs Monate unbezahlten Urlaub. Um die Wohnung halten zu können, ließ er für dieses halbe Jahr seine gute Freundin Alice G. zur Untermiete bei sich wohnen. Sie hatte gerade ein duales Studium begonnen, und seine Wohnung lag auf halbem Weg zwischen Uni und Arbeitsplatz.

Als Alice G. eines Abends nach Hause kam, bemerkte sie im Hausflur einen komischen Geruch. Komischer als sonst, im Haus roch es schon seit ihrem Einzug streng. Sie hatte die Biotonnen in Verdacht, die im Hinterhof direkt unter den Fenstern des Treppenhauses standen. Auf ihrer Etage angekommen, bemerkte sie, dass die Tür zur Nachbarwohnung offen stand. Sie fand das merkwürdig. In den drei Monaten, die sie in dem Haus wohnte, hatte sie nie jemanden dort herauskommen oder hineingehen sehen. An der Tür waren deutliche Spuren zu erkennen. Das Schloss sah aufgehebelt aus. Ihr stockte der Atem. Was, wenn der Einbrecher noch in der Wohnung war?

Sie schlich sich in ihre Wohnung. Sobald sie die Tür hinter sich geschlossen hatte, rief sie die Polizei. Nach zehn Minuten erreichte eine Polizeistreife das Haus. Die Beamten wurden von Alice G. eingelassen. Als sie die fragliche Etage erreichten, bemerkte einer der Beamten laut, dass es im Haus merkwürdig rieche. Im Protokoll stand später: Es war 20 Uhr an einem Donnerstag im August. »Die Tür wies augenscheinlich Aufbruchsspuren auf.«

Bis zu diesem Zeitpunkt hatte niemand die Wohnung betreten, weder die Polizisten noch Alice G. Plötzlich öffnete sich zwei Etagen weiter oben eine Tür. Eine ältere Frau fragte, ob alles in Ordnung sei. Sie hätte das Blaulicht gesehen und Lärm im Treppenhaus gehört.

Einer der Streifenpolizisten entschied sich, einen Blick in die Wohnung zu werfen, zumal die Tür ja nicht mehr schloss. Als er die Wohnungstür komplett öffnete, fiel ein herausgeheveltes Stück des Türschlosses klirrend zu Boden. Da es in der Wohnung recht dunkel war, tastete der Beamte in der Nähe der Tür nach dem Lichtschalter. Sobald das Licht anging, schrie er auf. Auch dem zweiten Beamten entfuhr ein Laut. Alice G. jedoch sagte gar nichts: Sie wurde kreidebleich und kippte um.

Was war passiert? Ein wenig professioneller Einbrecher hatte vermutlich die seit längerer Zeit heruntergelassenen Jalousien vor den Fenstern von Jaqueline W.s Wohnung bemerkt. Eines Abends entschied er sich zum Einbruch. Die Haustür stellte kein Hindernis dar, sie stand wohl offen. Er musste nur in die dritte Etage gehen. Die Tür war schnell aufgebrochen.

Was er dann erblickte, hatte er vermutlich nicht erwartet. Im Flur hing eine mumifizierte Leiche. Jaqueline W. hatte sich, dem Abschiedsbrief nach zu urteilen, bereits Anfang Juni des Jahres das Leben genommen. Sie betrachte es als sinnlos, schrieb sie. Für den Einbrecher muss das der Schock seines Lebens gewesen sein.

Kein Zweifel: Für Frau W. kam jede Hilfe zu spät. Nichtsdestotrotz musste die Polizei einen Rettungswagen anfordern, um Alice G. zu behandeln, die einen Schock erlitten hatte.

»Riecht man das denn nicht?« Das ist die häufigste Frage, die mir nach solchen Ereignissen gestellt wird. Ist die Luftzirkulation in einem Raum ausreichend, wird so ein Geruch nicht zur Wohnungstür hinausdringen, sondern durch die Luftzufuhr durch das Fenster verwirbelt. Zum anderen liefern häufig, wie im eben geschilderten Fall, die viel gescholtenen Biotonnen eine geeignete Erklärung.

Zudem läuft die Mumifikation einer hängenden Leiche

wesentlich schneller ab, als man als Laie denkt, da Flüssigkeit nach unten abtropfen kann und das Vertrocknen schneller vorstattengeht. Je schlanker eine Person ist, desto rascher vollzieht sich dieser Vorgang. Die Schmeißfliegen haben nur ein sehr kurzes Zeitfenster für die Besiedlung. Danach ist der Leichnam zu trocken dafür.

In unserem Fall fanden sich dementsprechend nur sehr wenige Fliegenlarven am Leichnam und einige wenige geöffnete Puppenhüllen in der Wohnung. Zahlenmäßig häufiger waren Speckkäfer, denn diese Käfer und ihre Larven sind in der Lage, vertrocknete tierische und menschliche Substanz zu fressen.

Intern wurde bei uns im Institut gemutmaßt, dass der Einbrecher inzwischen vermutlich eine Umschulung zum Taschendieb gemacht hat, um eine Wiederholung dieser unangenehmen Erfahrung zu vermeiden. Seinen Schock wird er nach besten Kräften verborgen haben.

Alice G. zog jedoch bereits zwei Monate später aus der Wohnung aus und meldete sich nicht mehr bei Fabian G.

Fabian G.s Pflanzen waren bei seiner Rückkehr vertrocknet, und sein Briefkasten quoll über. Er wunderte sich, dass in der Wohnung gegenüber plötzlich eine junge Familie wohnte.

Erst die ältere Frau aus der fünften Etage berichtete ihm von Jaqueline W.s Schicksal. Die neue Familie wusste davon nichts – zum Glück, werden viele unter uns denken.

Unheimlicher Mitbewohner

Manchmal sind es Kleinigkeiten, die für uns die größten Überraschungen bereithalten. Das können schon einmal ganz normale Bierflaschen in der Küche einer alten Dame sein.

Elisabeth R. lebte allein in einer Wohnung im zweiten Stockwerk in einem Mehrfamilienhaus mit acht Mietparteien. Die 87-Jährige war seit sechs Jahren verwitwet, aber trotz ihres Alters körperlich fit. Zur Unterstützung kam jeden Tag eine Pflegekraft vorbei. Manchmal bestellte sie sich Essen auf Rädern.

Zu ihrer Familie hielt sie sehr guten Kontakt. Ihr Sohn holte sie jedes Wochenende zu sich und den Enkelkindern. Erik R. bemerkte seit längerer Zeit, dass eine beginnende Demenz seiner Mutter zu schaffen machte. Manchmal vergaß sie, wo sie Dinge hingelegt hatte. Allerdings sah er keinen Handlungsbedarf, denn die Mutter schätzte ihre Selbstständigkeit sehr und kam noch gut im Alltagsleben zurecht.

An einem spätsommerlichen Abend im September brach Elisabeth R. beim Grillen mit der Familie zusammen. Der herbeigerufene Notarzt ließ sie mit Verdacht auf einen Schlaganfall in eine nahe gelegene Klinik einliefern. Der Verdacht bestätigte sich. Elisabeth R. wurde entsprechend behandelt.

Als es ihr besser ging, schickte man sie zu einem Rehabilitationsaufenthalt. Die motorischen Fähigkeiten kehrten Schritt für Schritt zurück. Elisabeth R. beharrte darauf, weiter allein in ihrer Wohnung zu leben.

Anfang Januar stellte Erik R. schließlich fest, dass die Demenz seiner Mutter schnell voranschritt. Er entschied gemeinsam mit seiner Frau, die alte Dame in einer Pflegeeinrichtung unterzubringen – zu spät, wie sich leider herausstellte.

Denn nur ein paar Tage später benachrichtigte der Pflegedienst Erik R., dass seine Mutter nicht auf die Türklingel reagiere. Er machte sich umgehend auf den Weg zu ihrer Wohnung. Als er mit dem Zweitschlüssel die Tür geöffnet hatte, antwortete niemand auf seine Rufe. Im Schlafzimmer lag Elisabeth R. zugedeckt im Bett. Sie war vermutlich im Schlaf gestorben.

Der gerufene Arzt attestierte einen natürlichen Tod. Die Leichenstarre war noch vorhanden. Der Tod musste also in der vorhergegangenen Nacht eingetreten sein. Kurze Zeit später holten die Bestatter die sterblichen Überreste ab.

Beim Verlassen der Wohnung fiel Erik R. dann allerdings auf, dass in der Küche leere Bierflaschen neben dem Mülleimer standen. Das kam ihm zwar komisch vor, doch in Anbetracht seines Verlusts machte er sich darüber zunächst keine weiteren Gedanken.

Nach der Bestattung zwei Wochen später nahm sich Erik R. vor, endlich die Wohnung seiner Mutter auszuräumen und zu kündigen. Doch aus verschiedenen Gründen verzögerte sich die Umsetzung des Vorsatzes.

In der ersten Märzwoche betrat Erik R. also die Wohnung und begann, das Hab und Gut seiner Mutter in Kisten zu verpacken. Er sortierte, was behalten und was entsorgt werden sollte. Die Möbel wurden gespendet.

Dann rückte das Unternehmen an, um die gespendeten Möbel abzuholen. Zu diesem Zeitpunkt waren alle Habseligkeiten bereits verpackt. Als nur noch das Wohnzimmer auszuräumen war, fragte einer der Möbelpacker, was mit dem Balkon passieren solle und ob der bereits leer geräumt sei.

Da erst bemerkte Erik R., dass er den ans Wohnzimmer angrenzenden Balkon bei seiner Arbeit komplett vergessen hatte. Die Mutter nutzte ihn nur selten. Ein langer Vorhang vor dem Fenster und ein seitlich davorstehender Sessel verdeckten die Balkontür. Also antwortete er, dass der Balkon vermutlich leer sei.

Der Möbelpacker schaute trotzdem nach, und seinen Kommentar hielt Erik R. zuerst für einen Scherz.

»Da sitzt ja einer.«

Er schaute nach und tatsächlich: Auf dem Balkon saß ein Mann.

Allerdings wurde schnell klar, dass dieser keineswegs mehr selbstständig den Balkon verlassen würde. Die Augenhöhlen waren eingefallen. Der Mund stand weit offen und zeigte lediglich vier Zähne, was für eine schlechte Zahnhygiene sprach. Zusammengesunken hockte die mumifizierte Leiche auf einem Gartenstuhl. Für die Nachbarn war sie in dieser Position von keinem der anderen Balkone aus zu sehen.

Nachdem die Polizei verständigt war und die Kriminalpolizei ein Ermittlungsverfahren eingeleitet hatte, wurde die Leiche im Institut für Rechtsmedizin obduziert und von mir untersucht.

Ich fand mehrere 17,5 mm lange Schmeißfliegenlarven von *Calliphora vicina* auf dem mumifizierten Körper. Bei den kalten Temperaturen im Januar und Februar mussten die Larven mindestens drei Monate alt sein, denn bei Kälte entwickeln sie sich nur langsam.

Zu diesem Zeitpunkt hatte Elisabeth R. jedoch noch gelebt.

Bei dem Mann handelte es sich um Manfred M., einen polizeilich bekannten Obdachlosen. Erik R., Elisabeth R.s Sohn, hatte ihn vorher noch nie gesehen.

Bei der Obduktion konnte die Todesursache festgestellt werden: ein großflächiger Herzinfarkt; es handelte sich also um einen natürlichen Todesfall. Die Leiche war aufgrund der geringen Luftfeuchtigkeit und der Kälte sehr gut erhalten geblieben.

Die Frage, wie der Mann überhaupt auf den Balkon gekommen war, ließ sich nur durch Mutmaßungen abschließend beantworten. Wahrscheinlich traf Manfred M. am Supermarkt zwei Straßen weiter auf Elisabeth R. Aufgrund seiner hilflosen Lage und ihrer beginnenden Demenz nahm ihn Elisabeth R. mit zu sich nach Hause und bot ihm Obdach an, ohne jemandem davon zu erzählen. Elisabeth R. war bis zu ihrer Rente als Oberschwester in einem Klinikum tätig gewesen und als sehr hilfsbereit bekannt.

Manfred M. freute sich vermutlich, dass er in der Nacht der Kälte der Straße entfliehen konnte und regelmäßig die Möglichkeit hatte, mit jemandem zu reden. Es entstand eine interessante Koexistenz, die die Ermittler vor gewisse Herausforderungen stellte. Niemand im Haus hatte nämlich je Manfred M. im Treppenhaus gesehen.

Zuerst wurde vermutet, er sei von außen auf den Balkon geklettert. Als diese Theorie bei Befragungen im Bekanntenkreis von Manfred M. erwähnt wurde, gab es lautes Gelächter. »Der Manfred? Klettern? Auf einen Balkon? Niemals!« Allerdings war beobachtet worden, dass er immer abends von seinem Platz verschwand und erst morgens wieder zurückkehrte. Wo er gewesen war, verriet er keiner Menschenseele.

Letztlich war die wahrscheinlichste Erklärung, dass Elisabeth R. ihn bei sich aufgenommen hatte, er jedoch den Tag mit seinen Bekannten auf der Straße verbrachte und erst nach Einbruch der Dunkelheit in die Wohnung kam. Eines Nachts erlag er dann auf dem Balkon einem Herzinfarkt.

Aufgrund ihrer Demenz beachtete Elisabeth R. ihn vermutlich nicht weiter, zog den Vorhang zu, vergaß den Vorfall und lebte ihr Leben weiter. Ein paar Wochen später starb auch sie, und der Insektenbefall nahm seinen naturgemäßen Lauf.

Unbestätigt blieb die Beobachtung des Möbelpackers, dass noch ein Zigarettenstummel zwischen Zeige- und Mittelfinger der Mumie klemmte.

Vergessen und vertrocknet

Bei der Rechnungsprüfung für das laufende Quartal fiel bei einem Stromanbieter auf, dass der Mieter Gerhard H. einem neuen Lastschriftverfahren noch nicht zugestimmt hatte. Da deswegen der Betrag für die Stromrechnung nicht abgebucht werden konnte, schickte man einen Brief mit dem Hinweis an Gerhard H., ihm werde der Strom am 1. Juli abgestellt.

Dies passierte dann auch, ohne dass jemand auf die Maßnahme reagiert hätte.

Gerhard H. lebte seit vielen Jahren allein in einem Plattenbau-Wohnblock mit 132 Wohnungen. Die Mieter kamen und gingen. Wegen der sozial angespannten Lage im Wohngebiet ging er nur vor die Tür, wenn es für Einkäufe und seltene Arztbesuche nötig war. Er pflegte keine Hobbys und keinerlei soziale Kontakte, auch nicht zu seinen Kindern. Die Zeit vertrieb sich der Frührentner mit Fernsehen und Besuchen im Internet. Er rauchte sehr viel. Hin und wieder wurde eine Flasche Schnaps geöffnet.

Irgendwann aber fiel dem Hausmeister auf, dass der Strom bei dieser Wohnung abgestellt war. Er bestellte einen

Schlüsseldienst, weil er dachte, die Mieter der Wohnung seien ohne sein Wissen ausgezogen. Das kam häufiger vor, und die Hausverwaltung erhielt davon meist erst im Nachhinein Kenntnis.

Hausmeister und Schlüsseldienst stand jedoch ein Schock bevor. Gerhard H. lag auf seinem Sofa. Seine Leiche zeigte den charakteristisch weit geöffneten Mund. Haare und Bart waren noch vorhanden. Die Hände hatte er auf dem Bauch wie zu einem Mittagsschlaf übereinandergelegt. Sein Körper wog nur noch einen Bruchteil des Ursprungsgewichtes und war intakt, nur steif und unbeweglich.

Es gab in der Wohnung Hinweise, dass der Mann vermutlich in der Vorweihnachtszeit gestorben war. Dies ließ zumindest der kleine verstaubte Weihnachtsbaum auf dem Küchentisch vermuten. Allerdings musste es das Weihnachtsfest vor zwei Jahren gewesen sein, wie ein Blick in die ebenfalls von Staub bedeckte Fernsehzeitung zeigte. Auch Post fand sich nur bis zum November zwei Jahre zuvor. Die Uhren waren stehen geblieben, der Inhalt des Kühlschranks entweder bis zur Unkenntlichkeit verschimmelt oder vertrocknet. Die elektrischen Heizkörper standen auf den Stufen drei und vier, ein Fenster in der Küche war gekippt. Das war für die Konservierung der Leiche ein Glücksfall – und für die Insekten.

Insgesamt musste Gerhard H. fast drei Jahre tot in seiner Wohnung gelegen haben. Unbemerkt von allen Nachbarn, von der Hausverwaltung und vom Hausmeister. Hätte dieser nicht den abgeklemmten Stromzähler bemerkt, die Entdeckung hätte vermutlich noch viel länger auf sich warten lassen.

Bemerkenswert an diesem Fall war der Grad der Erhaltung des Leichnams: Er war fast perfekt mumifiziert.

Wie aber entsteht eine Mumie? Es gibt natürlich vom Menschen mit Absicht hergestellte Mumien, die meistens einem Totenkult dienen. Aber es gibt eben auch Mumien, die auf natürlichem Weg entstehen.

Von den natürlichen Mumien kennen wir einige besonders gut erhaltene Exemplare. Die Eismumie des Similaun-Mannes, den wir als Ötzi kennen, ist die mit Abstand bekannteste. Man weiß heute vermutlich mehr über Ötzi als seine damaligen Verwandten. Seine Krankheiten und seine Todesursache sind ebenso festgestellt worden wie seine drei letzten Mahlzeiten. Die großen Pluspunkte für die Mumifizierung von Ötzi waren die Kälte und die geringe Luftfeuchtigkeit auf dem Gletscher, auf dem er gefunden wurde. Zudem ist ein permanenter Wind der Austrocknung zuträglich.

Ägyptische Mumien sind ebenfalls berühmt. Das Überdauern von Jahrtausenden ist bei ihnen allerdings dem handwerklichen Können der Ägypter zu verdanken. Sie entfernten die wasserreichen inneren Organe und entzogen dem Körper dadurch den Großteil der Flüssigkeit, bevor die Leiche mit einem natürlichen Insektizid behandelt und anschließend in Bandagen eingewickelt wurde. Begünstigt wurde die Mumifizierung außerdem von den warmen Temperaturen und der geringen Luftfeuchtigkeit im Ursprungsland.

Ein weniger bekanntes Beispiel ist die Chemnitzer Teermumie, die im Sächsischen Industriemuseum in Chemnitz ausgestellt ist. Ein Arbeiter fiel 1884 in einen heißen Teerbehälter, und 23 Jahre später war sein Leichnam trotz einer Erdbestattung nicht zersetzt. Die Bestandteile des Teers hatten den Körper durchdrungen und konserviert.

Ein modernes Verfahren mit dem gleichen Wirkprinzip ist die Plastination, die in den Ausstellungen von Gunther von Hagens bis heute viele Menschen anzieht.

Eine weitere Mumienart sind Moorleichen. Bei ihnen spielen der Luftabschluss und der hohe Gehalt von Gerbstoffen in einem sauren Milieu die entscheidende Rolle. Eine bakterielle Zersetzung findet nicht statt, die Leiche wird unter Wasser ganz natürlich konserviert.

Der entscheidende Punkt für eine Mumifizierung ist also, die Autolyse und die bakterielle Zersetzung zu stoppen und eine Besiedlung mit Insekten zu verhindern. Der Entzug von Flüssigkeit in einer Umgebung mit geringer Luftfeuchte und guter Luftzirkulation bietet dafür die besten Voraussetzungen. Zudem sind sehr warme beziehungsweise sehr kalte Temperaturen günstig.

Überlegt man es sich genau, ist also jede geräucherte Wurst und jeder luftgetrocknete Schinken mumifiziert. Auch wenn Freunden dieser Spezialitäten der Gedankengang vielleicht nicht behagt.

In der Rechtsmedizin haben wir es häufiger mit mumifizierten Leichen wie der von Gerhard H. zu tun.

Das Sofa, auf dem Gerhard H. lag, war sehr alt und mit Holzwolle gepolstert. Dieses Material nimmt Flüssigkeit gut auf und gibt sie durch seine große Oberfläche nach und nach wieder ab. Die Holzwolle entzog also dem Körper von Gerhard H. die bei der Autolyse und Verwesung entstehende Flüssigkeit wie ein Schwamm. Die Heizkörper sorgten für ein trockenes und warmes Klima und das geöffnete Fenster in der Küche für den notwendigen Luftaustausch.

An so hohen Gebäuden wie dem, in dem die Wohnung lag, entstehen häufig Fallwinde, die für Fliegen schwer zu überwinden sind. Deshalb kam es nicht zu einer Besiedlung durch Schmeißfliegen, trotz des offen stehenden Fensters.

Allerdings war der Körper nicht ganz vor Insektenfraß geschützt. Unter der Oberbekleidung fanden sich Tausende

Puppenhüllen von Speckkäfern *(Dermestidae)*. Die ausgewachsenen Tiere und die Larven machten sich nach und nach über das vertrocknete Leichengewebe her. Ich fand ausreichend Tiere und Larven, allerdings lassen sich die Speckkäfer nun einmal nicht für eine Leichenliegezeitbestimmung nutzen. Doch in diesem Fall gab es ja andere Anhaltspunkte.

Eine Liegezeit von annähernd drei Jahren ist sogar in unserer anonymen Zeit eine Seltenheit. So etwas kann nur passieren, wenn sämtliche Zahlungen über Daueraufträge laufen und sich ausreichend Geld auf dem Konto befindet.

Eine Straftat konnte im Übrigen ausgeschlossen werden, da der Schlüssel von innen steckte und die Tür von innen abgeschlossen war. Niemand hatte sich gewaltsam Zugang verschafft – bis zum Eintreffen des Schlüsseldienstes. Und die eigentliche Todesursache war leider nicht mehr zu ermitteln, doch Fremdeinwirkung konnte anhand der Indizien ausgeschlossen werden.

Ungeklärt, ungewöhnlich, unbedeutend

Manchmal kommt es vor, dass mir Fälle im Gedächtnis bleiben, die anderen zunächst völlig belanglos erscheinen mögen. Das war bei einem meiner ersten Fälle so, zu dem ich beratend hinzugezogen wurde. Damals war ich noch Student der Forstwissenschaften in Tharandt und hatte gerade die ersten Kontakte zur Rechtsmedizin geknüpft. Ich bekam eine E-Mail, dass es eine Leiche mit ungeklärter Liegezeit gäbe. Ein Verdacht auf eine Straftat bestand nicht, deswegen sollte mir dieser Fall als Übung dienen.

Bei dieser Leiche habe ich meine ersten Vergleichsproben genommen, die heute noch als die »besonderen ersten Asservate« in meiner Asservatenkiste stehen. Mit ihrer Hilfe war es mir möglich, später dann im Nachhinein meine damaligen Ergebnisse zu überprüfen. Bekanntlich kommt mit der Zeit ja auch der Rat. In diesem Fall kam der Rat jedoch sehr unbefriedigend und ohne wissenschaftliche Genauigkeit.

In einem Mehrfamilienhaus wohnte Klaus J. in einer kleinen Zweizimmerwohnung. Der 64-jährige Rentner war nie verheiratet gewesen und hatte keine Kinder. Zu Lebzeiten war er Maurer und trank fast eine Flasche Schnaps pro Tag. Auf ärztlichen Rat hörte er dann fünf Jahre vor seinem Tod schlagartig mit dem Trinken auf. Er führte ein einfaches Leben und verstand sich gut mit seinen Nachbarn. Hin und wieder verreiste er mit einer Gruppe Rentner.

Seiner Nachbarin fiel irgendwann auf, dass sie ihn seit einigen Tagen nicht gesehen hatte. Auf ein Klingeln hin hörte sie in der Wohnung keine Geräusche. Deshalb nahm sie an, dass Klaus J. im Urlaub war, aber vorher nicht Bescheid gesagt hatte. Ihr erster Gedanke: »Wer gießt jetzt die Blumen?«

Doch zwei Tage darauf roch es vor der Wohnungstür von Klaus J. merkwürdig. Die Nachbarin entschied sich, die Polizei zu informieren. Eine Stunde später wurde die Wohnungstür durch einen Schlüsseldienst geöffnet. Sehr schnell war klar, dass sich Klaus J. nicht im Urlaub befand. Die Leiche lag mit dem Oberkörper im Wohnzimmer, Füße und Beine ragten in den Flur.

Der herbeigerufene Rechtsmediziner versuchte den Todeszeitpunkt einzugrenzen. Der Fundtag war der 23. des Monats. Die Fernsehzeitung war am 14. des Monats aufgeschlagen. Im Flur fand sich auf einer Kommode ein Brief mit dem Versanddatum vom Zehnten des Monats. Dieser Brief konnte also frühestens am Elften angekommen sein. Somit bestimmte der Arzt die Sterbezeit auf den Zeitraum zwischen dem Elften und dem 14. des Monats.

Aus wissenschaftlicher Sicht ist so ein Vorgehen sehr ungenau, aber bei langen Liegezeiten oft die einzige Möglichkeit für Mediziner und Polizei, wenn kein Entomologe hinzugezogen wird.

Die Todesursache war eine akute Alkoholintoxikation bei dekompensierter alkoholischer Kardiomyopathie, auf gut Deutsch: übermäßiger Alkoholgenuss bei chronischer Herzschwäche. Klaus J. musste wieder mit dem Trinken angefangen haben. Es wurde ein Blutalkoholgehalt von 4,53 Promille festgestellt. Da es eine natürliche und geklärte Todesart gab, wurde nicht weiter ermittelt. Damit war dieser Fall abgeschlossen.

Während der Sektion und bei einer Begehung der Wohnung entdeckte ich dann sehr viele Fliegenlarven von *Calliphora vicina*. Zudem fanden sich abgedunkelte Puppen, aber keine leeren Puppenhüllen. Ein Wuchsversuch zeigte, dass diese Puppen mindestens 15 Tage alt waren, der Tod also bereits am Achten des Monats eingetreten sein musste.

Das warf neue Fragen auf. Wie gelangt der Brief in die Wohnung? Warum war die Fernsehzeitung beim 14. des Monats aufgeschlagen?

Die Gründe dafür habe ich mit Ärzten und Polizisten durchgesprochen. Auch habe ich die Daten noch einmal experimentell überprüft und bin zum gleichen Ergebnis gelangt.

Arthur Conan Doyle, der Schöpfer von Sherlock Holmes, ging bei seinen Geschichten von einer Grundregel aus: »Wenn man das Unmögliche ausgeschlossen hat, muss das, was übrig bleibt, die Wahrheit sein, so unwahrscheinlich sie auch klingen mag.« Was ist also das Unwahrscheinliche? Was ist das Unmögliche? Und was ist die Lösung?

Keiner der Nachbarn hatte einen Zweitschlüssel. Trotzdem war der Briefkasten bis zum 20. des Monats geleert und der Brief auf der Kommode im Flur nicht geöffnet worden. Die Leiche war von der Wohnungstür aus zu sehen.

Es blieb nur ein Schluss: Jemand musste in der Wohnung gewesen sein, die Leiche gesehen und den Brief auf die Kommode gelegt haben. Warum diese Person nicht die Polizei verständigt und sich später nicht gemeldet hat, kann bis heute keiner sagen.

Völlig absurd

Die absonderlichen und absurden Reaktionen der Mitmenschen auf eigentlich eindeutige Hinweise werden mir wohl auf ewig ein Rätsel bleiben.

Eines Tages roch es im Hausflur eines Treppenaufgangs mit 16 Mietparteien auffällig. Daraufhin verständigten die Mieter den Hausmeister, der von einer externen Firma gestellt wurde. Da Hochsommer war, vermutete der Mann zuerst, wie so oft, den Biomüll als Geruchsquelle.

Nachdem dann die Mülltonnen als Übeltäter ausgeschlossen werden konnten, suchte der Hausmeister im Haus nach dem Ursprung. Vor einer Wohnung im sechsten Stockwerk war der Geruch am stärksten. Auf sein Klingeln reagierte niemand.

Er dachte sich: »Die Bewohner sind bestimmt im Urlaub, und die Lebensmittel in der Wohnung schimmeln.« Dann holte er Gewebeband und dichtete damit den Spalt rund um die Tür ab. Problem gelöst. Sollen sich die Mieter selbst bei ihrer Rückkehr darum kümmern.

Zwei Jahre später übernahm eine neue Firma die Hausmeisterdienste. Bei der ersten Gebäudebegehung fiel das Gewebeband auf. Auf die Frage, was es damit auf sich habe, antwortete der alte Hausmeister: »Hier hatte es letztens ziemlich gestunken.« Ohnehin wären die Mieter sehr schlampig, und es liege ständig Post vor dem Briefkasten, die er entsorgen müsse.

Bei der sofort angesetzten Wohnungsöffnung fand man die mumifizierte Leiche des Bewohners.

In einem ähnlich gelagerten Fall wurden im ganzen Gebäude die Schließzylinder der Wohnungstüren getauscht. Das hatte die Hausverwaltung vorher mit einem Brief an die Mietparteien und einem Aushang im Treppenhaus angekündigt.

Als auf das Klingeln des Schlüsseldienstes bei einer Wohnung niemand reagierte, wurde das Schloss trotzdem getauscht. An der Tür wurde ein Zettel angebracht, dass der Schließzylinder getauscht und der Schlüssel beim Hausmeister hinterlegt worden sei, der zwei Hauseingänge weiter wohnte. Dort verschwand dieser Schlüssel vermutlich in einer Schublade.

Erst fast ein Jahr später fiel einem Bewohner auf, dass er den Nachbarn »ein paar Wochen« nicht gesehen hatte. Der Hausmeister erinnerte sich daraufhin, dass ja auch der Wohnungsschlüssel nie abgeholt worden war.

Beide erklärten den eintreffenden Polizisten, dass sie den Mann seit ein paar Wochen nicht mehr gesehen hätten. Ein kurzer Blick auf den Zettel an der Tür zeigte jedoch, dass der Wechsel der Schließzylinder über ein Jahr zurücklag.

Speckkäfer

Nach der Wohnungsöffnung entdeckten die Polizisten die mumifizierten Überreste des ehemaligen Bewohners in der Badewanne. Das Fenster im Bad war gekippt. Unzählige Puppenhüllen von Schmeißfliegen und Speckkäfern befanden sich in der Wohnung. Die bei der Zersetzung entstehende Flüssigkeit konnte aus der Badewanne ungehindert abfließen, und so hatte sich die Geruchsentwicklung im Treppenhaus in Grenzen gehalten.

Weder am Skelett noch an den Geweberesten fand sich ein Hinweis auf eine Straftat. Da die Person allein lebte und blutverdünnende Medikamente in der Wohnung gefunden wurden, konnten ein Schlaganfall oder ein Herzinfarkt nicht ausgeschlossen werden.

Merke: Auch wenn man dem Nachbarn nur das Beste wünscht, kann ihm trotzdem etwas passiert sein. Leben zeichnet sich ja ohnehin durch Bewegung aus – und wo sich nichts mehr regt, sollte man vielleicht auch einmal an den Tod denken.

9
DIE LEIPZIGER STÜCKELMORDE

Es gibt nicht viel, was ich in den wenigen Jahren, in denen ich als Forensischer Entomologe tätig bin, noch nicht gesehen habe. Durch den engen Kontakt zwischen Rechtsmedizinern, Spurensicherung, Kriminalpolizei und Staatsanwaltschaft, auch über Ländergrenzen hinweg, bin ich in der glücklichen Lage, eine große Anzahl von Fällen zu Gesicht zu bekommen. Dabei muss es nicht immer um Tötungsdelikte oder große Kriminalfälle gehen. Mitunter sind Wohnungsleichen, wie ich sie gerade geschildert habe und bei denen die Identität oder die Liegedauer festgestellt werden soll, für mich viel interessanter.

Die im Folgenden geschilderten Vorfälle aus Leipzig waren jedoch nicht nur für mich in jeder Hinsicht besonders. Sie trugen sich alle in einem Zeitraum von elf Monaten zu.

Schock beim Spaziergang

An einem schönen Tag im April 2016 machte ein Spaziergänger im sogenannten Elsterflutbecken in Leipzig eine schreckliche Entdeckung. Er genoss von einer Brücke den Ausblick über die idyllische Wasserfläche, als er einen im Wasser treibenden Torso entdeckte. Die Idylle war dahin.

Das Elsterflutbecken ist ein 2650 Meter langes und 155 Meter breites altes Flutschutzbecken, das in früherer Zeit bei Hochwasser als Überlauf für die Elster diente. Im Süden wird es durch das sogenannte Palmengartenwehr begrenzt, im Norden durch das Untere Elsterwehr. Das Wasser fließt, aus der Elster kommend, von Süd nach Nord und unterquert ungefähr auf dem ersten Viertel die Zeppelinbrücke. Vor dem letzten Viertel des Flutbeckens fließt es unter der Landauer Brücke hindurch, um am Ende in die Flüsse Nahle, Neue Luppe und Weiße Elster zu münden.

Eigentlich sollte das Becken eine Wassertiefe von 1,5 Metern haben. Durch die stetige Ablagerung von Sedimenten ist es jedoch verschlammt, manchmal bilden sich sogar Inseln. Es wird daher regelmäßig in Teilbereichen ausgebaggert.

Leichenfunde im Elsterflutbecken sind gar nicht so selten, wie mich Feuerwehr und Polizei belehrten. Gerade oberhalb des Palmengartenwehres herrscht ein starker Sog, der ab einer bestimmten Entfernung zum Wehr, trotz Warnhinweisen und Markierungen des Gefahrenbereiches, oft Paddler an- und manchmal mit der Strömung über das Wehr zieht. Auch Angler, denen infolge eines spektakulären Fangs das Herz zu schnell schlug, mussten dort bereits leblos geborgen werden.

Trotz der geringen Tiefe ist es für die Polizeitaucher eine Herausforderung, im schlammigen und trüben Wasser Personen zu finden. Das dauert oft Tage, manchmal sogar Wochen.

Der Spaziergänger auf der Brücke stieß durch seinen Zufallsfund Ermittlungen an, die letztlich zum Einsatz von zwei Sonderkommissionen führten. Vermutlich hat er unfreiwillig dazu beigetragen, dass auf einigen Köpfen nur noch graue oder gar keine Haare mehr wachsen.

Zum Glück konnte ich durch meine Arbeit einige Hinweise zur Aufklärung dieser Todesfälle liefern. Aufgrund der exakten Arbeit der Kriminaltechnik und der engen Abstimmung mit der Kriminalpolizei sind die Proben dieser Fälle bis heute in meinen Asservatenkisten der umfangreichste Fallkomplex, dabei fanden sich bei der ersten Leiche keinerlei Insektenspuren, was der längeren Liegezeit im Wasser geschuldet war.

Der Fall weckte bei den Ermittlern aber böse Erinnerungen an eine Tat, die ein paar Jahre zurücklag. Im Jahr 2011 wurde im Flutbecken die zerstückelte Leiche eines jungen Mannes gefunden, dessen Kopf verschwunden blieb. Der Täter, der eine 14-jährige Haftstrafe in einem psychiatrischen Krankenhaus verbüßte, schwieg über dessen Verbleib.

Die jetzt gefundene zerstückelte Leiche in diesem Gewässerabschnitt war schnell als weiblich bestimmt worden und wich somit in einem wichtigen Punkt vom früheren Leichenfund ab. Aufgrund der Körpermerkmale wurden aktuelle Vermisstenfälle überprüft, jedoch passte keines der Profile zu der gefundenen Person.

Die Bergung gestaltete sich diesmal relativ einfach, obwohl der Körper zerstückelt worden war. Ein Vorteil scheint dabei die geringe Fließgeschwindigkeit des Wassers im Elsterflutbecken gewesen zu sein. Alle Leichenteile wurden innerhalb kurzer Zeit eingesammelt. Es handelte sich um mehrere Pakete, die jeweils mit Gegenständen beschwert waren, um ein Auftreiben an die Wasseroberfläche zu verhindern. Mit großer Wahrscheinlichkeit war sie an der Landauer Brücke über die Brüstung geworfen worden.

Bei der Toten handelte es sich um eine 43-jährige Portugiesin, die seit einiger Zeit in Leipzig lebte und arbeitete, wie man dann doch feststellen konnte. Die Leiche wurde mit einem Winkelschleifer und mehreren Messern zerteilt. Bei der Sektion stellte man fest, dass die Frau mit großer Wahrscheinlichkeit erwürgt worden war. Obwohl die Identität der Toten überraschend schnell festgestellt werden konnte, sollte es eine ganze Weile dauern, bis der Täter gefasst wurde.

Erst nach fast einem Jahr zog sich die Schlinge für den Verdächtigen zu, denn die Ermittlungen verliefen aufgrund der unübersichtlichen Bekanntschaften der Toten und verschiedener kleinerer Delikte diverser möglicher Täter zögerlich. Doch am Ende blieb eine verdächtige Person übrig.

Die Beamten der Kriminalpolizei hatten nach aufwendigen Ermittlungen Ende Februar 2017 einen allein lebenden Mann mit mongolischen Wurzeln als letzten Kontakt der Toten aus dem Elsterflutbecken ausgemacht. Er lebte seit seiner Jugend in Leipzig und ging einem geregelten Beruf nach. Bei seinen Nachbarn galt er als hilfsbereit und völlig unauffällig.

Im Prozess wurde er von Bekannten und Nachbarn zum einen als distanziert, zum anderen als übermäßig anhänglich beschrieben. In einem Punkt waren sich aber die meisten Zeugen einig: Ein permanenter Kontakt zu ihm war nur sehr schwer aufrechtzuerhalten.

Als die Kriminalpolizei nach einer ersten Befragung im Zuge einer Zeugenvernehmung erneut bei ihm auftauchte und ihn fragte, ob er sich vorstellen könne, warum sie ein zweites Mal mit ihm sprechen wollten, nannte er den Namen der Toten aus dem Elsterflutbecken.

»Können Sie sich vorstellen, warum noch?«, fragte der Beamte weiter. Eigentlich erwartete er eine Antwort wie: »Weil Sie glauben, dass ich der Täter bin.« Oder ein einfaches Nein. Doch da kam der Paukenschlag – der Verdächtige nannte einen weiteren Frauennamen.

Völlig überrascht von dieser neuen Erkenntnis konnten die Ermittler kaum glauben, welches Rätsel diese Information löste. Die fragliche Frau galt seit November 2016 als vermisst, und nun fiel ihr Name im Zusammenhang mit einem ganz anderen Tötungsdelikt.

Plötzlich aber brach alles aus dem Verdächtigen heraus. Er redete, er gestand, nannte Orte, Zeiten, Begebenheiten. So schnell, dass die Beamten ihn bremsen mussten, um ihn vorher über seine Rechte zu belehren. Das Geständnis brachte Klarheit in die Fälle.

Am gleichen Tag bekam ich im Institut die Nachricht, es habe ein weiteres Tötungsdelikt gegeben, allerdings sei die Leiche noch nicht freigelegt.

Diese zweite Leiche hatte der Täter ebenfalls zerstückelt. Die Hände und die Füße des Opfers fand man verpackt in Plastiktüten unter dem Ziegelboden des Kellers in seinem Wohnhaus. Ein Leichenspürhund entdeckte dort auch einen Kopf sowieso sieben skelettierte Langknochen von Armen und Beinen.

Der Geständige gab an, die fehlenden Teile im Hausmüll entsorgt zu haben. Dazu zählten sowohl einzelne Knochen als auch das Muskelgewebe von Armen und Beinen. Den Torso hatte der Täter in einen Vorhang eingeschlagen und mit Kordeln verschnürt, in den Keller eines nahe gelegenen Abbruchhauses gebracht und diesen anschließend mit Unrat unzugänglich gemacht. Der Leichentorso wurde geborgen und vom Rechtsmediziner vor Ort begutachtet. Dabei fielen dem Arzt Fliegenmaden am Körper auf.

Der Anruf zum Einsatz erreichte mich erneut nach Dienstschluss und zu Hause. Ich setzte mich wieder ins Auto, fuhr zum Fundort und sicherte die Spuren im Abbruchhaus. Es waren die ersten wärmeren Tage des Jahres, somit schien mir Eile geboten.

Im Anschluss lief ich zum Wohnhaus des Täters und ließ mir die Funde aus dem Keller zeigen. Wie so häufig in Leipziger Altbauten war der Ziegelboden im Keller auf gestampftem sandigem Lehmboden verlegt worden.

Durch die Bodenfeuchte gibt es viele gelöste Salze im Erdboden unter den Häusern. Bei dem Transport dieser Feuchte bildet sich an den Kellerwänden Salpeter aus. Auch Knochen sind nach der relativ kurzen Lagerung im Boden mit Salzkristallen überzogen.

Aus diesem Grund, und weil der Sand nach dem Vergraben der Leichenteile verdichtet und die Ziegel wieder eingefügt worden waren, fanden sich keine Insektenspuren.

Mein Fokus lag folglich auf dem vermüllten Keller des Abbruchhauses. Die gesicherten Spuren wurden um die Asservate ergänzt, die während der Obduktion archiviert worden waren. Es handelte sich zum großen Teil um abgestorbene Puppenhüllen von *Calliphora* und einige tote Maden.

Diese aber warfen zunächst nur Fragen auf, denn die Liegezeit im Freien und die herrschenden Temperaturen seit dem Verschwinden der Frau konnten die Tiere nicht in dieses Entwicklungsstadium gebracht haben. Daher nahm ich an, dass die Leiche beziehungsweise der Torso eine gewisse Zeit in einer wärmeren Umgebung gelegen haben musste, was mir zum Glück durch die Aussagen des Täters am Ende bestätigt wurde. Aber eben erst auf die Rückfrage hin.

Er gab an, die Leiche beinahe einen Monat lang in seiner Wohnung gelagert und erst dann zerstückelt zu haben. Während der Lagerzeit hatte er die Heizkörper heruntergedreht und die Fenster geöffnet, um die Leiche zu kühlen und den Geruch aus der Wohnung zu entfernen. Diese Vorgehensweise konnte nun durch die von mir gesicherten Insektenspuren bestätigt werden.

Bei der Sektion wurden dann noch mehr Indizien festgestellt: Während die erste Leiche aus dem Elsterflutbecken mehr oder weniger grob zerteilt worden war und eher von überstürztem Handeln zeugte, zeigte sich bei der zweiten Toten ein gewisser Grad an Professionalisierung. Der Täter hatte nun beispielsweise die Knochen an den anatomisch korrekten Stellen vom Körper abgetrennt, den Torso unversehrt gelassen und die Leichenteile sorgsam auf mehrere Orte verteilt.

Die erste Leiche hatte er mit einem Winkelschleifer zerlegt, der in der Tatwohnung gefunden wurde und an dem DNA-Spuren des Opfers nachgewiesen werden konnten.

Die zweite Frauenleiche zerteilte er mit einem Messer und einer Säge, die ebenfalls sichergestellt werden konnten.

Da Teile der zweiten Leiche fehlten, zogen die Ermittler einen möglichen Kannibalismus in Erwägung. Der ganze Fall wurde noch einmal unter diesem Gesichtspunkt betrachtet, was dazu führte, dass wir eine Avocado-Pflanze auf den Sektionstisch bekamen. Der Täter hatte tatsächlich Knochen in dem Blumentopf versteckt. Es stellte sich jedoch heraus, dass es sich dabei um Geflügel- und kleine Säugetierknochen handelte, die vermutlich als Dünger gedacht waren. Ein Moment der Erleichterung für uns alle.

Nach dem Abschluss der ersten Verhandlung ging der Täter zweimal in Revision, um gegen das Urteil einer lebenslangen Haft mit besonderer Schwere der Schuld Einspruch einzulegen. So kam es, dass die erste Tat als Mord und die zweite Tat als Totschlag gewertet wurde, was das Strafmaß jedoch nicht beeinflusste. So oder so kann er nicht auf eine Haftentlassung nach 15 Jahren hoffen.

Alarm am Baggersee

An einem Mittwoch im Juli desselben Jahres, in dem die Leiche im Elsterflutbecken gefunden wurde, war ich zu einem runden Geburtstag eingeladen. Am Abend der Feier gab es im Großraum Leipzig nach tagelanger Hitze ein heftiges Gewitter. Am nächsten Morgen saßen wir bei einem gemeinsamen Frühstück, nebenbei lief auf der Terrasse das Radio. Eine kurze Meldung berichtete von einem Leichenfund in Leipzig. Damit war klar, was mich nach meiner Rückkehr ins Institut erwarten würde. Ein kurzer Anruf bei den Kollegen bestätigte meinen Verdacht, zumal bei der Leiche Insekten entdeckt worden waren. Der Fundort befand sich in einer ehemaligen Kiesgrube im Leipziger Stadtteil Thekla, die bei den Anwohnern und Kleingärtnern der Umgebung sehr beliebt ist und im Sommer viele Badende anlockt. In der Bevölkerung wird der See kurz »Bagger« genannt. Er ist 4,3 Hektar groß und bis zu zehn Meter tief.

Der See wurde an dem betreffenden Tag wie so oft von Anwohnern, quasi dem harten Kern der Schwimmer, bereits kurz nach Sonnenaufgang in Beschlag genommen. Sie wetteiferten einmal mehr darum, wer morgens zuerst seine Bahnen zog. Dann aber entdeckte einer der Schwimmer plötzlich einen Torso ohne Kopf und Beine, der auf dem Rücken liegend durchs Wasser trieb, und machte einen anderen darauf aufmerksam. Beide Männer begaben sich sofort zurück ans Ufer und verständigten die Polizei.

Rasch stand die Vermutung im Raum, dass der neue Leichenfund mit dem vom April zusammenhing, denn auch dieser Torso war weiblichen Geschlechts und lag in einem Gewässer.

Als ich im Institut ankam, teilte mir der diensthabende Arzt mit, dass der Fund gerade in den Sektionssaal gebracht

wurde. Da die Kriminaltechnik zuerst eine erkennungs-
dienstliche Behandlung durchführen, also Fingerabdrücke
nehmen und DNA-Spuren sichern wollte, entschlossen wir
uns, erst nach dem Mittagessen mit der Sektion zu beginnen.

Während des Essens klingelte das Diensttelefon eines
Kollegen. Er ging ans Telefon, und dann konnte ich beobachten, wie ihm die Farbe aus dem Gesicht wich. »Noch
einer?«, entfuhr es ihm ungläubig.

Nach Beendigung des Telefonats erzählte er uns, dass ein
zweiter Torso am anderen Ende des Sees gefunden worden
war, dieses Mal ein männlicher.

Auf dem Weg zum Sektionssaal sprachen wir das weitere
Vorgehen ab. Ein zweiter Arzt sollte sich auf den Weg zum
Baggersee machen, um die Leichenschau durchzuführen.
Der diensthabende Arzt am Institut sollte mit der Sektion
des ersten Torsos beginnen. Ich blieb ebenfalls im Institut,
um während der Sektion Insektenspuren zu sichern.

Wie sich herausstellte, fehlten beim zweiten Torso ebenfalls Beine und Kopf, nicht jedoch die Arme. Im Hintergrund rollte nun die Ermittlungsmaschine an: Taucher, Leichenspürhunde, Hundertschaften der Suchstaffel und weitere Ermittler wurden zu dem Fall hinzugezogen.

Während am See die zweite Leiche geborgen wurde, begann die Sektion im Institut. Die Spurensicherung war
kurz zuvor mit den erkennungsdienstlichen Maßnahmen
fertig geworden, und die gewonnenen Fingerabdrücke
wurden sofort zum Abgleich ins Labor geschickt.

Ich sicherte während der Obduktion mehrere gold glän-
zende Schmeißfliegen, die ich später als *Lucilia sericata* bestimmen konnte. Diese klebten tot am Körper, waren vermutlich mit dem Leichnam im Leichensack transportiert
worden und dabei gestorben. Eier und Maden fanden sich
keine.

Dies war leicht zu erklären. Der Körper trieb im Wasser, und für die Fliegen bestand dort die Gefahr, dass die Eier gefressen oder weggespült würden. Weibliche Schmeiß-fliegen sind, was derartige Feinheiten bei der Eiablage angeht, sehr vorsichtig und sensorisch gut ausgestattet, um Gefahren für ihren Nachwuchs abzuschätzen, und verzich-ten dann auf die Eiablage. Auch nasse Bekleidung würde sie abschrecken. Dies liegt in erster Linie an der niedrigeren Temperatur, die beim Verdunsten von Wasser entsteht.

Wasserleichen werden deswegen in der Regel nicht von landlebenden Insekten besiedelt. Findet man bei einer Lei-che im Wasser Maden in oder unter der Bekleidung, hat die Besiedlung wahrscheinlich bereits stattgefunden, bevor die Leiche ins Wasser gelangte. Dieses Wissen und die gefun-denen weiblichen erwachsenen Tiere sagten mir, dass die Leiche erst in der Nacht beziehungsweise am frühen Mor-gen die Wasseroberfläche erreicht haben konnte.

Plötzlich erhielt die anwesende Oberstaatsanwältin die Meldung, dass man anhand der Fingerabdrücke eine Iden-tifizierung vorgenommen hatte. Es handelte sich um eine 32-jährige Frau, die aus Tunesien stammte und deren Fin-gerabdrücke bereits im System der Polizei gespeichert wa-ren. Sie hatte mit ihrem Lebensgefährten im Leipziger Stadtteil Volkmarsdorf gewohnt. Die zweite Leiche stellte sich am Ende als die seine heraus.

Umgehend wurden Polizeibeamte zur Wohnung ge-schickt, fanden diese aber verschlossen vor. Nach einer Nottüröffnung wurde die Wohnung von der Kriminaltech-nik in Beschlag genommen. Ich war allerdings nicht dabei, um Insektenspuren während der Sektion zu sichern, doch die Beamten berichteten mir später, dass es dort auffällig nach Putzmitteln und Chlor gerochen habe. Bei genauerer Überprüfung fanden sich in mehreren Räumen Blutstropfen und sogar winzige Fleischfetzen auf Möbelstücken. Es musste sich um den Tatort handeln. Die umfangreiche Sicherung aller Spuren begann. Darüber hinaus gab es noch ein paar Besonderheiten, die ich selbst am nächsten Tag in Augenschein nehmen sollte.

Die Sektion der beiden Torsi dauerte an diesem Tag bis in die frühen Abendstunden. Weitere Körperteile wurden nicht gefunden.

Am nächsten Tag schaute ich mir den Fundort der Leichen an, was allerdings keine neuen Spuren oder Erkenntnisse erbrachte. Der See war mittlerweile weiträumig abgesperrt worden. Dafür waren die Ermittlungen in vollem Gang. Eine Einsatzhundertschaft befand sich am Fundort und suchte alles akribisch ab. Rings um den See verteilt, sicherten Polizeistreifen den Zugang zum Gelände. Mehrere Taucher der Taucherstaffel samt Boot, dazu Leichenspürhunde und mindestens ein Dutzend Kriminaltechniker waren im Einsatz.

Während ich mich wieder auf dem Rückweg ins Institut befand, rief mich der Kommissar der Mordkommission an, der gerade die Spurensicherung in der Tatwohnung betreute, und berichtete mir von einem interessanten Vorfall.

Also fuhr ich direkt dorthin. In der Wohnung waren zahlreiche Spurensicherer in ihre Arbeit vertieft. Eine weitere Gruppe Kriminaltechniker durchsuchte inzwischen sämtliche Mülltonnen der Umgebung nach Spuren. Dabei wurden sie von einem Leichenspürhund unterstützt.

In der Tatwohnung selbst hatte man keine Insekten bemerkt, und auch ich fand dort nichts. Der chemische Geruch und die Sauberkeit machten klar, dass die Wohnung gründlich gereinigt worden war. Die geschlossenen Fenster der Wohnung mussten die Besiedlung der Leichen kurz nach Todeseintritt beziehungsweise während der Zerstückelung zusätzlich erschwert haben.

Ich ging also mit dem Kommissar zur Wohnung, aber der wollte mir als Erstes eine Zeugin vorstellen. Diese wohnte nicht im fünften Obergeschoss, wo die Tatwohnung lag, sondern zwei Etagen darunter.

Nach dem Betätigen der Klingel wurde die Tür erst einen Spaltbreit, dann ruckartig komplett geöffnet. Die Bewohnerin fing sofort im tiefsten Sächsisch an, uns von ihrem Ungemach zu erzählen. Es war eine Schilderung und Tirade, wie sie wohl nur ältere Hausfrauen von sich geben, die etwas sehr Aufregendes erlebt haben. Doch was sie uns berichtete, war für den weiteren Verlauf der Ermittlungen aufschlussreich. Drei Tage vor den Leichenfunden, die Frau hatte gerade mit ihrem Mann zu Mittag essen wollen, schwirrten auf einmal zwei goldene Fliegen um den Suppentopf und versuchten, sich auf das Essen zu setzen. Sie holte also eine Fliegenklatsche und versuchte die Fliegen fernzuhalten. Als sie die Tiere nach kurzem intensivem Kampf besiegt hatte, nahmen sie und ihr Mann Platz, um endlich zu essen, als plötzlich wieder eine Fliege auftauchte, gleich darauf eine weitere.

Die Küche lag direkt neben dem Wohnzimmer. Da dort ein Fenster geöffnet war, wurde dieses als Einfallstor der Fliegenarmada vermutet. Als die Frau das Fenster hinter den langen Gardinen schließen wollte, summte der komplette Vorhang. In Panik schrie sie nach ihrem Mann, der sogleich mit Insektenspray anrückte und damit mehrere Dutzend Tiere tötete.

Völlig entsetzt rief die Frau danach den Hausmeister des Wohnblocks an. Dieser konnte sich auch nicht erklären, woher die Fliegeninvasion kam. Der Biomüll stand auf der anderen Seite des Hauses und war am Vortag geleert worden. Vorsichtshalber hatten die beiden dann das Fenster an diesem Tag geschlossen gehalten.

Am Folgetag aber stellte sich der Ehemann an das geöffnete Fenster. Er war Raucher und paffte eine Zigarette. Plötzlich kam es erneut zu einer Fliegeninvasion. Da das Insektenspray aufgebraucht war, rückte er den Tieren mit Deospray zu Leibe. Vorsichtshalber blieb das Fenster ab diesem Zeitpunkt endgültig zu.

Ich musste mir bei der Schilderung der Zeugin ein Schmunzeln verkneifen. Der Ehemann saß zustimmend brummelnd in sicherer Entfernung auf einem Stuhl in der Küche.

Aufgrund der in der Wohnung herrschenden Sauberkeit und des Ekels vor den Fliegen konnte man mir leider kein Exemplar aushändigen, da alle Fliegenleichen bereits entsorgt worden waren. Wir machten uns also erneut auf den Weg in die Tatwohnung.

Schon vor Betreten der Wohnung roch es intensiv nach Putzmitteln. Bei der kurzen Wohnungsbesichtigung wurde mir klar, woher die Fliegen in der anderen Wohnung kamen. Sie hatten sofort die Reste von der Beseitigung der Leichen (Fleisch- und Fettreste an den Möbeln, Blut an der Wand) wahrgenommen und nach einem Zugang gesucht.

Auf dem Herd stand zudem ein Topf mit einem gekochten Schafskopf und verströmte inzwischen einen durchdringenden Geruch. Dieser sollte vermutlich als Mahlzeit dienen. Doch daraus wurde durch den Zwischenfall, der zum Ableben der beiden Mieter führte, nichts mehr. Gekochte Nahrung benötigt länger, bevor sie von Fliegen besiedelt wird, da das Material den Fliegen zunächst unbrauchbar erscheint. Mittlerweile hatte sich der Schafskopf aber in einen für sie attraktiven Zerfallszustand begeben.

Für Menschen war die beginnende Verwesung nur in der Küche wahrnehmbar.

Die Duftmoleküle aus der Tatwohnung waren also mit den Luftströmungen des Hauses unter der Wohnungstür hindurch, durch das Treppenhaus und nach unten durch das geöffnete Fenster geströmt. Das lockte die Fliegen mit ihren feinen Sensoren an. Dies war die Spur, der sie in die Wohnung der entsetzten Hausfrau gefolgt waren.

Da sämtliche Wohnungstüren im Haus bei einer Sanierung ausgetauscht worden waren, war es den Fliegen nicht möglich gewesen, durch Türspalte oder Schlüssellöcher in die Tatwohnung zu gelangen. So ergaben sich dort, wie zuvor am See, leider keine Hinweise auf eine mögliche zeitliche Einordnung des Todes.

Am darauffolgenden Tag, einem Samstag, wurde ich am Vormittag von den am See tätigen Kommissaren der Mordkommission angerufen. Sie hätten etwas Interessantes entdeckt. Ich solle vorbeikommen. Also fuhr ich wieder zum See.

Die Taucher waren noch mit der Arbeit beschäftigt. Ich erfuhr, dass das verdächtige Seeufer mittlerweile in Suchfelder unterteilt worden war und Feld für Feld in Augenschein genommen wurde. Doch man kam nur langsam voran, dies war der schlechten Sicht im See geschuldet.

Der Grund des Anrufs bei mir war ein großer Reisekoffer. Dieser war von Polizisten bereits am Tag des Leichenfundes in einer Brombeerhecke gefunden worden. Da aber die Leichensuche im Vordergrund gestanden hatte und in der Hecke weder Leichenteile noch mögliches Tatwerkzeug, sondern nur viel Unrat und Müll aufgetaucht waren, war dem Koffer zuerst keine Beachtung geschenkt worden.

Erst bei der Sicherung der restlichen Spuren hatte man

den Koffer geöffnet. Es fanden sich Fliegenmaden in den aus Pappe bestehenden Versteifungen des Koffers. Ein erster, noch junger Leichenspürhund zeigte wenig Interesse. Deshalb konnte nicht mit Sicherheit gesagt werden, ob er mit Leichenmaterial in Kontakt gekommen war.

Zudem wurden Eigelege am Reißverschluss entdeckt. Mir wurde versichert, dass der Reißverschluss vor der Spurensicherung verschlossen gewesen war. Es handelte sich klar erkennbar um die Maden von Schmeißfliegen. Für diese Tiere stellt es bekanntermaßen kein Problem dar, einen Reißverschluss zu überwinden. Durch das fehlende Skelett sind die Tiere im ersten Larvenstadium extrem dehnfähig und elastisch.

Der Grund für die Eiablage der Weibchen am Koffer war bei näherer Betrachtung der Versteifung aus Pappe klar zu erkennen: Das Material war leicht rötlich und bräunlich verfärbt. Hier handelte es sich vermutlich um Blut oder Fäulnisflüssigkeit.

Ein zweiter, älterer und wesentlich erfahrenerer Leichenspürhund kam gerade vom Einsatz in der Tatwohnung zurück und zeigte am Koffer deutlich ein Fundverhalten. Damit war klar, dass der Koffer mit den Leichen in Verbindung stehen musste.

Bei der Dokumentation aller Asservate fiel ein Metallstück ins Auge. Dieses war an der Böschung des Sees gefunden worden und passte zum beschädigten Rahmen des Koffers.

Ich nahm also in der Hoffnung Proben vom Koffer, mithilfe der Tiere den Tatzeitraum und den Zeitraum des Leichentransports bestimmen zu können.

In den folgenden Tagen gelang es der Polizei, einen Tatverdächtigen zu ermitteln und festzunehmen. Es handelte sich dabei um einen Bekannten der beiden Opfer. Der Verdächtige schwieg zu sämtlichen Tatvorwürfen.

Währenddessen hatten sich beim Züchten der Fliegenmaden bestimmbare Larvenstadien entwickelt. Es handelte sich bei allen Tieren um ein und dieselbe Fliegenart, *Lucilia sericata,* also genau die schillernde Schmeißfliegenart, die bereits auf den Torsi gefunden worden war und die am See in den Leichensack geraten war.

Wieder ein paar Tage später hatten sich die kriminaltechnischen Untersuchungen mittlerweile in die Wohnung des vermutlichen Täters verlagert. Ich wurde dorthin gerufen. Es handelte sich bei dem Gebäude um einen unsanierten Altbau mit zugenagelten Fenstern und bröckelndem Putz im gleichen Stadtviertel wie die Opferwohnung.

Im Treppenhaus zeigten sich über mehrere Etagen hinweg die unterschiedlichsten Stadien der Sanierung. Während im Erdgeschoss Schimmel an den Wänden das prägende Bild war, bemerkte ich im ersten und zweiten Obergeschoss wilde Verkabelungen und selbst gebaute Wohnungstüren. Das Gebäude wurde augenscheinlich von vielen Menschen bewohnt, die keine Miete zahlten und sich eine Wohnung »reserviert« hatten. Teilweise waren nur große Bretter vor Wohnungseingänge gekettet worden wie bei einem Verschlag. Der Strom wurde durch die sehr gewagten Konstruktionen vermutlich irgendwo illegal angezapft.

Im dritten Obergeschoss hatte es in einem alten Kanonenofen gebrannt, die Wände waren schwarz verrußt. In allen Räumen türmte sich der Hausmüll. Auch dort hatten die Leichenspürhunde angeschlagen. Man wollte auf Nummer sicher gehen, dass keine Leichenteile versteckt worden waren.

Überall fanden sich leere Hüllen von Fliegenpuppen. Dazu Hühnerknochen, Eierschalen, alte Fleisch- und

Wurstverpackungen und Töpfe mit angebranntem oder verschimmeltem Essen in beachtlicher Menge. Alles, was von den Bewohnern des Hauses nicht mehr benötigt wurde, hatte man offensichtlich im dritten Obergeschoss entsorgt. Ein Traum für jede Schmeißfliege.

Die geschlüpften Tiere fand ich schließlich in der vierten Etage. Die Fenster im dritten Obergeschoss waren verrußt und teilweise zugeklebt. Im vierten waren sie frei und dienten als Lichtquelle.

In dieser Etage war die Sanierung am weitesten fortgeschritten. Sand zur Trittschalldämmung türmte sich in den Räumen, eine neue Eckbadewanne, verschönert durch Graffiti, stand zum Einbau bereit. In den Zimmern lag der Boden voll mit toten, ausgewachsenen Schmeißfliegen. Anscheinend wurden sie von einem für sie günstigen Luftstrom nach oben gelockt und dann vom Licht an die Fenster gezogen, wo sie nach langem Herumsummen starben.

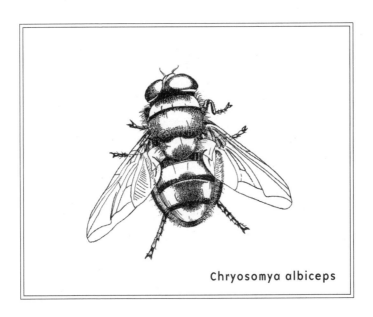

Chryosomya albiceps

191

Überall nahm ich Proben, alle Räume und Details wurden fotografiert.

Die Spurensicherung fand keine weiteren Leichenteile, obwohl sie sich bei ihrer Suche durch wahre Müllberge wühlen mussten. Bei solchen Einsätzen beneide ich die Kollegen nicht um ihre Arbeit.

Für mich waren damit die Außeneinsätze im Fall der beiden zerstückelten Leichen vom Leipziger Bagger eigentlich abgeschlossen. Doch bei der Zucht der Lebendproben fand ich etwas Besonderes heraus: Es schlüpften nicht nur Fliegen aus den Puppenhüllen, sondern auch kleine Wespen.

Da ich in dieser entomologischen Fachrichtung keine tieferen Kenntnisse besitze, konnte ich nur feststellen, dass es sich um parasitoide Wespen handelte. Die weitere Bestimmung dieser Tiere überließ ich einem Spezialisten, der glücklicherweise in der Nähe wohnte. Die Wespen wurden also nach Markkleeberg geschickt und nach kurzer Zeit als Brackwespen der Art *Alysia manducator* bestimmt.

Die Familie der Brackwespen *(Braconidae)* gehört zu der Überfamilie der parasitoiden Schlupfwespen *(Ichneumonidae)*. *Alysia manducator* ist klein, zwischen 2,5 bis 6,5 Millimeter lang und schwarz und besitzt an den Vorderkanten der Flügeladern kleine Verdickungen. Ihre Beine sind gelblich gefärbt. Die weiblichen Wespen legen ihre Eier mit einem Legebohrer in die lebenden Larven von aasbesiedelnden Fliegen ab. Dabei werden sie wahrscheinlich vom Aasgeruch angelockt.

Die Brackwespe scheint eine gewisse Spezialisierung für *Lucilia*-Arten entwickelt zu haben, was daran liegen könnte, dass sowohl die Brackwespe als auch die Schmeißfliege sommerliche Temperaturen bevorzugen.

Die Larven der Wespe fressen in der lebenden Fliegenlarve, bis diese sich verpuppt. Dann fressen sie die komplette Larve auf und verpuppen sich anschließend selbst in der Puppenhülle der Schmeißfliege. Dort überwintern sie auch. Im Frühjahr schlüpfen sie dann durch kleine Löcher aus der Schmeißfliegenpuppe.

Die Ergebnisse meines Gutachtens trugen im Prozess zur Stützung der Erkenntnisse über den Tatablauf bei. Die Fliegenlarven auf dem Torso des Mannes bewiesen, dass zumindest die männliche Leiche am Tag der Leichenfunde die Wasseroberfläche erreicht hatte und an das Seeufer gelangt war.

Dadurch, dass der weibliche Torso über den See trieb und sich permanent im Wasserkontakt befand, hatten die Fliegen keine Möglichkeit, dort ihre Eier abzulegen.

Mithilfe der Fliegenmaden, die im Koffer gefunden worden waren, konnte man den Ablagezeitpunkt sehr genau bestimmen. Dieser lag drei Tage vor der Entdeckung durch die Schwimmer. Über den Tag der Leichenablage sagte ein Zeuge aus, er habe einen Mann im Wasser stehen gesehen, der komische Bewegungen gemacht habe.

Bei den weiteren Ermittlungen kam heraus, dass der Koffer viermal mit öffentlichen Verkehrsmitteln im morgendlichen Pendlerverkehr transportiert worden war, um einzelne Leichenteile zum See zu bringen. Das mag man sich kaum vorstellen, wenn man eine Person mit großem Koffer in einem Bus oder einer Straßenbahn sieht. Kein Wunder, dass der Koffer bereits mit Maden besiedelt war.

Der Täter wurde im September 2017 wegen Mordes in zwei tateinheitlichen Fällen, Raub mit Todesfolge in zwei Fällen, Störung der Totenruhe in zwei Fällen sowie mittelbarer Freiheitsberaubung in zwei Fällen zu einer lebenslänglichen Haftstrafe verurteilt.

Als Mordmotiv wurde Habgier angenommen, da Schmuck und Handys aus der Opferwohnung verkauft worden waren. Zudem wurde die besondere Schwere der Schuld festgestellt. Damit ist es nahezu unmöglich, dass der Täter nach 15 Jahren der Haftverbüßung entlassen wird.

Die Leipziger Stückelmorde zeigen, warum es so wichtig ist, dass Forensische Entomologen Proben sehr schnell sichern und auswerten können. Das gilt besonders für die Insektenspuren an dem Koffer, der im August 2016 zum Leichentransport gedient hatte.

10
ZUFÄLLE, ZWISCHENFÄLLE
UND UNFÄLLE

Was bleibt Menschen, die sich beruflich mit Mord und Totschlag beschäftigen, eigentlich am längsten im Gedächtnis haften? Nicht unbedingt die Morde oder die schweren Straftaten, sondern Fälle, die absurd oder tragisch verlaufen beziehungsweise ungeklärt geblieben sind. Unvernunft, Unwissen oder dumme Zufälle spielten in der Regel dabei eine Rolle. Und meine fleißigen Freunde, die Insekten, die waren immer mit dabei.

Heißes Pflaster

Ein heißer Sommertag in der Stadt. Monika B. nahm beim Einladen ihrer Einkäufe auf dem Supermarktparkplatz einen komischen, süßlichen Geruch wahr und bemerkte die angelaufenen Scheiben des neben ihr geparkten silbergrauen Fahrzeugs. Beim zweiten Blick stellte sie fest, dass innen an der Scheibe Fliegen klebten. Mit einer bösen Vorahnung meldete sie ihre Beobachtung im Supermarkt. Ein Azubi begleitete sie daraufhin zurück zum Auto, um sich ein Bild zu machen.

Als er nachschauen wollte, ob der Pkw verschlossen war, öffnete sich die Tür. Sofort kamen ihm mehrere Dinge entgegen. Als Erstes ein Arm, der von einem aufgeblähten Leichnam Richtung Tür gedrückt worden war. Dem Arm folgten Dutzende brummender Schmeißfliegen, gefolgt von einer Welle des Verwesungsgeruchs. Der Azubi musste sich sofort übergeben und war einem Kreislaufzusammenbruch nahe. Die Wolke des Gestanks breitete sich über den gesamten Parkplatz aus. Was war passiert?

Dieter M. war nach einer längeren Zeit in der Arbeitslosigkeit froh, einen Job bei einem Sicherheitsunternehmen gefunden zu haben. Seine Aufgabe bestand darin, in der Nacht mit einem Dienstwagen verschiedene Supermarktparkplätze und Lieferzonen zu überprüfen. Dabei fuhr er pro Nacht zwei Runden von einem Parkplatz zum nächsten. War die erste Runde geschafft, machte er Pause und begann von vorn.

Dabei fiel ihm in einer Sommernacht ein kleiner silbergrauer Pkw auf einem der Parkplätze auf. Er sah nach, warum dieses eine Auto mitten in der Nacht auf einem großen Supermarktparkplatz stand, und sah, dass ein Mann im Auto schlief.

Nach einem Klopfen an die Scheibe öffnete der Mann die Tür und erklärte dem Wachmann in gebrochenem Deutsch, dass er aus Polen komme und nur eine Nacht hier schlafen wolle. Seine Frau habe ihn hinausgeworfen. Er wolle sich einen Job auf einer Baustelle in Leipzig suchen.

Aus Mitleid und in Erinnerung an seine eigene Scheidung ließ der Wachmann den Camper gewähren.

Einige Zeit später wurde Dieter M. wieder für die Runden über den besagten Supermarktparkplatz eingeteilt. Er stellte fest, dass der Pkw an der gleichen Stelle stand. Der Bauarbeiter hatte sich mittlerweile mit einem Grill und einem Campingstuhl ausgestattet. Auf den Hinweis, dass er nicht dauerhaft auf dem Parkplatz leben könne, erwiderte der Mann, dass er niemanden störe und wirklich nur so lange bleiben wolle, bis er einen Job gefunden habe. Er erzählte dem Wachmann, dass er aus einem kleinen Dorf an der deutsch-polnischen Grenze komme und gelernter Maurer sei.

In den folgenden Wochen entwickelte sich zwischen den beiden Männern eine Art Freundschaft. Auf seinen nächtlichen Runden pausierte der Wachmann häufiger bei dem Polen, brachte ihm Wasser und Lebensmittel vorbei. Er bemerkte, dass zunehmend Alkohol im Spiel war. Während der wilde Camper anfangs nur eine Flasche Bier bei sich stehen hatte, wurde diese bald durch eine Flasche Schnaps ersetzt. Der Mann witzelte, dass er im Sommer das Bier nicht kühlen könne und deshalb auf Schnaps umgestiegen sei.

Die Lage schien sich gebessert zu haben, als Dieter M. eines Nachts den Pkw leer vorfand. Er glaubte, sein neuer Kumpel habe endlich einen Job auf einer der Baustellen der Stadt gefunden. Auch in den folgenden Nächten, die mittlerweile kühler wurden, traf er ihn nicht am Pkw an. Da bekannt war, wem der Wagen gehörte, und da die Supermarktkette daran keinen Anstoß nahm, blieb das Auto, wo es war.

An den heißen Spätsommertagen war an einem Freitag der Supermarktparkplatz bis an den Rand gefüllt. Es war das Ende der Sommerferien. Die Familien kauften für das letzte Ferienwochenende ein. So auch Monika B., der der neben ihr geparkte Wagen seltsam vorkam.

Der erschreckende Fund des Azubis wurde sofort der Polizei gemeldet. Die eingetroffenen Beamten sperrten den Bereich weiträumig ab, und die Spurensicherung trat in Aktion. Im Wagen entdeckten sie mehrere leere Schnapsflaschen, Kleidung, Arbeitsstiefel und einen Grill mit Asche.

Die Leiche befand sich im Zustand der Blähung und klemmte zwischen Vorder- und Rücksitz fest. Vermutlich hatte der Fahrer des Wagens seinen Grill mit in den Wagen genommen, weil die Nächte kälter wurden und er fror.

Was im ersten Moment völlig unvernünftig erscheint, sah wohl nach reichlichem Alkoholkonsum wie eine gute Idee aus. Der Mann war jedenfalls an einer Kohlenmonoxidvergiftung gestorben, wie die Obduktion später ergab. Ein Fremdverschulden konnte ausgeschlossen werden.

Viel wichtiger zur Klärung der Sachlage erschien aber die Frage, wie lange er sich in dieser Lage befunden hatte und ob die Situation eher hätte bemerkt werden können. Das ist natürlich eine Frage, die am besten ein Forensischer Entomologe beantworten kann. In diesem Fall also ich.

Ich wurde gerufen und machte mich an die Arbeit, sobald die Kriminaltechniker mit ihrer Spurensicherung fertig waren.

Bei den reichlich vorhandenen Fliegen und Larven handelte es sich ausschließlich um Vertreter von *Lucilia sericata*. Kein Wunder bei diesem, zumindest tagsüber, heißen Sommerwetter!

Die Larven befanden sich bereits im dritten Larvenstadium. Im Auto konnte die Temperatur bei der Leichenbergung nicht mehr im Ursprungszustand gemessen werden, da sich das Fahrzeuginnere sowohl durch die ungeschützte Sonneneinstrahlung als auch durch die Verwesung aufgeheizt hatte. Die Spurensicherung versicherte mir jedoch, alle Fenster seien verschlossen gewesen.

Der TÜV lieferte uns schließlich Daten darüber, welche Temperaturen, abhängig von der Fahrzeugfarbe, in einem ungelüfteten Pkw entstehen können. Die Werte überraschten: Die Außentemperatur betrug am fraglichen Tag bis zu

36 °C, was eine Temperatur im Innenraum des Wagens von ungefähr 60 °C bedeutete. Da wir zu diesem Zeitpunkt nur über einen Klimaschrank verfügten, der eine Temperatur von maximal 45 °C dauerhaft halten konnte, war die Frage nach dem Larvenalter durch ein Experiment nicht zu beantworten.

Ich ging davon aus, dass die Tiere bei zu heißen Temperaturen in eine Wachstumspause eintreten. Hätten die Temperaturen die Toleranzschwelle überschritten, wären sie abgestorben. Also musste die Temperatur im Fahrzeuginneren durchwegs im für die Fliegen erträglichen Bereich geblieben sein. Die Luftfeuchtigkeit dürfte durch die Verdunstung bei annähernd 100 Prozent gelegen haben. Da Fliegenmaden irgendwann das Limit ihrer Wachstumsgeschwindigkeit erreichen, wurden die Temperaturdaten von Wuchsintervallen bei 34 °C, 36 °C und 38 °C nach oben interpoliert, die Wuchsgeschwindigkeit also rechnerisch ermittelt. So habe ich die Näherungswerte für die Entwicklung bei 40 °C und 42 °C erhalten.

Für die vorliegende Larvenlänge beziehungsweise das vorhandene Fraßstadium errechneten wir bei 40 °C eine Entwicklungsdauer von 36,5 Stunden und bei 42 °C eine Dauer von 36,0 Stunden.

Damit war klar, dass der Mann in der Nacht vom Mittwoch auf den Donnerstag gestorben sein musste. In jener Nacht herrschte eine Durchschnittstemperatur von 11 °C. Wahrscheinlich hatte er deshalb versucht, sich mit der Restwärme des Grills warm zu halten, was ihn am Ende das Leben gekostet hatte.

Bei der weiteren Ermittlung kam heraus, dass er tatsächlich einen Job auf einer Leipziger Baustelle gefunden hatte. Dort war er auch für einige Zeit in einer Wohngemeinschaft von Bauarbeitern untergekommen. Doch nach wenigen

Wochen hatte man ihm wieder gekündigt, und er war zu seinem abgestellten Auto zurückgekehrt.

Nach Abschluss der Ermittlungen wurde seine Leiche nach Polen überstellt.

Tödliche Absätze

Wenn Wohnungsleichen im Stadium fortgeschrittener Fäulnis und Insektenbesiedlung zu mir ins Institut kommen, dann meist aus den Stadtteilen mit einem hohen Anteil an »Wohnsilos«. Schlechte Gerüche im Haus werden in den großen Mietwohnanlagen eher einmal ignoriert. Meist handelt es sich dabei zudem um Gebäude mit hoher Fluktuation bei den Mietparteien, und die Wohnungen werden von großen Immobilienkonzernen oder der Stadt verwaltet.

Der 58-Jährige Eduard K. lebte seit 17 Jahren allein in seiner Wohnung in einem Plattenbau am Stadtrand. Der Frührentner führte dort ein zurückgezogenes Leben. Den Aussagen seiner Nachbarn zufolge, sah man ihn nur sehr selten außerhalb seiner Wohnung. Meist ging er kurz vor Ladenschluss einkaufen, holte seine Post aus dem Briefkasten und unterhielt sich zuweilen und dann immer nur kurz mit ihnen.

Von Montag bis Freitag bekam Herr K. sein Mittagessen durch einen Lieferdienst gebracht. Nachdem er eine ganze Woche lang seine Tür nicht geöffnet hatte, um das Essen entgegenzunehmen, alarmierte der Mitarbeiter des Lieferdienstes seinen Vorgesetzten und dieser die Polizei.

In solchen Fällen sind es tatsächlich meist Pflegedienste oder Essenslieferanten, die merken, dass etwas nicht stimmt.

Die Polizei ließ die Wohnung durch einen Schlüsseldienst öffnen. Es lag eine leblose Person im Wohnzimmer. Das Erstaunen bei der ersten Inaugenscheinnahme war groß, denn der männlichen Leiche waren die Hände mit schweren Handschellen auf den Rücken gefesselt worden. Außerdem gab es eine Blutlache, die wohl von einer Platzwunde am Hinterkopf herrührte. Im Flur lag ein benutztes Kondom.

Diese Fakten gaben den Ausschlag, sofort die Kriminalpolizei zu weiteren Ermittlungen hinzuzuziehen. Die Kriminaltechnik nahm daraufhin umfangreiche Spurensicherungsmaßnahmen in der Wohnung vor.

In einem Raum der Wohnung befand sich eine Werkstatt, in der die komplette Einrichtung eines Schuhmachers zu finden war. Auf Nachfrage bei den Nachbarn gaben diese an, dass Herr K. angeblich gelernter Schuhmacher gewesen sei.

Bei der Inaugenscheinnahme des Leichnams fiel dem Rechtsmediziner auf, dass der Mann zum Zeitpunkt seines Todes ausgefallenes Schuhwerk getragen hatte. Es handelte sich um kniehoch geschnürte Lederstiefel mit 20 Zentimeter hohen Plateauabsätzen. Bei der Entkleidung fiel der Penisring auf, den der Mann trug. Sofort entstand der Verdacht auf ein sexuell motiviertes Tötungsdelikt, und es wurde eine Sektion angeordnet.

Bei der Obduktion stellte man fest, dass eine nur oberflächliche Verletzung bei dem Mann die Kopfplatzwunde verursacht hatte. Diese Art der Verletzung kann tatsächlich sehr stark bluten. Bis auf eine leichte Gefäßverkalkung hatte der Mann keinerlei makroskopische Befunde.

Die Spurensicherung in der Wohnung verlief aufschlussreicher. Auf einem Tisch im Wohnzimmer standen zwei benutzte Weingläser, eines davon halb gefüllt. Neben der

Schuhmanufaktur fand sich eine sehr umfangreiche und nach den Worten der Spurensicherer »gut sortierte« Sammlung mit Pornofilmen in einem Schrank der Werkstatt. Zudem schien sich der Tote darauf spezialisiert zu haben, aufwendige Stöckel- und Plateauschuhe anzufertigen.

Auf dem Wohnzimmertisch lag der Schlüssel für die Handschellen, der mit dem Griff eines Schraubendrehers verlängert worden war, was vermutlich dazu diente, dass Herr K. die Handschellen selbst wieder öffnen konnte.

Im Zuge der molekulargenetischen Auswertungen wurde dann weder am Kondom noch an den Weingläsern Fremd-DNA festgestellt. Somit konnte Fremdverschulden ausgeschlossen werden: Es handelte sich offensichtlich um einen sogenannten autoerotischen Unfall.

Spurensicherung und Rechtsmedizin rekonstruierten den Unfallhergang. Nachdem sich der Mann seine hohen Stiefel angezogen, den vibrierenden Penisring angestellt und die Handschellen geschlossen hatte, wollte er sich wahrscheinlich auf das Sofa setzen. Dabei löste sich die Verklebung der Plateausohle des linken Schuhs. Der Mann stürzte, schlug dabei mit dem Kopf an der Tischkante auf und wurde bewusstlos.

Die Todesursache war bis zu diesem Zeitpunkt unklar. Ein Schnelltest ergab einen extrem niedrigen Blutzuckerspiegel, der anhand des Glucosegehalts der Rückenmarksflüssigkeit festgestellt wurde. Eduard K. starb im Endeffekt also nicht an der Verletzung oder dem Blutverlust, sondern an einer Hypoglykämie, einer Unterzuckerung.

Jetzt kam ich ins Spiel. Da der Mann noch einige Zeit gelebt hatte, sollte ich feststellen, wann genau sein Tod eingetreten war.

Leider entdeckte ich nicht viele Fliegen, die Besiedlung war nur sehr spärlich. Bei geschlossenen Fenstern und

Türen mussten die ausgewachsenen Fliegen eine Weile gebraucht haben, um in die Wohnung zu gelangen. Der wahrscheinlichste Zugang war für mich ein Fenster im Hausflur, das die gesamte Zeit gekippt war.

Die Fliegenmaden in der Nase und an der Kopfplatzwunde des Mannes gehörten zur Art *Calliphora vicina* und befanden sich im zweiten Larvenstadium. Die größten Exemplare waren acht Millimeter lang. Damit hatten sie bei der vorherrschenden, kühlen Raumtemperatur ein Alter von maximal drei Tagen. Der späteste Todeszeitpunkt des Mannes war also der Montag, eher der Sonntag, kalkulierte ich und berücksichtigte dabei die Schwierigkeiten der Fliegen, zur Leiche zu gelangen.

Für mich als Entomologen war der Fall in anderer Weise interessant als für die anderen Ermittler: Die Spurensicherung hatte Bilder von der Lage der Leiche beim Auffinden angefertigt. Darauf war zu erkennen, dass sehr viele kleinere Fliegen auf dem Gesicht und dort primär in der Wangenregion saßen. Da auch diese asserviert worden waren, konnte ich sie als Vertreter der Gattung *Drosophila* identifizieren, es waren also einfache Fruchtfliegen. Auffällig fand ich, dass sich die Tiere nur im Bereich des rasierten Bartes aufhielten.

Die Erklärung dafür entdeckte ich im Badezimmer. Der Verstorbene verwendete zu Lebzeiten ein sehr fruchtig riechendes Aftershave, das wohl die Fruchtfliegen angelockt hatte, ein seltsames Phänomen, das mir in dieser Weise bis dato noch nicht untergekommen war.

Gar nicht so selten

Autoerotische Unfälle mit Todesfolge kommen bei Männern relativ häufig vor. Möglich sind viele Praktiken als Ursache eines spontanen Todes.

Das Einführen von nicht dafür gedachten Gegenständen in den Anus und das Verschwinden der Gegenstände in den dunklen Tiefen des Körpers füllen in deutschen Notaufnahmen vermutlich viele Krankenakten, wobei der betreffende Gegenstand oder eine Verletzung dadurch nicht einmal ausschlaggebend für das Hinscheiden sein muss.

Zusammengefasst gibt es drei Hauptursachen dafür, warum Männer infolge einer autoerotischen Betätigung auf den Sektionstischen der rechtsmedizinischen Institute landen: Erstens die Asphyxie, also die Unterbindung des Sauerstoffkreislaufs zum Gehirn durch Strangulation. Zweitens die Verwendung von Strom zur sexuellen Stimulation. Drittens ungeplante Zwischenfälle beim Bondage, also bei Fesselspielen.

Auch mir ist in meiner Praxis diesbezüglich schon reichlich Absonderliches untergekommen. So fand eines Tages eine Frau ihren leblosen Ehemann nach einer einwöchigen Dienstreise tot im Flur der gemeinsamen Wohnung vor. Meine Bemühungen zur Bestimmung des genauen Todeszeitpunktes blieben vergeblich. Die Fliegen strengten sich umsonst an, ihre Eier abzulegen und ihren Nachwuchs zu platzieren. Obwohl diese Tiere normalerweise in der Lage sind, sich durch die kleinsten Lücken zu pressen, war eine Leichenbesiedlung in diesem Fall ausgeschlossen. Warum?

Der Mann hatte sich, mit Damenslip und Nylonstrumpfhosen bekleidet, in einen Taucheranzug gezwängt. Danach fesselte er sich mit mehreren Seilen um den Oberkörper und knebelte sich mit einem Stoffstück. Über die gesamte

Konstruktion zog er einen zweiten Taucheranzug. Die äußerste Schicht bestand in Fesseln für die Beine. Anschließend setzte er sich eine lederne Kopfmaske auf. Final fixierte er seine Hände mit Handschellen auf dem Rücken. Der Schlüssel der Handschellen lag neben einem aufgeschlagenen Pornoheft im Wohnzimmer.

Diesen Ablauf haben die Rechtsmediziner beim Auspacken der Leiche im Sektionssaal rekonstruiert. Die Todesursache war Ersticken. Man schloss, dass er nach vorn aufs Gesicht gefallen sein musste und dann keine Luft mehr bekam, weil seine Nase von der ledernen Kopfmaske bedeckt wurde. Eine Erklärung dafür, warum er im Flur lag, konnten wir allerdings nicht finden.

Da die Fliegen keine Möglichkeit hatten, die Leiche direkt zu besiedeln, hatten sie zumindest versucht, ihre Eipakete günstig abzulegen. Einige Maden des ersten Larvenstadiums legten davon Zeugnis ab. Doch trotz ihrer Elastizität und ihrer Fähigkeit, sich durch die engsten Ritzen zu zwängen, kamen sie bei ihrem Weg zur Leiche nicht weiter als bis zum inneren Taucheranzug und verendeten dort. So war es mir in diesem Fall ausnahmsweise einmal nicht möglich, die Todeszeit einzugrenzen.

Der in meinen Augen mit Abstand verrückteste Unfall im autoerotischen Bereich im Zusammenhang mit Fliegenmaden wurde jedoch vor einiger Zeit in einer wissenschaftlichen Fachzeitschrift veröffentlicht. Unter dem Titel »Harnstauung mit Fornixruptur durch Schmeißfliegenlarve« publizierten die Autoren um Dr. Linbecker einen Fall, wie ihn vermutlich nur wenige Kollegen zu Gesicht bekommen.

Ein männlicher Patient mittleren Alters stellte sich mit rechtsseitigen Unterbauchschmerzen in einer Notaufnahme vor. Er gab an, dass er sich in autoerotischer Absicht eine Made in die Harnröhre eingeführt habe. Beim Urinieren sei diese aber nicht wieder zum Vorschein gekommen.

Vermutlich aufgrund der schieren Unbegreiflichkeit des Sachverhalts wurde von den Notfallmedizinern ein Psychiater hinzugezogen. Auf dessen Nachfragen gab der Patient an, dass er seit dem vierten Lebensjahr mit Maden experimentiere und dies zunehmend zu einer erotischen Obsession geworden sei. Es stellte sich außerdem heraus, dass der Patient alkoholabhängig war.

In der Folge konnte dem Patient eine Fliegenmade der Gattung *Calliphora* mittels Endoskopie aus der Harnblase entfernt werden. Dass die Fliegenmade überhaupt durch die ungefähr 20 Zentimeter lange Harnröhre in die Blase gelangen konnte, liegt an ihrem Körperbau und ihrer Unfähigkeit, sich rückwärts zu bewegen. Durch die an den Körpersegmenten befindlichen kleinen Haken, die nach hinten ausgerichtet sind, ist gerade auf weichem Untergrund nur eine Vorwärtsbewegung möglich. Dies lässt in der Harnröhre nur den Weg nach oben offen. Da sich die Blase durch die Blockade des Ausgangs mit der Made zunehmend mit Flüssigkeit füllte, starb die Made jedoch ab, und es kam zu einer schmerzhaften Harnstauung.

Dem genesenen Patienten wurde eine psychologische Behandlung empfohlen.

11
DAS GEHT UNTER DIE HAUT

»Warum in die Ferne schweifen? Sieh, das Gute liegt so nah.« Als Johann Wolfgang von Goethe diese Worte niederschrieb, war an eine Flugreise, beispielsweise nach Südamerika, noch nicht zu denken. Heute aber sind solche Ausflüge ja problemlos und jederzeit möglich. Fernreisen bringen ebenfalls Arbeit für unser Institut mit sich, bei der mein entomologisches Wissen gefragt ist – und oft handelt es sich dann tatsächlich um Spezialwissen. Aber auch in der heimischen Umgebung ereignen sich ab und zu unerklärliche Zwischenfälle, bei denen wir nach besten Kräften den Ärzten helfen herauszufinden, wer der Übeltäter ist, der die Beschwerden bei den Patienten verursacht hat.

Da fast alle Beteiligten an den hier geschilderten Vorfällen noch leben, verzichte ich auf die Nennung von Zeit und Ort.

Unangenehmes Mitbringsel

Wenn man eine längere oder besonders eindrucksvolle Reise gemacht hat, landet das eine oder andere Souvenir im Reisekoffer. Die Souvenirs, die für mich interessant sind, durchlaufen die Flughafenkontrollen und den Zoll allerdings meist nicht im Koffer, sondern zuweilen sogar unter der Haut eines Menschen. Die Rede ist von Dasselfliegen *(Oestridae)*.

In einem Fall, der mir noch lebhaft in Erinnerung ist, machte ein Mann eine Dienstreise durch Guatemala und wurde dort von Mücken gestochen. Eine Woche später war er wieder zu Hause und beklagte sich bei seiner Frau, er höre nachts in seinem Kopf ein Knirschen und ein schabendes Geräusch, das immer stärker werde. Seine Frau glaubte zuerst an eine psychische Beeinträchtigung.

Einer seiner Mückenstiche bildete mittlerweile eine beachtliche Beule auf seinem Hinterkopf, während alle anderen Stiche bereits wieder abgeheilt waren. Die Ehefrau bestand auf einem Besuch in der Klinik.

In der Notaufnahme wurde er zuerst an eine Dermatologin verwiesen, die wiederum einen Tropenmediziner hinzuzog. Gemeinsam entfernte man eine Made aus der Beule und schickte sie mir zur Bestimmung. Es handelte sich tatsächlich um eine Dasselfliegenmade der Art *Dermatobia hominis*. Der Patient hatte nach der Entfernung seines Sou-

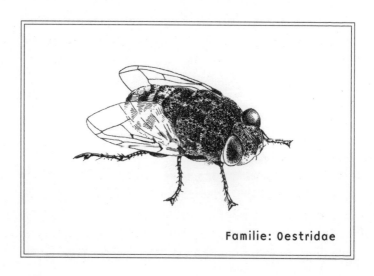

Familie: Oestridae

venirs keine Beschwerden mehr. Woher aber stammte das seltsame Geräusch?

Nun, Dasselfliegen sind weltweit verbreitet. Speziell in Südamerika leben Arten, die sich den Menschen als Wirt, also als Zielorganismus, ausgesucht haben. Vor den bisher in Europa heimischen Arten muss man als Mensch keine Angst haben. Zwar befallen einige als sogenannter Gelegenheitswirt oder Fehlwirt auch den Menschen, können sich aber aufgrund der Abwehrreaktion des menschlichen Körpers nicht entwickeln und verlassen die Einstichstelle in der Haut nach kurzer Zeit wieder.

Anders sieht es bei der Art *Dermatobia hominis* aus. »Derma« steht dabei für Haut, »tobia« für Leben und »hominis« für den Menschen. Damit erklärt der Name schon alles, was man wissen muss.

Anstatt selbst auf dem Menschen zu landen und Eier abzulegen, fängt die befruchtete weibliche Dasselfliege eine Stechmücke oder eine blutsaugende Fliege aus der Luft und legt auf dieser ein Ei ab. Dieses Tier findet früher oder später den Weg auf einen Menschen.

Die weiblichen Mücken und Fliegen benötigen Blut, um Eier ablegen zu können. Sobald die Transportinsekten auf dem Menschen landen, reagiert die Made im Ei auf die Körpertemperatur und schlüpft. Manchmal wird das Ei auch beim Kontakt mit dem Menschen vom Transporttier abgestreift und schlüpft später.

Die Fliegenlarve hat in ihrem ersten Larvenstadium den Vorteil, dass bereits eine Eintrittspforte durch den Mückenstich besteht. Allein auf sich gestellt, dauert es länger, bis sie sich in die Haut graben kann, und es besteht die Gefahr, dass sie dabei vom Wirt bemerkt wird.

Die gesamten drei Larvenstadien über verbringt sie dann allerdings in einer Höhle in der Haut des Wirts. Dabei nimmt sie stetig zu und erreicht am Ende des dritten Stadiums eine Länge von bis zu 2,8 Zentimetern. Abwehrreaktionen des Wirtskörpers kontert sie mit einer entzündungshemmenden Absonderung.

Die für die Maden der meisten Fliegen charakteristischen Haken an den Körpersegmenten sind bei Dasselfliegen zu vergleichsweise langen Widerhaken entwickelt, was eine Entfernung erschwert. Am Ende der Nahrungsaufnahme presst sich die Made durch das stets offene Luftloch auf der Hautoberfläche, lässt sich zu Boden fallen und verpuppt sich dort.

Nach ein paar Wochen schlüpfen die ausgewachsenen Fliegen nach der Metamorphose zum ausgewachsenen Tier und suchen sich einen Geschlechtspartner. Dabei zehren die Tiere nach wie vor von der Energie, die sie im menschlichen Körper aufgenommen haben, und fressen in dieser Zeit nicht.

Ist man von einer Hautdasselmade befallen, gibt es eine einfache Möglichkeit, sie wieder loszuwerden. Dadurch, dass die Larve, wie alle anderen Fliegenlarven auch, ihre Hauptatemöffnung am Hinterleib hat und diesen stetig in Richtung des Luftloches hält, genügt es, dieses Atemloch mit Vaseline und einem Pflaster für etwa 15 Minuten zu verschließen. In dieser Zeit versucht die Larve weiter in Richtung der Atemöffnung zu kriechen und schiebt ihren Hinterleib durch die Vaseline. Entfernt man nun das Pflaster, lässt sich der Hinterleib mit einer Pinzette packen. Jetzt kann man das Tier langsam und vorsichtig durch das Atemloch herausziehen. Nun ist Vorsicht geboten. Der Körper der Made darf keinesfalls zerreißen.

Falls die Larve doch zerreißen sollte, ist eine kleine OP notwendig, um das komplette Tier zu entfernen, die Wunde zu reinigen und zu schließen. Bleibt das Tier ganz, verheilt der Bereich des Atemlochs mit der entstandenen Beule in der Regel komplett. Befallene Stellen reichen vom Hoden über die Augen bis zu den Ohren und der Kopfschwarte.

In sehr schlimmen Fällen werden die Fontanellen von Säuglingen besiedelt, dabei kann das Gehirn befallen werden. Diese Fälle benötigen natürlich zwingend eine ärztliche Behandlung.

Ein gefundenes Fressen

Anfragen aus dem Gesundheitsbereich an unser Institut kommen zwar meist aus der Tropenmedizin, aber auch aus Notaufnahmen, Hautkliniken oder Instituten für Mikrobiologie. Die Fragestellung ähnelt sich: »Was ist das?«, lautet die mit Abstand häufigste Frage. Den erstaunten und zuweilen angewiderten Tonfall dürfen Sie sich gerne dazu vorstellen.

So wurde eines Tages ein stark übergewichtiger Patient in eine Notaufnahme eingeliefert. Er war gestürzt und hatte sich den Oberschenkel gebrochen. Während er operiert wurde, musste eine Schwester seinen Bauch zur Seite halten, damit die Operateure genug Platz zum Arbeiten hatten. Eine halbe Stunde nach Beginn der Operation bemerkte sie, dass kleine Maden auf dem Bauch des Patienten erschienen. Darauf aufmerksam gemacht, unterbrachen die Operateure ihre Arbeit und hoben die Bauchfalte an. Was sie dort sahen, muss erschreckend gewesen sein.

Unbemerkt vom Patienten hatte sich ein Hautstück durch den Druck des Gewichts entzündet und wurde nicht mehr durchblutet. Befördert durch die Körpertemperatur konnten Tiere diesen Bereich innerhalb kürzester Zeit unbemerkt besiedeln. Schließlich handelte es sich um abgestorbenes Gewebe, ein gefundenes Fressen für Fliegen.

In Fällen, in denen Wunden, Wundverbände und nicht gewechselte Windeln besiedelt werden, spricht man von einer unechten Myiasis, also »unechtem« Fliegenbefall. Die Fliegenmaden sind natürlich trotzdem da. Wird ein gesunder Körper befallen, spricht man von einer echten Myiasis. Der Wortstamm kommt aus dem Griechischen. *Myia* bedeutet Fliege.

Ein Dasselfliegenbefall der Haut ist eine echte Myiasis, wogegen der gerade beschriebene Patient eine unechte Myiasis entwickelt hatte.

Wir stellten bei uns im Institut fest, dass es sich bei den Maden um Larven von *Lucilia sericata* handelte. Die Tiere befanden sich im frühen zweiten Larvenstadium. Der Besiedlungszeitraum betrug daher maximal zwei Tage. Die Besiedlung durch die Tiere musste also bereits vor dem Sturz stattgefunden haben, und das Krankenhaus konnte glücklich ausschließen, in irgendeiner Weise damit im Zusammenhang zu stehen, was aus medizinischen Gründen naturgemäß amtlich bestätigt werden musste.

Es wurde zudem festgestellt, dass der Patient dehydriert war, einen chronischen Diabetes hatte und infolge dieser Schwächung gestürzt war. Die Fliegenmaden wurden entfernt, der betroffene Hautbereich gereinigt und versorgt.

Glück im Unglück

Mit *Lucilia sericata* bekam ich auch im folgenden Fall zu tun, der für mich ziemlich ungewöhnlich war. Wir wurden mit den Untersuchungen einer alten Dame aus einem Pflegeheim beauftragt, die bereits eine kleine Odyssee hinter sich hatte: Die demente ältere Frau war eines Tages aus ihrem Wohnbereich verschwunden. Da vermutet wurde, dass sie sich noch in der Nähe befinden könnte, wurde mit speziellen Suchhunden und sogar mit einem Hubschrauber nach ihr gefahndet. Ohne Erfolg.

Solche Fälle sind sehr schwierig einzuschätzen. Ab und zu kommt es leider vor, dass die Personen tot aufgefunden werden. Im vorliegenden Fall war der Sommer bereits weit fortgeschritten, und die Nächte waren sehr kühl.

Zwei Tage später entdeckten Straßendienstmitarbeiter dann auch eine leblose Frau mitten auf einem Acker, kilometerweit vom Pflegeheim entfernt. Es handelte sich tatsächlich um die Vermisste. Der herbeigerufene Notarzt konnte sie stabilisieren und in die nächste Klinik einliefern.

In der Notaufnahme wurden alle nötigen Maßnahmen durchgeführt. Sie war stark dehydriert, orientierungslos und entkräftet. Außerdem klagte sie über Schmerzen im Ohr.

Bei der Untersuchung zeigte sich ein erschreckendes Bild. Der komplette Gehörgang wimmelte von Fliegenmaden, und bei einer genauen Inaugenscheinnahme des Kopfes wurden auch an und in der Nase Fliegenmaden festgestellt. Daraufhin wurde die Patientin in eine spezialisierte HNO-Abteilung überwiesen.

Man spricht übrigens bei einem Befall des Ohres von einer Otomyiasis, bei einem Befall der Nase von einer Nasopharyngealen Myiasis.

In der Spezialklinik konnten zum Glück sämtliche Fliegenmaden entfernt werden, und die Frau erholte sich rasch. Die Frage blieb, welche Fliege da eine Heimat gesucht hat. Die Maden wurden prompt an mich geschickt. In der Zucht wuchs aus dem festgestellten ersten Larvenstadium bald auch das zweite und dritte heran, und ich erkannte, dass es sich um Vertreter von *Lucilia sericata* handelte, unserer altbekannten, da bei uns in Stadtnähe am häufigsten vorkommenden Fliege.

Doch damit war mein Auftrag nicht beendet, denn es musste noch die Zeit des Befalls festgestellt werden. Durch die Dokumentation im Pflegeheim wusste man, dass die Frau weder eine Verletzung an oder in der Nase oder im Ohr gehabt hatte, als sie verschwand. Somit gingen wir von einer echten Myiasis aus.

Bei der Nachsorgeuntersuchung wurde ein vertrockneter Wundrest entfernt und ebenfalls an mich übersandt. Unter dem Mikroskop sahen wir darin die Eihüllen, aus denen die Maden geschlüpft waren. Bei einer Körpertemperatur von 37 °C wachsen die Tiere innerhalb von wenigen Stunden heran, was bestätigte, dass die Frau sich während ihres Umherirrens wohl infiziert hatte.

Da die Frau am Vormittag gefunden wurde, ging ich nach Beweislage von einer Besiedlung am warmen Nachmittag des Vortages aus, also einen Tag nach ihrem Verschwinden.

Man vermutete, dass die Frau sehr schwach gewesen war und die Fliegen deshalb angelockt worden waren, da sie für diese quasi im Sterben lag – erneut ein Beweis für die herausragende Sinnesleistung der Schmeißfliegen.

Ein paar Stunden später wäre es für die Frau aus medizinischer Sicht tatsächlich zu spät gewesen. Sie hatte Glück, dass sie gefunden wurde.

Fehlender Nachweis

Strafrechtlich relevant für Polizei und Staatsanwaltschaften sind Fälle von Vernachlässigung eines Pflegebedürftigen. Meist sind die Betroffenen ältere Menschen, manchmal aber auch Kinder, was dem Geschehen einen zusätzlich bitteren Beigeschmack verleiht. Durch den fortschreitenden demografischen Wandel und die damit einhergehende Verschiebung in der Altersstruktur der Gesellschaft rechne ich damit, dass es für unser Institut in Zukunft nicht weniger, sondern eher mehr dieser Fälle geben wird.

Eine betagte Frau wurde nach dem Tod ihres Ehemanns zu Hause gepflegt. Sie bewohnte weiterhin die ehemals gemeinsame Wohnung und wollte diese auch nicht verlassen, solange es einigermaßen ging, wie sie selbst sagte. So kam anfänglich einmal am Tag der ambulante Pflegedienst.

Als die Frau dann einen Schlaganfall erlitt und mehr Zuwendung benötigte, erklärte sich eine Tochter bereit, die Pflege vollständig zu übernehmen. Sie wohnte mit ihrer Familie nicht weit weg und war ohnehin gerade ohne Arbeit. Die anderen drei Kinder der Pflegebedürftigen stimmten dieser Regelung zu.

Nach dem Schlaganfall vergingen einige Monate, bis sich eines Tages eine Nachbarin wunderte, dass sie trotz der anfänglichen Besserung des Allgemeinzustands lange nichts mehr von der Frau gehört hatte. Sie machte sich also auf den Weg zum Nachbarhaus und schaute durch das Wohnzimmerfenster.

Durch das gekippte Fenster schlug ihr ein beißender Geruch entgegen. Die alte Frau lag auf dem Fußboden und reagierte nicht auf die Rufe der Nachbarin, die daraufhin den Notarzt alarmierte. Was danach passierte, schilderte mir ein beteiligter Rettungssanitäter.

Die Wohnung wirkte bis auf Küche und Wohnzimmer völlig unbenutzt und aufgeräumt. Das Sofa, auf dem die Frau augenscheinlich mehrere Tage, vielleicht sogar Wochen, gesessen hatte, war mit Kot verschmiert und stank nach Urin. Überall in der Wohnung standen leere Verpackungen von Fertiggerichten. Die Frau befand sich in einem so schlechten Zustand, dass sie sofort in einer Klinik intensivmedizinisch versorgt werden musste.

Sie hatte ein Gangrän, also totes Gewebe, am rechten Fuß und am Unterschenkel. Zudem wies sie bereits zwei tiefe Druckgeschwüre, auch bekannt als Dekubitus, am Gesäß und im Lendenbereich auf. Die Ärzte stellten außerdem fest, dass sie seit dem letzten Klinikaufenthalt einen weiteren Schlaganfall gehabt haben musste.

Wie sich herausstellte, waren sowohl die Gangräne als auch die Druckgeschwüre mit Fliegenmaden besiedelt, ebenso das Sofa mit den Kotanhaftungen und viele der Essensreste in der Küche.

Durch den zunehmend schlechteren Zustand nach dem zweiten unbemerkten Schlaganfall war die Tochter der Frau offensichtlich mit deren Pflege überfordert gewesen. Ob sie das aus Scham verschwiegen hatte oder weil sie das Pflegegeld der Mutter für sich beanspruchen wollte, wurde nicht abschließend geklärt und auch keine forensisch-entomologische Begutachtung in Auftrag gegeben.

Im Krankenhaus musste der rechte Fuß der Frau aufgrund des schlechten Zustandes amputiert werden. Von dem Schlaganfall und seinen Folgen erholte sie sich nicht mehr und starb ein halbes Jahr später in einem Pflegeheim an einer Lungenentzündung.

Nun wurde ich hinzugezogen, um beurteilen zu können, ob die Besiedelung mit Fliegenmaden schon länger zurücklag: Wie lange hatte sich niemand um die Frau gekümmert?

Ich stellte fest, dass die Fliegenmaden am Gangrän bereits größer waren und das dritte Larvenstadium erreicht hatten. Dies spricht dafür, dass die Besiedlung schon länger zurücklag. Da die Frau vermutlich durch den zweiten Schlaganfall nicht mehr hatte sprechen können, konnte sie zudem auf ihre Schmerzen nicht hinweisen.

Die Tochter wurde lediglich für die Nichteinhaltung des Vertrages mit der Pflegeversicherung belangt, weil der Tod ihrer Mutter nicht direkt mit der Vernachlässigung in Verbindung gebracht werden konnte.

Da die verantwortliche Staatsanwaltschaft kein Gutachten zum Madenalter anforderte, wird ungeklärt bleiben, wie viel Zeit die Frau tatsächlich in diesem Zustand in der Wohnung verbracht hatte.

Gerade in solchen Fällen finde ich es wichtig, zur Klärung der Sachverhalte eine vollständige Spurensicherung durch die Polizei vornehmen zu lassen. Dadurch, dass nur der Rettungsdienst mit dem Notarzt in der Wohnung war und keine Polizei eingeschaltet wurde, blieb diese »Tat« ungeahndet. Wir alle sollten in solchen Fällen auch daran denken, dass nicht nur Todesfälle eine Spurenasservierung notwendig machen können.

12
DIE FLIEGE UND DIE BLACKBOX

Die Liegezeitbestimmung ist nicht nur die Aufgabe der Forensischen Entomologie. Die Kollegen der Rechtsmedizin haben diverse Möglichkeiten, in den ersten Stunden nach dem Todeseintritt die Leichenliegezeit näher einzugrenzen.

Vielen Menschen ist wahrscheinlich gar nicht bewusst, dass sie eine kleine Blackbox mit sich herumtragen, die Hinweise auf den Todeszeitpunkt liefern kann. Diese Blackbox ist als Herzschrittmacher bekannt. Während die Geräte schrumpfen, werden ihre Speichermöglichkeiten immer größer. Und damit auch die Möglichkeit, den entscheidenden Hinweis in schwierigen Ermittlungsfällen zu liefern.

Entscheidender Hinweis

Ein Frau ist tot im Wald aufgefunden worden: Der Anruf zum Einsatz ereilte mich kurz vor dem Schlafengehen. Der Kollege der Rechtsmedizin war schon auf dem Weg zu mir. Vermutlich ein Tötungsdelikt, beschrieb er mir die Situation. Also packte ich meine sieben Sachen, stieg zum Kollegen ins Auto, und wir fuhren zum Einsatzort.

Ilse W. war seit über 40 Jahren mit ihrem Ehemann verheiratet. Das Paar hatte drei Kinder und mittlerweile sieben

Enkelkinder. Sie wohnten in einer Kleinstadt im Zentrum von Sachsen und führten nach außen hin ein beschauliches Leben. Allerdings, so erfuhren wir direkt beim Eintreffen von der Polizei, war der Ehemann seit jeher gewalttätig gegenüber Frau und Kindern.

Während wir das Auto parkten, fiel uns in einem Waldstück in der Nähe des Örtchens ein riesiger Lichtkegel auf. Die Feuerwehr und das Technische Hilfswerk hatten dort die Nacht zum Tag gemacht. Lichtschein über und mitten im dichten Bewuchs: So etwas sieht schon sehr beeindruckend aus.

Polizisten informierten die verantwortliche Kommissarin von unserer Ankunft. Bald bewegte sich eine weiße Gestalt im Tatortoverall aus dem Lichtkegel in unsere Richtung und verschwand dann in der unbeleuchteten Dunkelheit, um kurze Zeit später vor uns zu stehen. Die Kommissarin brachte uns auf den neuesten Stand der Dinge und erzählte das bisher Bekannte.

Die im Wald gefundene Frau galt seit zwei Tagen als vermisst. Sie hatte das Haus verlassen, ohne jemandem Bescheid zu sagen. Nachbarn hatten gesehen, wie sie im Spaziertempo in Richtung des Friedhofs gegangen war.

Weil sie nicht nach Hause zurückkehrte, informierte später eine Tochter, die in der gleichen Straße wohnte, die Polizei. Man führte daraufhin im kleinen Umkreis eine Suchmaßnahme durch.

Die Tochter erzählte der Polizei außerdem, dass es im Haus der Eltern Schusswaffen gab. Sie machte sich ernsthaft Sorgen, da sie aus eigener Erfahrung wusste, wie aggressiv ihr Vater werden konnte, wenn er getrunken hatte.

Der Ehemann der Verschwundenen wurde befragt, gab aber an, dass er nichts wisse.

Nachdem die Polizei die Vermisstenanzeige aufgenommen hatte, begann die Tochter der Vermissten mit ihrer eigenen Tochter auf eigene Faust die Suche.

In dem nun so hell erleuchteten Waldstück hatte die Enkelin die leblose, zum Teil entkleidete Großmutter aufgefunden. Umgehend meldete sie dies der Polizei, woraufhin der Ehemann der Toten festgenommen wurde und die Kriminalpolizei die Ermittlungen übernahm.

Währenddessen wurde von der Leitstelle ein Notarzt losgeschickt, der aber aufgrund der parallel stattfindenden polizeilichen Arbeit nur den Tod feststellte und auf eine Platzwunde am Kopf verwies. Weil die Leiche teilweise entkleidet war, eine offensichtlich traumatische Verletzung am Kopf aufwies und wegen der Berichte über häusliche Gewalt zog man zudem den Rechtsmediziner und mich hinzu, denn es galt, die Liegezeit zu bestimmen.

Für die Liegezeitbestimmung gibt es neben der Entomologie noch andere Möglichkeiten, die vor allem bei kurzen Liegezeiten sehr verlässlich funktionieren. Wenn nach dem Tod die Körpertemperatur nicht mehr aufrechterhalten werden kann, fällt diese bekanntlich im Laufe der Zeit auf die Umgebungstemperatur ab.

Dieser Fall trug sich im Hochsommer zu, und ich ermittelte zunächst einmal die in der Nacht herrschenden Temperaturen. Kurz nach Mitternacht waren noch immer 20 °C bei einer sehr hohen Luftfeuchtigkeit von 87 Prozent gemessen worden.

Die Festbeleuchtung lockte alle Insekten aus dem näheren Umkreis an, was unsere Arbeit erschwerte, denn mitten in der Nacht schwirrten vor unseren Augen tagaktive Fliegen, Schmetterlinge und Wespen um die Leiche herum.

Natürlich gab es auch viele Mücken, die den Einsatz zusätzlich beschwerlich machten. In solchen Situationen bin ich immer froh über den Tatortoverall. Die Kollegen der Feuerwehr und des Technischen Hilfswerks hatten diesen Schutz nicht und wurden permanent von den Blutsaugern bedrängt, denn das Wäldchen befand sich in einer Zone mit Stauwasser. Das Grundwasser stand nur ungefähr 30 Zentimeter unterhalb der Oberfläche. Weiden, Pappeln und Erlen wuchsen überall, und auch das Unterholz war mannshoch und bestand zum großen Teil aus Brennnesseln, von denen der Großteil zum Glück bereits durch die Feuerwehr beseitigt worden war.

Am Leichenfundort fiel uns als Erstes auf, dass die vermeintliche Platzwunde am Kopf lediglich eine frühe Erscheinung der einsetzenden Verwesung war. Die Oberhaut hatte sich von den tieferen Hautschichten gelöst und eine Blase gebildet, in die bereits die ersten Fliegenlarven eingedrungen waren. Im Hüftbereich entdeckten wir ähnliche »Wunden«.

Die Leiche lag auf dem Rücken, Hose und Schuhe fehlten. Die Beine waren angewinkelt und mit beiden Füßen auf dem Boden aufgestellt. Bei einer derartigen Haltung ist der erste Impuls, ein Sexualdelikt zu vermuten. Der Boden unter den Füßen war aufgewühlt, was uns an Abwehrbewegungen denken ließ.

Bei der näheren Betrachtung machte ich eine interessante Beobachtung. Die Fliegenmaden des ersten Larvenstadiums hatten den kompletten Kopf besiedelt, aber das Gesicht maskenartig ausgelassen. Dort fanden sich nur sehr wenige Tiere. Lediglich in den Augen konnte ich in größerer Zahl frische Eipakete entdecken.

Bei der Begutachtung durch den Rechtsmediziner fanden sich keine Verletzungen oder Hinweise auf einen Kampf. Damit konnte bei der äußerlichen Leichenschau kein Hinweis auf ein Fremdverschulden gefunden werden.

Die Totenflecke befanden sich deutlich ausgeprägt auf der Körperrückseite und lagegerecht zur Leichenposition. Sie ließen sich mit dem Daumen nicht mehr, jedoch teilweise immer noch mit einer Pinzettenkante wegdrücken. Demnach zeigten sie eine Liegezeit zwischen 20 und 36 Stunden an.

Als Nächstes beschäftigte sich der Rechtsmediziner mit der Ausprägung der Leichenstarre. Durch die Position der Leiche war klar, dass die Leichenstarre ausgeprägt sein musste. Sie entsteht infolge der ausbleibenden Stoffwechselreaktionen der Muskeln, was zu einer Verhärtung und Fixierung des Körpers in der Sterbeposition führt. Sie beginnt meist im Kiefergelenk, bildet sich nach und nach in allen anderen Gelenken aus und setzt nach zwei bis vier Stunden ein und ist nach acht Stunden im ganzen Körper ausgeprägt. Sind die beteiligten Stoffe im Körper nach der Zersetzung abgebaut, löst sich die Starre nach zwei bis vier Tagen wieder, abhängig von der Lufttemperatur. Je kälter es ist, desto länger hält sie an.

Bei der gefundenen Leiche war die Starre voll ausgeprägt und hatte sich noch nicht wieder gelöst. Aufgrund der warmen Temperaturen konnte jedoch kein genauerer Todeszeitpunkt ermittelt werden, denn aufgrund der am Tag herrschenden Temperaturen betrug die Kerntemperatur der Leiche, die mit einem langen Thermometer im Mastdarm gemessen wird, immer noch 37 °C.

Alle herkömmlichen Methoden zur genauen Bestimmung des Todeszeitpunktes blieben also mehr oder weniger ergebnislos. Eine Sektion wurde angeordnet.

Da es mittlerweile fast ein Uhr morgens war und der Verdacht auf eine Straftat nicht erhärtet wurde, konnte die Obduktion erst neun Stunden später durchgeführt werden. Dabei fand man am Herzen Zeichen von Bluthochdruck und eine Störung der Nierenfunktion.

Eine postmortale biochemische Analyse wies auf ein akutes Nierenversagen hin. Dieses wurde auch mikroskopisch in den feingeweblichen Präparaten festgestellt, die für die Feststellung ebensolcher Krankheitsbefunde angefertigt worden waren. Zeichen für eine Vergiftung durch Alkohol oder Drogen konnte die Toxikologie nicht finden. Ebenso gab es keine traumatischen Verletzungen. Diese Befunde wurden an die Kriminalpolizei weitergegeben.

Der Ehemann, der die Nacht in einer Zelle verbracht hatte und deswegen außer sich war, wurde entlassen – schließlich war kein Anzeichen für Fremdverschulden an der Leiche entdeckt worden. Da es jedoch Widersprüche zwischen Leichenliegezeit beziehungsweise Todeszeitpunkt und den Aussagen des Ehemanns gab, sollte ich einen entomologischen Versuch unternehmen, die Liegezeit zu bestimmen.

Dazu wurden ein weiteres Mal Fliegenlarven von der Leiche entnommen. Mittlerweile hatten sie das zweite Larvenstadium erreicht. Zusätzlich wurde der Herzschrittmacher der Frau zur Auswertung an einen Kardiologen geschickt.

Die von mir gefundenen Tiere waren zum Teil als Tot- und zum Teil als Lebendprobe entnommen worden. Noch in der Nacht wurden die lebenden Larven des ersten Stadiums in einem Klimaschrank zur weiteren Zucht vorbereitet. Die Tiere zählten allesamt zu nur einer Fliegenart, *Lucilia illustris,* einer kleinen, grün-golden schimmernden Schmeißfliegenart.

Die Durchschnittstemperatur im fraglichen Zeitraum lag bei ungefähr 27 °C. Durch die sehr heißen Temperaturen von bis zu 38 °C tagsüber musste ich mit einem sehr schnellen Wachstum rechnen. Zwischen Eiablage und dem Schlupf der Tiere konnten nur wenige Stunden vergangen sein.

Durch die gesicherten Tiere des ersten und zweiten Larvenstadiums konnten wir uns beim Todeszeitpunkt schließlich auf einen Zeitraum zwischen 10 und 13 Stunden vor dem Leichenfund festlegen. Das bedeutete, dass die Frau in den Vormittagsstunden des Fundtages verstorben war und zwischen ihrem Verschwinden und dem Ableben einen ganzen Tag über allein unterwegs gewesen sein musste.

Beim Herzschrittmacher konnte der Spezialist die Daten einer intakten Aufzeichnung auswerten. Diese zeigte, dass es am Tag des Verschwindens zu einer ventrikulären Tachykardie gekommen war, einer gefährlichen Herzrhythmusstörung. Schließlich war 14 Stunden vor dem Leichenfund vom Schrittmacher eine weitere lebensgefährliche Herzrhythmusstörung verzeichnet worden. Das letzte Lebenszeichen gab es zehn Stunden vor dem Fund, dann stand das Herz still.

Bei einer nochmaligen Befragung des Ehemanns gab dieser zu, dass es vor dem Verschwinden der Frau einen heftigen Streit gegeben hatte. Aber ist ein Streit mit anschließendem Herzproblem Sache für eine Mordermittlung? Natürlich nicht, die Angelegenheit wurde zu den Akten gelegt. Trotzdem ist das einer meiner Lieblingsfälle. Warum das so ist?

Abweichende Ergebnisse

Nun, dieser Fall zeigt, dass die wissenschaftlichen Befunde zur Leichenliegezeit, die normalerweise sehr tragfähig sind, in extremen Situationen, beispielsweise bei sehr hohen Außentemperaturen, abweichende Ergebnisse liefern können. Deswegen sollten alle Kriminalpolizisten sämtliche

Möglichkeiten zur Liegezeitbestimmung kennen und ausschöpfen. Wenn große zeitliche Diskrepanzen zwischen Zeugenaussagen und den rechtsmedizinischen Befunden bestehen, ist eine genauere Bestimmung sogar unerlässlich.

Die wenigsten Träger eines Herzschrittmachers werden sich bewusst sein, dass ihr Herzschrittmacher im Todesfall als Blackbox dienen kann, ähnlich wie bei einem Flugzeug. Zudem zeigt dieses Beispiel, dass die Rechtsmedizin und ihre verwandten Disziplinen auch zur Entlastung von Verdächtigen beitragen können. Im vorliegenden Fall gab es zwar eine problematische Vorgeschichte, die Todesursache war aber eine natürliche. Diesen Schluss legten zumindest die Daten des Herzschrittmachers nahe. Auch wenn der Verdächtige vermutlich kein guter Ehemann und Vater gewesen war, konnte man ihn rechtlich nicht für den Tod seiner Frau verantwortlich machen.

Wie ich in einem solchen Fall persönlich empfinde, spielt keine Rolle. Immerhin hat die Frau mit ihrem Ableben ihren gewalttätigen Ehemann für eine Nacht ins Gefängnis gebracht und ihm vermutlich ein paar unbehagliche Stunden beschert.

13
WENN DAS SUMMEN
VERKLUNGEN IST

Natürlich beschränkt sich mein Betätigungsfeld nicht nur auf Insekten. Ihnen gilt zwar das Hauptaugenmerk meiner Arbeit, aber durch den forstwissenschaftlichen Hintergrund meines Ausbildungsweges gibt es für mich weitere Möglichkeiten zur Leichenliegezeitbestimmung. Ist also das Summen der Fliegen schon lange verklungen und befinden wir uns in einem natürlichen Umfeld, am besten in einem Wald, gibt es dafür mehrere Möglichkeiten, auch wenn der Tod bereits lange zurückliegt.

In vielen Fällen wird ohnehin ein Abgleich der DNA bei der Rechtmedizin angefordert und mit der Datenbank für Vermisstenfälle abgeglichen. Die Ergebnisse liefern den Ermittlern erste Anhaltspunkte für den Zeitraum des Todes.

Bei Skelettfunden kann die Rechtsmedizin durch verschiedene Methoden das Alter von Knochen bestimmen. Die so erhaltenen Daten können den Zeitpunkt jedoch nur auf etwa zehn Jahre eingrenzen. Deshalb wird als Erstes nach der strafrechtlichen Relevanz gefragt. Liegt der Todeszeitpunkt vermutlich mehr als 50 Jahre zurück, geht man in der Regel davon aus, dass eine Ermittlung nicht mehr sinnvoll ist. Aus derartig weit zurückliegenden Zeiträumen gibt es natürlich auch keine DNA-Proben.

In diesen Fällen wird jedoch zumindest versucht, anhand der Knochenmerkmale Aussagen über die gefundene Person zu treffen. War sie männlich oder weiblich? Wie alt und wie groß? Welcher sozialen Schicht gehörte sie an? Welcher Ethnie? Hatte sie Krankheiten? Dies sind nur ein paar Fragen, die man anhand von Knochen beantworten kann. Außerdem wird immer ein Zahnstatus erhoben. Hier schlägt die Stunde einer anderen forensischen Disziplin – der Forensischen Anthropologie.

Leipzig und seine Umgebung sind in ihrer Geschichte mehrfach zum Schauplatz von Schlachten geworden, deren Überreste regelmäßig bei Bauarbeiten ans Licht kommen. Allein infolge der Völkerschlacht liegen im heutigen Stadtgebiet unzählige Knochen im Boden. Die erste Frage ist meistens, ob der Fund menschlichen oder tierischen Ursprungs ist. Danach kommt die Frage zum Alter der Knochen. Selbstverständlich spielen Knochenfunde aus vergangenen Jahrhunderten für polizeiliche Ermittlungen keine Rolle und werden an die zuständigen Archäologen abgegeben.

Körper können bereits nach wenigen Jahren komplett skelettiert sein und den Anschein erwecken, sie lägen schon eine Ewigkeit in der Natur. Dann kann man die Liegezeit der Knochen durch eine Untersuchung mit UV-Licht und der Chemikalie Ninhydrin eingrenzen, wofür besonders der Fettanteil im Knochen relevant ist. In den kleinen, abgeschlossenen, knöchernen Kämmerchen im Knochengewebe bleiben Reste des Knochenfettes lange Zeit erhalten. Abhängig von der Temperatur, der Feuchtigkeit, der mikrobiologischen Zusammensetzung des Untergrundes und der Beschaffenheit des Erdbodens wird die Knochensubstanz nach und nach mineralisiert, und der Fettanteil nimmt ab.

Es ist dem Vernehmen nach schon vorgekommen, dass Streifenpolizisten stolz mit drei Müllbeuteln voller Knochen in der Rechtsmedizin aufgetaucht sind und wissen wollten, wie alt diese waren. Es handelte sich dabei am Ende um einen wirren Mix aus Tier- und Menschenknochen. Vermutlich hatte irgendwo ein Bauherr eine Grube für ein neues Haus ausgehoben und das ehemalige Gelände eines Feldlazaretts oder ein Massengrab angeschnitten. Aus Angst, dass Archäologen den Bau für lange Zeit stoppen könnten, wurde der Erdaushub in der Landschaft abgekippt und vermutlich von Spaziergängern wiederentdeckt.

Für mich wird es meist erst interessant, wenn Knochen oder Kleidungsreste von der Vegetation überwuchert worden sind. Die Pflanzen und ihre Beschaffenheit geben mir die entscheidenden Hinweise. Je nach Art sind sie in der Lage zu verholzen oder nicht. Krautige Pflanzen haben kein sekundäres Dickenwachstum und verholzen nicht.

Durch das Klima in unseren gemäßigten Breiten bilden verholzende Pflanzen wie Bäume im Jahresverlauf unterschiedliche Gefäßstrukturen aus. Im Frühjahr wird mehr Wasser in den frisch austreibenden Blättern benötigt, weshalb zu diesem Zeitpunkt besonders dicke Leitungsbahnen angelegt werden. Im Herbst bilden sich eher festere Strukturen. So entsteht ein Jahrring, jedes Jahr genau einer. So kann man das Alter des Baumes bestimmen.

Die Zellteilung findet am wachsenden Stamm nur unmittelbar unter der Rinde statt. Sie wird von winterlichen Ruhephasen unterbrochen und bleibt dem Baum bis zu seinem Absterben erhalten. Mit einem wachsenden Baum und seinem Blätterdach sind auch die Wurzeln verbunden. Sie verholzen ebenfalls und bilden in den stammnahen Regionen Jahrringe aus. Dadurch ermöglichen sie die Ermittlung einer Mindestliegezeit, sollten sie einmal Knochen oder Kleidung durchdrungen haben.

Das Geheimnis der Jahrringe

Eine skelettierte Leiche kann nach über 30 Jahren im Wald identifiziert werden? Das ist schwierig, aber mithilfe der Bäume durchaus möglich, wie der folgende Fall zeigt.

Eine Gruppe angetrunkener Jugendlicher, die sich am Vatertag auf Landpartie begeben hatten, entdeckte einen menschlichen Schädel. Zuerst waren die jungen Männer im berauschten Spaß der Meinung, es handele sich um einen Plastikschädel. Doch als sich plötzlich die Zähne aus ihren Zahnfächern lösten und klackernd zu Boden fielen, wurden sie unruhig und riefen schließlich die Polizei.

Damit fand ihre lustige Wanderung ein Ende, denn sie hatten den Schädel über mehrere Hundert Meter mitgenommen und konnten sich nicht an den genauen Fundort mitten im Wald erinnern. Sie mussten den Beamten helfen, die Fundstelle wiederzufinden.

Mithilfe der Gruppe wurde das Suchgebiet von der Einsatzleitung grob eingegrenzt und im Anschluss von einer Hundertschaft der Bereitschaftspolizei durchsucht. Die Polizisten entdeckten in dem Waldstück ein ziemlich vollständiges Skelett, das an den Knochen geringe Spuren von Tierfraß aufwies.

Der Fundort befand sich in einem Fichtenbestand mit saurem Boden, der zwei Jahre zuvor das letzte Mal durchforstet worden war. Generell war das Umfeld des Fundortes dafür bekannt, von vielen Menschen für Freizeitaktivitäten genutzt zu werden. Wanderer, Nordic Walker, Geocatcher, Jäger, Förster, Mountainbiker und viele andere Naturliebhaber hätten dieses Skelett entdecken können. Trotzdem lag es, wohl auch von Raubtieren unentdeckt, still an seinem Platz und überdauerte so die Zeit. Aber wie lange? Und: Verbarg sich hier ein strafrechtlich relevanter Fall?

Die Spurensicherung barg alle wichtigen Knochenteile, die zur Identitätsbestimmung genutzt werden konnten. Zusätzlich wurde Kleidung sichergestellt, bei der sich die organischen Bestandteile wie Wolle und Baumwolle bereits aufgelöst hatten.

Da bei dem Skelett außerdem ein Messer gefunden worden war, wurde eine Sektion zur Ermittlung der Todesursache angeordnet. Bei dieser stellte sich heraus, dass an den knöchernen Resten keine Verletzungen festgestellt werden konnten.

Das Skelett wurde mit hoher Wahrscheinlichkeit einem männlichen Europäer im Alter zwischen 40 und 60 zugeordnet. Er war zu Lebzeiten zwischen eins siebzig und eins fünfundsiebzig groß gewesen.

Die Liegezeitbestimmung der Rechtsmedizin erbrachte eine Liegezeit von maximal 30 Jahren. Die Ergebnisse der entomologischen Untersuchung an unserem Institut waren leider ähnlich ungenau.

Im Inneren des Schädels fanden wir Puppenhüllen der Gattung *Calliphora,* die aus der Zeit stammten, als die Fliegen die Leiche besiedelt hatten. Da Chitin über lange Zeiträume stabil bleibt, ergaben sich daraus leider auch keine brauchbaren Hinweise.

Zudem entdeckte ich zwei Larven in der Kleidung. Doch das Ergebnis der Zucht war ernüchternd. Aus einer dicken Made schlüpfte irgendwann eine Schnake und aus einer kleinen, weißen Käferlarve ein Rüsselkäfer. Damit konnte ich ebenfalls für die Liegezeitbestimmung nichts anfangen.

Die Reste der Kleidung wiesen allerdings ein paar Besonderheiten auf, für die wir uns am Anfang gar nicht interessierten.

Mehr oder weniger im Spaß schlug ich irgendwann vor, dass wir die Jahrringe in den Wurzeln zählen könnten, die

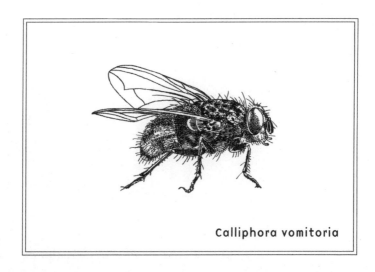

Calliphora vomitoria

die Kleidung durchstoßen hatten. Ein Kriminalpolizist wollte daraufhin wissen, ob das tatsächlich funktionieren könnte.

Wir probierten es aus. Mit einem feinen Skalpell wurde von den Wurzeln eine Scheibe abgeschnitten, genau an dem Punkt, an dem sie das erste Mal die Kleidung durchbrachen. Unter dem Mikroskop waren 13 Jahrringe zu erkennen. Am Stammansatz hatte die Wurzel 15 Jahrringe.

Eine zweite Wurzelprobe, die auf Veranlassung der Polizei vom Fundort beschafft wurde, wies immerhin zehn erkennbare Jahrringe auf.

Somit hatte die kleine Fichte, die den Körper durchdrungen hatte, dafür mindestens 16 Jahre benötigt. Der aktuelle Jahrring bildete sich gerade erst aus, um durch die synthetischen Fasern der Jacke zu wachsen. Eine Mindestliegezeit zwischen 16 und 30 Jahren war nun wahrscheinlich. Damit lieferten wir der Polizei den entscheidenden Hinweis, für welchen Zeitraum sie die Vermisstenmeldungen der Region durchsuchen mussten.

Es stellte sich ziemlich schnell heraus, dass es sich bei dem Toten um einen 53-jährigen Mann handelte, der eines Tages zum Pilzesuchen in den Wald gegangen und nicht wieder zurückgekommen war.

Die Geschichte nahm danach noch eine besondere Wendung. Es wurde nämlich klar, warum zur Zeit des Verschwindens nicht gründlicher nach dem Vermissten gesucht worden war:

Die Vermisstenmeldung lag 19 Jahre zurück. Die Ehefrau des Toten war mittlerweile verstorben. Die gemeinsame Tochter wollte zuerst keine Speichelprobe für eine Vergleichs-DNA abgeben und verhinderte damit eine Identifizierung. Das wurde von ihr mit der Familiengeschichte begründet.

Sie erzählte bei der Befragung durch die Polizei, dass das Verschwinden des Vaters zwischen ihr und ihrer Mutter ein Tabu gewesen sei. Was sie über die Geschichte wusste, hatte sie über andere Personen in Erfahrung gebracht.

Der Vater soll regelmäßig im Wald verschwunden sein, um sich in Nachbardörfern, teils auch über die deutsch-tschechische Grenze hinweg, mit anderen Frauen zu treffen. Das bekam die Ehefrau irgendwann mit. Deswegen wunderte sie sich nicht besonders, als ihr Mann eines Tages nicht mehr nach Hause kam. Für sie war die Geschichte klar.

Auf das Betreiben ihrer Schwiegereltern wurde jedoch eine Vermisstenmeldung bei der Polizei erstattet. Es erfolgten daraufhin die üblichen Suchmaßnahmen.

Als man die Ehefrau darüber in Kenntnis setzte, dass ihr Mann auch beim dritten Sucheinsatz nicht gefunden worden war, offenbarte die Frau der Polizei ihre Vermutung über den Verbleib des Mannes. Daraufhin wurde die Suche eingestellt, und die Frau zog ihr Kind allein groß.

Die Tochter gab schließlich doch noch ihre DNA ab und

verhalf den Ermittlern so zu der Gewissheit, dass es sich bei dem Toten tatsächlich um den Vermissten handelte.

Da es keine weiteren Hinweise auf eine Straftat gab, war der Fall damit abgeschlossen.

Mysteriöser Fund

Ein ähnlicher Fall beschäftigte die Kollegen aus einem benachbarten Bundesland.

Spielende Kinder fanden in einem sehr trockenen Jahr Knochen in einem Sumpfgebiet. Das Geschwisterpaar nahm sie mit nach Hause und zeigte sie den Eltern. Da die Mutter als Krankenschwester arbeitete, war ihr schnell klar, dass es sich um menschliche Knochen handeln musste.

Die herbeigerufene Polizei und die Kriminaltechnik sicherten am Fundort weitere Knochenfragmente.

Allerdings fiel bei der Spurensicherung ein Detail ins Auge. Durch den kompletten Untergrund, knapp unterhalb der Laubschicht, verliefen durch das gesamte Fundareal hauchdünne Nylonfäden, fast wie ein Spinnennetz. Mehrfach verfingen sich Polizisten bei ihren Sicherungsarbeiten darin. Den Ursprung hatten alle Fäden in einem Knäuel, das vor langer Zeit einmal der obere Teil einer Strumpfhose gewesen war.

Vermutlich hatten Raubtiere irgendwann Teile der Leiche verschleppt und so die feinen Fasern überall verteilt. Durch die hohe Reißfestigkeit müssen sich die Fäden dabei auch um junge Bäume gewickelt haben. Im Laufe der Zeit wurden sie dann von diesen absorbiert.

Manchmal sieht man auf verwilderten Grundstücken, wie Bäume ganze Geländer, Straßenschilder oder sogar

Fahrräder umwachsen und scheinbar in sich aufnehmen. Die Wachstumszonen unterhalb der Rinde reagieren damit auf das Hindernis. Da das Wachstum in den Zellen nicht gestoppt werden kann, weil es kontinuierlich stattfindet, wächst der Baum einfach weiter. Wird ein Stamm dabei gleichzeitig von allen Seiten abgeschnürt, beispielsweise durch ein Fahrradschloss oder ein Seil, kann er durch die Unterbrechung der Leitungsbahnen auch absterben. Dünnere Hindernisse überwallt ein junger Sprössling aber mühelos.

So fanden die Kriminaltechniker am Fundort der Knochen mehrere Stämme unterschiedlicher Stammdicken, die von Fasern durchzogen waren.

Der Anruf bei mir kam ungelegen, wie so oft. Ich stand gerade unter der Dusche. Aber nach Abschluss der Sicherungsarbeiten wussten die Kriminaltechniker nicht, was sie mit dem Faserfund anstellen sollten, und so zogen sie mich zu dem Fall hinzu.

Vom vorher geschilderten Skelettfund wusste ich, dass die Jahrringmethode funktionierte. Also bat ich den Beamten, die Gehölze zu fällen und zehn Zentimeter oberhalb und unterhalb der Faserschicht einzukürzen. Diese Beweisstücke sollten sie mir zuschicken. Außerdem sollten sie die Aktion durch Fotos dokumentieren.

Am nächsten Tag brachte mir ein Kurier die Holzstücke. Die Fasern sahen tatsächlich so aus, als seien sie mit einer sehr feinen Nadel durch den Stamm gestochen worden. Die Ein- und Austrittsstellen an der Stammoberfläche wiesen kaum Veränderungen auf. Es handelte sich um zwei Eschen- und drei Bergahornstämme. Sie hatten einen Umfang zwischen 16 und 38 Zentimetern, was bereits darauf hindeutete, dass viel Zeit vergangen sein musste.

Mit einer feinen Bandsäge trugen wir so lange dünne

Scheiben von den Stämmen ab, bis der Nylonfaden im Stamm erkennbar war. Die Ergebnisse waren erstaunlich.

Die drei Ahornstämme waren zwischen 34 und 38 Jahre alt. Der Nylonfaden war bei einem Stamm am siebten Jahrring und bei zwei Stämmen am neunten Jahrring eingewachsen. Ähnliches traf für die Eschen zu. Hier waren bei einem Stamm 39 und beim anderen 42 Ringe zu erkennen.

Die Esche bildet, im Gegensatz zum Ahorn, klar erkennbare Jahrringe aus. Dies hängt damit zusammen, dass die Poren in Holz, also die Leitungsbahnen, im Frühjahr dicker werden und sich dadurch klar vom Holz abgrenzen, das sich später im Jahr bildet. Bei dem 39 Jahre alten Stamm fanden wir den Nylonfaden sogar mit mehreren Lagen im 29. Jahrring, im 42 Jahre alten Stamm im 31. Jahrring. Daraus konnte ich die Zeitspanne berechnen, in der der Baum die Fäden überwachsen hat. Sie betrug zwischen 25 und 31 Jahren. Das grenzte den Suchzeitraum massiv ein.

Allerdings war in besagtem Zeitraum keine Person im Umkreis des Fundorts als vermisst gemeldet worden. Es konnte zwar DNA aus den Knochen gewonnen werden, doch auch dafür gab es in der Datenbank keinen Treffer. Der Fall ist bis heute ungeklärt.

Zweifel am Verstand der Mitmenschen

Manchmal werden uns leider auch Funde gebracht, die mich an der Zurechnungsfähigkeit meiner Mitmenschen zweifeln lassen.

Das beste Beispiel dafür ist der Anrufer bei einer ländlichen Polizeidienststelle, der behauptete, er habe einen menschlichen Oberschenkel gefunden. Zumindest mit der Aussage Oberschenkel hatte er recht. Das stellte sich heraus, als der Fund bei mir im Institut ankam. Schon als der Polizist mir den Beutel mit dem Fundstück in die Hand drückte, musste ich schmunzeln. Er war schwer und der Knochen riesig. Es fiel mir nicht leicht, in dieser Situation ernst zu bleiben.

Ich fragte mich, wie sich der Polizist wohl hatte vorstellen können, dass so ein riesiger Knochen in ein menschliches Bein passen könnte. Ich konnte mir diese Frage nicht verkneifen. Die Antwort lautete, es könnte sich ja um eine »besonders dicke« Person gehandelt haben. Es handelte sich aber um den Oberschenkelknochen eines Pferdes.

Ein anderer kurioser Fall ließ mich sogar an den anatomischen Kenntnissen der Hausärzte verzweifeln. Auch dabei handelte es sich um einen Knochenfund durch Spaziergänger. Der Knochen wurde bei einer ortsansässigen Hausärztin abgeliefert, die ihn sicher als Kinderknochen bestimmte. Dabei waren auf dem Knochen sogar die feinen Spuren zu erkennen, wie sie Messer beim Schneiden hinterlassen. Auch dieses Fundstück landete zur Abklärung bei uns.

Es handelte sich tatsächlich um einen Knochen aus der Kinderstube eines Lebewesens, allerdings muss man den Begriff hier etwas weiter fassen: Es war der Oberschenkelknochen eines jungen Wildschweins. Die Messerspuren stammten aller Wahrscheinlichkeit nach vom Jäger, der das Tier zuerst er- und später zerlegt hatte.

Zeitreise in die Vergangenheit

Die aufwendigste Fragestellung, die jemals an mich herangetragen wurde, drehte sich ebenfalls um einen Knochenfund. Dabei standen allerdings nicht die Knochen im Mittelpunkt der Geschichte, sondern ein Wald, der seit einem Jahrzehnt nicht mehr existierte. Doch lassen Sie mich der Reihe nach erklären, denn hier sollte ich die Frage klären: Wo ist die Leiche? Obwohl die Ermittler alle relevanten Fragen hatten beantworten können, blieb offen, wie die Täter viele Jahre zuvor die Tat begangen hatten und wie es ihnen letztendlich gelungen war, die Leiche in das fragliche Gebiet zu schaffen – und wo nun überhaupt diese Leiche war, die sich dort befinden musste, dessen war und ist man sich sicher.

Zu dem Zeitpunkt, als ich zu dem Fall hinzugezogen wurde und mir den Wald zum ersten Mal anschaute, gab es im fraglichen Areal einen jungen Buchenbestand von wenigen Metern Höhe. Darüber thronten ein paar wenige, sehr alte Buchen, die die Samen für den Jungwald geliefert hatten.

Erreicht ein Buchenbestand sein Erntealter, bleiben vereinzelte Bäume stehen, um die Samen für die neue Generation abzuwerfen. Diese Baumriesen nennt man Überhälter. Meistens sind das Bäume, die gleichzeitig als Biotopbäume für verschiedene Tierarten fungieren sollen. Legt der Waldbesitzer auf Artenvielfalt Wert, bleiben diese Bäume auch nach ihrem Absterben als Totholz im Wald.

Die Buche lässt Tausende Samen fallen, die Bucheckern, von denen wiederum ein großer Teil von Tieren gefressen wird. Im ersten Jahr nach dem Abholzen des Waldstücks gibt es unter den Überhältern meistens einen grünen Teppich aus Sprösslingen. Die Konkurrenz ist bei Buchen so groß, dass sich viele kleine Bäume in die Höhe zum Licht recken. In den ersten Jahren wachsen so sehr viele dünne, meist schnurgerade Stämme, die sehr dicht stehen. Während des raschen Wachstums sterben viele der Jungbäume aufgrund des Konkurrenzdrucks und der Enge ab.

In dieser Phase befand sich gerade der Bestand, den ich mir anschauen sollte. Allerdings war dieser Wald nicht vom Menschen in diesen Zustand gebracht worden, sondern von Kyrill, einem Orkan im Januar 2007. Er riss Stromleitungen herunter, deckte Dächer ab und kostete 13 Menschen das Leben. Insgesamt 37 Millionen Festmeter Holz, das entspricht über einer Million Lkw-Ladungen, wurden in ganz Deutschland umgeworfen und ließen den Holzmarkt kollabieren.

Ich stand also in einem jungen, undurchdringlichen Buchenbestand und sollte den Ablageort einer Leiche finden.

Vergräbt man Leichen in einem Wald, werden sie Teil des Ökosystems und treten in Wechselwirkung damit. Der Boden beeinflusst die Verwesung, die Verwesungsflüssigkeiten beeinflussen die Bodenchemie. Durch die frei werdenden Stoffe bilden sich neue Verbindungen, die ohne die Leichen nie entstanden wären.

Manchmal entstehen dabei sogenannte Ausfällungen. Aus einer Lösung treten die darin gelösten Stoffe aus und werden als Stoff wieder sichtbar. Das kann in der Bodenchemie der Fall sein, wenn sich beispielsweise der Feuchtegrad oder der Säuregehalt des Bodens verändern. Diese Ausfällungen lagern sich im Boden ab und bleiben unter Umständen sehr stabil, sodass man nach langer Zeit noch einen Schatten im Erdboden entdecken kann, wo einmal ein Leichnam gelegen hat. Dieses Phänomen wird vor allem in der Archäologie genutzt, um alte Gräber zu finden.

Durch den massiven Nährstoffeintrag kommt es auch vor, dass Pflanzen in der Nähe der vergrabenen Leiche für ein paar Wachstumsperioden besser wachsen, weil ihnen mehr Nahrung zur Verfügung steht. Wer jetzt denkt, dass man nur nach den höchsten Pflanzen schauen muss, der unterschätzt jedoch die Diversität, die in einem Wald herrscht. Vielleicht verläuft an dieser Stelle einfach das Grundwasser anders, und es steht höher, sodass die betreffende Pflanze einen Vorteil bei der Wasserversorgung hat und deswegen größer ist.

Außerdem muss man sich den Boden des Standortes anschauen. In meinem Studium habe ich Bodenkunde und Standortlehre gehasst, verflucht und gehofft, nie wieder etwas mit diesen beiden Studienfächern zu tun zu haben. Ich wurde enttäuscht, aber die praktische Anwendung in der Polizeiarbeit machte mir trotzdem Spaß, wie ich gerne zugebe.

Jeder Boden wird in Schichten, sogenannte Horizonte, eingeteilt. Diese beginnen an der Oberfläche mit der organischen Auflage und werden als H-, L- oder O-Horizont bezeichnet. Darunter folgt der nährstoffreiche, mineralische Oberboden, der mit Humus angereichert ist und als A-Horizont bezeichnet wird.

Durch den Niederschlag findet eine Weiterleitung der Stoffe in den B-Horizont statt. Dieser ist etwas fester geschichtet. Hier findet die Mineralisierung, also die Zersetzung auf mikrobiologischer und chemischer Ebene statt.

Darunter liegt der C-Horizont, der durch physikalische Zersetzung aus dem Grundgestein hervorgeht.

In jedem Horizont kann es zu unterschiedlichen Reaktionen auf die Umwelt kommen. Wenn beispielsweise das Grundwasser sehr hoch steht, spricht man von einem Boden mit Grundwassereinfluss. Versickert das Wasser durch eine

Sperrschicht schlecht, spricht man von Stauwassereinfluss. Hier wirken chemische Reaktionen unter sehr geringem Sauerstoffeinfluss. Dies hat Auswirkungen auf die Bodenchemie und damit auch auf die Zersetzung von Leichen.

Im Waldgebiet des Knochenfundes lag der C-Horizont bereits ungefähr 50 Zentimeter unterhalb der Laubauflage. Dies bedeutete für die Täter, dass es für sie schwer war, die Leiche gut und nachhaltig zu verstecken. Vermutlich konnten sie nicht so tief wie gewünscht graben, was mir Jahre später zupasskam.

Gräbt man ein Loch, so entsteht ein Haufen mit Aushub. Egal, wie viel Mühe man sich gibt, ab diesem Zeitpunkt sind an dieser Stelle die Bodenschichten zerstört. Die Bodendichte und das gesamte vom Bodenkundler als Gefüge bezeichnete Horizontsystem sind durcheinandergebracht. Zudem entsteht bei einem Vergraben ein Rest an Aushub, der ungefähr dem Volumen der vergrabenen Sache entspricht.

Dies sieht man häufig bei Sargbestattungen. Auf den Gräbern befinden sich Erdhaufen, die nach einer gewissen Zeit flacher werden. Sowohl ein Sarg als auch eine Leiche nehmen nicht dauerhaft Platz im Erdboden ein. Der Sarg bricht irgendwann zusammen, und Erdboden rutscht nach.

Für eine Leiche im Wald bedeutet dies, dass zuerst ein frisches Grab mit einem kleinen Hügel daneben zu sehen ist. Zerfällt die Leiche nach einiger Zeit, rutscht Erdboden nach. Es entsteht eine Bodenvertiefung neben dem Hügel.

Suchen wir also gezielt nach derartigen Anomalien? Nein, das geht leider nicht. Es sei denn, man hat wirklich einen sehr stabilen, jungen Waldbestand in einer sehr flachen Region. Doch selbst dann gibt es genügend andere Gründe, warum sich eine Vertiefung neben einem Hügel befindet.

Der häufigste Grund machte mir in diesem Fall einen Strich durch die Rechnung: Wird ein Baum durch Wind entwurzelt, was ja am Fundort 2007 tausendfach passiert war, fällt der Baum meist der Länge nach um und klappt dabei seinen Wurzelteller nach oben. Ein ebener Waldboden sieht wahrlich anders aus.

Werden diese Bäume aus dem Wald entfernt, klappen diese Teller in den meisten Fällen zurück oder werden mit schwerem Gerät in ihre Ursprungsposition gebracht, da sie sonst eine erhebliche Gefahr darstellen. In Forstarbeiterkreisen heißen sie Sargdeckel, weil unter ihnen schon viele Waldarbeiter lebendig begraben wurden, wenn ein Kollege den Stamm auf der anderen Seite vom Wurzelteller zum falschen Zeitpunkt getrennt hat.

Fällt die Mischung aus Wurzel und Erde nicht wieder in das Loch zurück, sondern verbleibt umgekippt im Wald liegen, wäscht der Niederschlag mit der Zeit die Wurzel ab, die Erde fällt nach unten, und die Wurzel verrottet langsam. Man erhält eine Vertiefung mit einem kleinen Erdwall daneben, die theoretisch einem Grab zum Verwechseln ähnlich sieht. Genau das war auf der riesigen Fläche das zweite Problem. Undurchdringliches Buchendickicht und unzählige Senken mit Erdaufwürfen erschwerten die gesamte Suchmaßnahme.

Es wurde etwas nötig, was im forensischen Kontext vorher wohl noch nie genutzt wurde: eine Zeitreise. Eine Reise zurück zu dem Zeitpunkt, zu dem die Leiche vergraben wurde, um zu sehen, wie der Wald damals ausgesehen hatte.

Wälder sind sehr langsam wachsende und geduldige Lebensräume. Um mit einem Wald Geld zu verdienen, ist es nötig zu wissen, wo im Wald welche Bäume stehen. Dazu werden in regelmäßigen Abständen in den verschiedenen

Teilen des Waldes, die sich nach Baumarten, deren mengenmäßigem Vorkommen und dem Alter unterscheiden, sogenannte Forsteinrichtungen durchgeführt.

Nach diesen Einrichtungen stellen die Förster die Betriebs- und Entnahmepläne auf. Danach richtet sich, wie der Wald in der nächsten Zeit behandelt wird. Jedes Forstrevier besitzt solche Daten für sämtliche Waldstücke.

Im vorliegenden Fall war der gesamte Wald im Tatzeitraum zum großen Teil mit Buchen im Alter zwischen 150 und 210 Jahren bestockt gewesen. Vor dem Sturm handelte es sich also um einen Buchenhallenwald, wie er heute zum Beispiel im Nationalpark Jasmund auf Rügen zu finden ist. Kyrill warf diesen Wald dann in einer Nacht um.

Auch die alten Rückegassen, auf denen sich die Forstmaschinen beim Abtransport des Holzes bewegten, waren in den Abteilungskarten des Reviers eingezeichnet. Damit war es für mich relativ einfach, ein Suchgebiet einzugrenzen.

Bestände, die nicht in das Alters- oder Baumartenschema passten, wurden von der Durchsuchung ausgeschlossen, weil dort entweder die Bäume zu eng standen, der Bestand zu jung war oder Baumarten vorkamen, die zu viele flache Wurzeln aufwiesen, um dort eine Leiche zu vergraben.

Die Buchenhallenwälder der Vergangenheit konnten problemlos mit einem Pkw befahren werden. So war es damals möglich, die Leiche auch an entlegene Punkte des Waldgebietes zu bringen.

Trotz aller Bemühungen vonseiten der Polizei konnte die Leiche bei den nachfolgenden Suchmaßnahmen jedoch nicht entdeckt werden. Da sich die Kollegen aber nicht unterkriegen lassen, gibt es bereits neue Pläne für die weitere Suche. Bei dieser sollen wiederum die Gegebenheiten des Waldes vor dessen Zerstörung im Mittelpunkt stehen.

Das Ende der Geschichte? Wir werden sehen.

14
WER SCHAUT SONST NOCH VORBEI?

Neben den Fliegen und den Käfern besuchen viele andere Tiere und durchaus nicht nur Insekten aus den unterschiedlichsten Gründen eine Leiche. Der Hauptgrund ist der Nahrungserwerb. Das konnte ein Kollege (Arzt) unseres Instituts mit eigenen Augen feststellen, als er eine Leichenschau bei einem Menschen durchführen musste, der von einem Zug überrollt worden war.

Der Bahndamm lag erhöht und mitten in der Sonne. Die Leiche war eine Stunde nach dem Vorfall komplett mit sehr aggressiven Wespen übersät, was eine Begutachtung unmöglich machte. Der Kollege konnte beobachten, dass in diesem Moment nicht das Festfutter für die Tiere im Vordergrund stand, sondern die austretenden Flüssigkeiten. Das lag wahrscheinlich an dem sehr trockenen Sommerwetter: Die Insekten waren durstig.

Wespen, Hornissen und Ameisen

Mitglieder der Ordnung Hautflügler *(Hymenoptera),* zu denen Wespen, Hornissen und Ameisen gehören, sind häufige Gäste bei Leichen im Freiland. Während die Wespen und Hornissen permanent in der Lage sind zu fliegen, bilden die

Ameisen ihre Flugfähigkeit nur während des Schwärmens aus, wenn sie neue Staaten bilden.

Bei den Hautflüglern gibt es die unterschiedlichsten Anpassungen und Ernährungsweisen. Manche Arten sind Blütenbestäuber, andere sind Jäger, wieder andere Parasiten oder Parasitoide. Einige sind staatenbildend, andere leben allein.

Das charakteristische Zeichen der Hautflügler ist ihr doppelt angelegtes Flug-Flügelpaar, das sich über einen Mechanismus aus hakenförmigen Borsten an der Hinterkante des Vorder- und der Vorderkante des Hinterflügels zu einer großen Flügelfläche zusammenfügen lässt. Zudem besitzen die forensisch relevanten Vertreter alle eine sogenannte Wespentaille zwischen Brust und Hinterleib.

Gerade im Hochsommer sind Wespen und Hornissen an frischem Aas ein häufiges Phänomen. Deswegen ist im Sommer an der Kuchentheke beim Bäcker Vorsicht gebo-

Hornisse

ten. Dort gibt es häufig Wespen, die sich am Zuckerguss und an den Früchten der Torte satt fressen. Die Körperoberfläche der Wespen ist, beispielsweise im Vergleich zur Schmeißfliege, größer und bietet somit mehr Platz für Mikroorganismen, die auf Lebensmittel übertragen werden können. Hier sollte man aufpassen. Den Leichen wiederum, an denen sie sich auch gerne gütlich tun, ist dies egal – und mir kann es nur helfen, wenn ich auch Parasiten finde, die ich zusätzlich bestimmen kann.

Die Hornissen gehören als größte Vertreter der Faltenwespen *(Vespidae)* zu den besonders eindrucksvollen Besuchern an frischen toten Körpern. Dabei sind sie aber nur selten an der Leiche interessiert, sondern vielmehr an den anderen Besuchern. Hornissen ernähren sich lediglich in Ausnahmefällen von frischem Aas. Sie sind zwar Fleischfresser, aber sie erbeuten lieber andere Insekten und tun dies auf teils akrobatische Weise. Ergänzt wird diese Nahrung durch verrottendes Obst und Pflanzensäfte, da sie auch Zucker brauchen.

Am Leichnam stellen die Hornissen vor allem Wespen und Fliegen nach und überrumpeln diese durch ihre Größe und ihre starken Mundwerkzeuge. Den Beutetieren werden Beine und Flügel entfernt und der Torso ins Nest geschafft.

Die kleineren Vertreter der Faltenwespen, beispielsweise die Gattung der Kurzkopfwespen *(Vespula),* gelten dem Menschen als Lästling, obwohl sie im Ökosystem eine wichtige Rolle spielen.

Ähnlich wie die Hornissen jagen auch sie am Aas nach Beute und attackieren dabei meistens Fliegen bei der Eiablage. Durch einen Stich werden die Beutetiere gelähmt und dann in das Nest getragen, wo der Nachwuchs schon auf das Futter wartet.

Wespen, Bienen, Hummeln und Hornissen erlangen aber auch durch andere Eigenarten forensische Bedeutung. Sie verfügen über einen kraftvollen Abwehrmechanismus zur Eigen- und Staatenverteidigung – ihren Stachel.

Ein besonders tragischer Fall bei uns am Institut betraf einen Fahrradfahrer, der vermutlich von einer Biene oder Wespe gestochen wurde, vom Rad fiel und in einem kleinen Bachlauf von nur 15 Zentimeter Tiefe ertrank. Bei einer Ortsbegehung stellte man sowohl Wespennester als auch zwei Bienenbauten in direkter Nähe fest.

Bei der Obduktion fand der Rechtsmediziner Merkmale für ein Ertrinken. Durch laborchemische und feingewebliche Untersuchungen stellte man dann jedoch fest, dass der dem Tod vorausgegangene Sturz wahrscheinlich durch einen anaphylaktischen Schock ausgelöst wurde.

Der Stachel der Hautflügler hat sich evolutionär aus einem Legebohrer entwickelt, weshalb nur weibliche Tiere stechen können. Eine allergische Reaktion durch die Stiche kann, wie im geschilderten Fall, zu einem anaphylaktischen Schock führen und tödlich enden. Dabei reagiert der Körper extrem auf ein unter normalen Umständen ungefährliches Allergen mit einer massiven Ausschüttung von Histamin und Tryptase. Das wiederum kann zum Versagen der peripheren Kreislaufregulation führen. Zu dieser Reaktion kommt es jedoch nur, wenn der Körper bereits einmal im Kontakt mit dem Allergen war und bereits sensibilisiert ist. Meistens bekommen die Betroffenen keine Luft mehr, da die Atemwege zuschwellen.

Wie oben bereits berichtet, werden solche Insektenstiche forensisch relevant, wenn durch einen Schock Personen stürzen, mit dem Auto Unfälle verursachen oder dadurch in eine andere, potenziell lebensbedrohliche Situation kommen.

Ameisen *(Formicidae)* werden meist nicht als Vertreter der Hymenopteren wahrgenommen, da sie nicht ganzjährig in der Lage sind zu fliegen und während der Zeit der Paarungsflüge nur einige Tiere das doppelte Flügelpaar ausbilden.

Die meisten Ameisen meiden den Kontakt mit größeren Kadavern sogar. Bietet sich allerdings die Möglichkeit, problemlos an Eiweiß zu gelangen, beispielsweise durch Fliegenmaden, werden diese massenweise vom toten Körper entfernt und in den Bau getragen. Das führt manchmal dazu, dass ich nur wenige oder keine Insektenlarven mehr an einer Leiche finden kann, die in einem Waldstück liegt. In den meisten Fällen gibt es dann jedoch noch geeignete Asservate in tieferen Gewebeschichten.

Unter speziellen Umständen können Ameisen sogar Hinweise auf Tatorte liefern. So konnte der Görlitzer Ameisenexperte Bernhard Seifert in einem Mordfall anhand einer Glänzendschwarzen Holzameise *(Lasius fuliginosus)* einen Bezug zum Leichenfundort herstellen, der nur wenige Meter neben einem Bau dieser Ameisenart lag. Das Tier war im Schuhprofil des Tatverdächtigen gefunden worden. Damit konnte die Anwesenheit des Mannes am Tatort bewiesen werden.

Brack- und Schlupfwespen

Auch andere Hautflügler besuchen den toten Körper. Sie haben aber eher einen indirekten Bezug zur Leiche. Bei uns im Institut tauchen Brack- und Schlupfwespen meist als »Beifang« auf, wenn sie mit den Fliegenmaden in unsere Klimaschränke eingeschleppt werden.

Die Vertreter der Schlupfwespenartigen leben im Gegensatz zu Wespen und Hornissen nicht in Staaten, sondern allein. Sie haben sich auf andere Insektenlarven als Nahrungsquelle für ihren Nachwuchs spezialisiert.

Viele Arten haben sogar nur eine bestimmte Wirtsart.

Die Larven aller Schlupfwespenarten sind Parasitoide, d. h., sie töten ihren Wirt, indem sie ihn bei lebendigem Leib auffressen.

Einige Vertreter der Brackwespen *(Braconidae)* leben ausschließlich von den Larven der sommer- und wärmeliebenden Schmeißfliegenarten. Die Natur hat damit ein Nahrungsgefüge hervorgebracht, das einen schaudern lässt. Ich jedenfalls bin froh, dass es keine vergleichbaren Parasitoide für den Menschen gibt. Kennengelernt haben wir ein Beispiel für einen Fall mit dieser Wespenart ja bereits bei den zerstückelten Leichen am Leipziger Baggersee.

Es stellt sich bei genauerer Betrachtung der Lebensweise irgendwann die Frage, warum die Wirte keine Abwehrreaktionen bilden, krank werden oder vorher sterben. Die Wespen müssen die Immunabwehr, die jedes höhere Lebewesen besitzt und die gezielte biochemische Reaktionen im Körper in Gang setzt, irgendwie überwinden. Dazu nutzen einige Arten spezielle Viren aus dem Körper des Muttertiers.

Die Schlupfwespen haben sogenannte Ichnoviren ausgebildet, die Brackwespen besitzen Bracoviren. Diese unterscheiden sich in ihrer Außenhülle.

Sticht das Weibchen nun für die Eiablage einen Wirt an, übertragen sich die Viren durch den Stechapparat in das Wirtstier. Sie können sich aber dort nicht vermehren, sondern werden ausschließlich in den Eierstöcken der weiblichen Schlupfwespen gebildet. Die Viren unterdrücken die Immunabwehr des gestochenen Tieres. Das winzige Ei

Brackwespe

wird mit seinem Embryo vom Körper des Wirtstiers versorgt und wächst fortan in ihm zur Reife heran, bis die Larve schlüpft. Die Larve frisst dann weiter am Körper des Wirts.

Zusätzlich zu dem Embryo beinhaltet das Ei noch Teratocyten. Das sind Zellen, die unabhängig vom Embryo heranwachsen und die ebenfalls der Larve als Nahrung dienen. Das Muttertier gibt also dem Ei eine Art Pausenbrot mit auf den Weg. Das erinnert ein kleines bisschen an die *Alien*-Filme – vielleicht kannten sich die Macher in der Insektenwelt aus?

Ein gutes Beispiel für die Vorgehensweise der Brackwespen ist die Marienkäfer-Brackwespe *(Dinocampus coccinellae)*, die viele verschiedene Marienkäferarten *(Coccinellidae)* befallen kann.

Die ausgewachsene Brackwespe befällt nur Arten, an die sie angepasst ist und die in ihrem Lebens- und Bewegungsraum vorkommen. Wandern neue Arten in das Ökosystem ein, können die Brackwespen diese Art nur schwer befallen. Das gilt aktuell beispielsweise für den Asiatischen Marienkäfer *(Harmonia axyridis)*, der heimische Marienkäfer-Arten verdrängt.

Hat die Wespe ihr Ei in den Käfer abgelegt, ernährt sich die Larve in der ersten Zeit von den Fettreserven und Körperflüssigkeiten des Käfers. Da eine Generation der Käfer überwintert, dienen diese Tiere ebenfalls den Larven als Winterquartier.

Im Frühjahr geschieht dann etwas zumindest für den Käfer Grauenvolles. Die Larven fressen die Nervenbahnen der Beine auf, was dazu führt, dass der Käfer reglos, aber lebendig auf seinem Platz verharrt. Der Fressvorgang tötet den Marienkäfer schließlich, und die Brackwespenlarve verlässt ihn. Sie verpuppt sich direkt unter dem Käfer und sieht dabei einer Blattlaus zum Verwechseln ähnlich. Wer genau hinsieht, sieht nun einen Marienkäfer, der so aussieht, als würde er gerade eine Laus fressen.

Hundertfüßer, Asseln und andere »Krabbeltiere«

Zu den kleineren Tieren, die man bei Leichen finden kann, zählen auch die Hundertfüßer *(Chilopoda)*, die aber nicht zu dem Unterstamm der Insekten *(Hexapoda)*, sondern zu den Tausendfüßern *(Myriapoda)* gehören. Sie haben in ihrer evolutionären Entwicklung einen gänzlich anderen Weg genommen und sind evolutionär gesehen sehr alt.

Die Tiere ernähren sich nicht direkt von Aas, sondern bevorzugen lebende Beutetiere, denen sie gezielt nachstellen. Sie leben meist im Verbogenen und gerne in einem Umfeld mit hoher Feuchtigkeit. Die meisten Arten sind nachtaktiv und verbringen den Tag geschützt unter Laub, Steinen – oder im feuchten Boden unter einer Leiche.

Sie besitzen starke Mundwerkzeuge. Größere Arten in wärmeren Regionen können auch dem Menschen gefährlich werden. Für eine Liegezeitbestimmung sind sie leider ungeeignet und dennoch Teil des Ökosystems Leiche.

Ähnlich sieht es bei den Asseln *(Isopoda)* aus, die zum Unterstamm der Krebstiere *(Crustacea)* gehören und regelmäßig im Freiland an Leichen im späten Zerfallszustand auftreten. Auch sie sind auf feuchtes Milieu angewiesen.

In räumlicher Nähe zum Menschen finden sich zwei Arten besonders häufig. Kellerassel *(Porcellio scaber)* und Mauerassel *(Oniscus asellus)* leben als Detritovore, d. h., sie ernähren sich von abgestorbener organischer Substanz. Hierbei werden sowohl abgestorbene Pflanzen- als auch Leichenreste als Nahrung betrachtet. Damit nehmen sie eine Position in der Leichenzersetzung ein, die besonders wichtig ist. Sie zerkleinern das, was die anderen Tiere übrig gelassen haben, und spielen eine große Rolle bei der Mineralisierung der abgestorbenen Substanz.

Neben Springschwänzen *(Collembola)* und Milben bilden sie daher einen wichtigen Baustein in der Kadaverökologie, auch wenn ihre Rolle erst am Ende des Zerfalls zum Tragen kommt.

Vögel

Eine ganz andere Herausforderung stellen die Vögel dar, die Aas als Nahrungsquelle nutzen. Das sind in Mitteleuropa vor allem die Rabenvögel *(Corvidae)*, zu denen unter anderem die Krähen und Raben gehören. Sie werden vom Menschen seit jeher mit dem Tod in Verbindung gebracht und sind in der Gattung Corvus wissenschaftlich zusammengelegt. Die bekanntesten Vertreter sind sicherlich der Kolkrabe *(Corvus corax)* und die Aaskrähe *(Corvus corone)*.

Trotz ihres Namens ist die Aaskrähe nicht ausschließlich an Aas interessiert, sondern ein Allesfresser. Sie kann sich damit diverse Nahrungsangebote erschließen. Der Vogel tritt in zwei unterschiedlichen Färbungen auf. Es gibt komplett schwarze Exemplare, diese Vertreter werden Rabenkrähen genannt. Die grau-schwarzen Exemplare heißen Nebelkrähen. Es handelt sich aber um die gleiche Art, und damit können beide Farbvarianten fruchtbare Nachkommen zeugen.

Die Nebelkrähen leben im Osten Europas, die Rabenkrähen im Westen. Sie haben eine Kontaktzone, in der es zu Durchmischungen kommt. Leipzig befindet sich zufällig in dieser Durchmischungszone, wodurch bei uns teils sehr gefleckte Exemplare unterwegs sind.

Im Aufspüren von Aas sind sie geschickt und lernen sehr schnell, dass bei bestimmten Situationen Kadaver anfallen. So bleiben nach dem ersten Mähen der Wiesen im Mai/Juni häufig tote Rehkitze zurück, da sie keinen Fluchtinstinkt besitzen und von den rotierenden Messern der Mähmaschinen getötet werden. Man sieht am Verhalten der Krähen sofort, ob sich tote Kitze auf der Wiese befinden, denn die Vögel sind darauf spezialisiert, in dieser Jahreszeit vermehrt Fallwild zu fressen.

Ähnlich wie die Raben galten auch die Krähen früher als Totenvögel, weil sie sich bevorzugt in der Nähe von Hinrichtungsstätten aufhielten und die Exekutierten für sie eine verlässliche Nahrungsquelle darstellten. Für andere aasfressende Tiere sind Raben und Krähen Zeigerarten.

Das führt dazu, dass in Regionen, in denen Wölfe heimisch sind, diese Raubtiere gezielt nach landenden Krähen Ausschau halten. Umgekehrt folgen Krähen und Raben auch den Wolfsrudeln. Das wird in absehbarer Zeit wahrscheinlich auch wieder in Deutschland zu beobachten sein.

Auch kleinere Vögel gehören zu den Nutznießern von Leichen, die in der Natur liegen. Haare und Fell werden von ihnen gern zum Nestbau genutzt, wenn die Leiche vertrocknet ist. Generell nutzen Vögel ja alle Fasern für den Nestbau, die sie im Umkreis finden. So werden Teile der Toten zum Heim für den Nachwuchs. Da schließt sich der Kreis. Der Tod fördert neues Leben – nicht nur bei millimeterkleinen Maden.

Säugetiere

Säugetiere haben ein ganz unterschiedlich geartetes Interesse an Leichen beziehungsweise allgemein an Aas.

In einem ungewöhnlichen Fall, der auf unserem Sektionstisch landete, fanden wir beispielsweise in einem Schädel ein verlassenes Mäusenest vor. Es war mit Moos ausgepolstert, und man erkannte noch die Schalen von Bucheckern. So bot der Schädel vielleicht über mehrere Generationen einer Mäusefamilie Unterschlupf.

An Knochen finden sich generell oft Spuren von Mäusen und Eichhörnchen, die sich auf diese Weise mit Mineralien versorgen. Auch Hirsche, eigentlich Pflanzenfresser, kauen gelegentlich auf Knochen herum.

Wildschwein *(Sus scrofa)* und Rotfuchs *(Vulpes vulpes)* dagegen sind potenzielle Aasfresser. Gerade bei einem großen Bestand von Wildschweinen können Kadaver innerhalb kurzer Zeit komplett von der Bildfläche verschwinden, was jegliche Untersuchung und jeden Nachweis verhindert. Dabei verschmähen die Tiere nicht einmal die Knochen. Sie buddeln sogar Aas aus, wenn es nicht tief genug vergraben wurde. Nach nur einer Nacht ist nichts mehr übrig.

Die erfahrenen Leitbachen der Wildschweine führen ihre Rotte auch nach längerer Zeit wiederholt zu Plätzen, an denen Leichen gelegen haben, da es im Boden Insektenlarven und generell eine reichhaltige Bodenfauna gibt.

Da ein toter Körper einen großen Eiweißvorrat bedeutet, wird er vor allem in der Zeit der Jungtieraufzucht rege angenommen. So können Fuchsfähen beträchtliche Mengen an Nahrung über große Entfernungen verschleppen. Ist dabei das Beutestück zu groß für den Transport, werden Teile abgenagt. Schlecht für Rechtsmedizin und Kriminalpolizei, wenn bei einer Leiche entscheidende Stücke fehlen!

Meistens werden sogenannte Fuchsbaue ursprünglich von Dachsen gegraben. Der Fuchs zieht irgendwann dort ein, und die beiden Arten richten sich miteinander ein.

Ein Kollege, der inzwischen in Essen arbeitet, berichtete mir von einem Leichenfund in so einem Dachsbau. Anscheinend wollte ein Mann Selbstmord begehen und nicht gefunden werden. Also kletterte er in den Bau und verhakte sich in einer Wurzel. Wir haben lange darüber diskutiert, ob es einem großen Dachs möglich ist, eine menschliche Leiche in seinen Bau zu ziehen. Fazit: Wahrscheinlich schon, wenn er genug Zeit hat, denn kräftig genug ist er. So findet man beispielsweise auf YouTube ein Video von einem

Silberdachs in Utah, der innerhalb von drei Tagen ein Kalb vergräbt.

Gestörte Ökosysteme

Da Jäger gesetzlich verpflichtet sind, sogenanntes Fallwild mindestens 50 Zentimeter tief zu vergraben, wird es für einige Arten unzugänglich. Eine Studie in Brandenburg hat jedoch herausgefunden, dass tote Körper sehr vielen Wirbeltieren nützlich sein können, weil sie beispielsweise punktuell für eine hohe Insektenpopulation sorgen. Das hilft den Vögeln, die zunehmend Probleme haben, ausreichend Insekten zu finden. So wurden an und um ausgelegtes Aas bis zu 36 Vogelarten beobachtet.

Die Auswirkungen von Aas auf die Umgebung sind über einen längeren Zeitraum untersucht worden. So gibt der Kadaver nicht nur Nährstoffe ab und ernährt damit viele Lebewesen, sondern er fördert das gesamte Ökosystem.

Dieses Gleichgewicht kann unter Umständen durch die menschliche Vorstellung, den Wald »sauber« zu halten, in Schieflage geraten. Der Mensch entnimmt der Natur dabei nämlich sehr viel Eiweiß. So wurden im Jagdjahr 2017/2018 in Deutschland insgesamt 836 865 Wildschweine geschossen. Rechnet man dabei mit einem mittleren Gewicht von 50 Kilogramm pro Tier, kommt man auf eine Eiweißmasse von über 40 000 Tonnen. Zum großen Teil werden diese Fleischmengen selbstverständlich dem menschlichen Verzehr zugeführt und alle nicht verwertbaren Reste fachgerecht entsorgt.

Es gibt sehr strenge Regeln, wie man diese in die Natur zurückführen darf. Dazu müssen sie tief vergraben werden.

Nicht nur den Aasfressern, sondern auch der gesamten Sparte der aasfressenden Insekten wird damit eine Nahrungsquelle entzogen. Weniger Schmeißfliegen bedeuten weniger eiweißreiche Nahrung für insektenfressende Vögel. Man kann sogar einen direkten Bezug zum Artensterben herstellen, wenn man sich beispielsweise überlegt, dass es vor einiger Zeit in Mitteleuropa eine stabile Population verschiedener Geierarten gegeben hat.

Das komplexe Nahrungsnetz, das durch tote Körper im gesamten Ökosystem entsteht, ist noch nicht vollständig erforscht. Welche Arten direkt und indirekt profitieren, muss weiter beobachtet werden. Auf den ersten Blick nicht sichtbare Zusammenhänge könnten einen interessanten Einblick in die Abbauprozesse der Natur liefern. Das Verstehen dieser Prozesse ist wichtig für funktionierende Ökosysteme und die in ihnen beheimateten Tier- und Pflanzenarten.

15
FESTBANKETT DER NATUR

Der Tod beendet nicht alles.

Properz

Ja, wir sterben. Und was bleibt?

Von unserem Körper? Nichts.

Von unserem Leben? Erinnerungen, ein paar Habseligkeiten und ein großer digitaler Fußabdruck aus Nutzerprofilen, Fotos und geteilten Katzenvideos im Internet.

Womöglich denken wir, diese Dinge bleiben ewig erhalten. Nun ja, was heißt schon ewig? Sollte Notre-Dame ewig stehen? Oder das brasilianische Nationalmuseum mit seinen Schätzen? Vermutlich hätten die Erbauer und Entdecker es sich so gewünscht. Doch nichts ist für die Ewigkeit gemacht.

Obwohl wir, beziehungsweise unsere Überreste, ziemlich lange haltbar bleiben, wenn wir unsere Asche beispielsweise zu einem Diamanten pressen lassen. Ja, so etwas wird tatsächlich von Bestattungsfirmen angeboten. Irgendwann zerfällt alles.

Wir können uns natürlich Mühe geben und besonders dauerhafte Bauwerke errichten. Ein gutes Beispiel sind die Pyramiden in Ägypten oder der *Svalbard Global Seed Vault,* der weltweite Saatgut-Tresor auf Svalbard in Norwegen, in dem die Menschheit Samen ihrer wichtigsten Nutzpflanzen lagert. Doch überdauern diese Bauwerke 10 000 Jahre?

Nicrophorus vespilloides

Was »ewig« überhaupt bedeutet, kann unser Denken nicht erfassen. So ziehe ich meinen Hut vor Wissenschaftlern, die beispielsweise eine dauerhafte Endlagerstätte für Atommüll suchen und diese Einrichtungen für die nächsten 100 000 Jahre nutzen wollen.

Alles vergeht, und das ist gut so. Nur so kann es Entwicklung geben. Die Natur kann es sich nicht leisten, wertvolles Material zu verschwenden. Alles stirbt und entsteht wieder neu.

Viele Sterne sind bereits verglüht, wenn uns ihr Licht erreicht. Gebirge werden ausgewaschen oder durch den Wind abgeschliffen. Kontinente verschwinden, Meere trocknen aus. Arten kommen und gehen. Wieso sollte es einer so fragilen Lebensform wie dem Menschen anders ergehen?

Man sollte sich aber vom Tod nicht die Stimmung und vor allem nicht das Leben vermiesen lassen. Hinter irgendeiner Ecke steht er und wartet. Bis man an dieser Ecke angelangt ist, sollte man seine Zeit bestmöglich nutzen.

Der Entomologe, das unbekannte Wesen

Häufig werden ich von Freunden, Bekannten oder auch Polizisten gefragt, die ja selbst einen äußerst schwierigen Job haben, ob ich nachts schlecht schlafe oder schweißgebadet aufwache. Diese Frage kann ich mit einem einfachen Nein beantworten. Die Bilder, die man sieht, sind das Resultat von grausamen Verletzungen, die Menschen einander aus niederen Beweggründen zufügen.

Man darf nicht vergessen, dass wir mit unserer Arbeit die Opfer nicht wieder lebendig machen oder ihnen ihr Schicksal rückwirkend ersparen können. Wir helfen, die Verantwortlichen ausfindig zu machen und sie ihrer Strafe zuzuführen. Der Mord kann jedoch nicht rückgängig gemacht und der Verlust der Hinterbliebenen nicht aufgewogen werden. Wir dürfen uns keine Gedanken über die Schicksale machen, da wir sonst unsere Arbeit als Wissenschaftler vernachlässigen und dadurch an Objektivität verlieren würden. Diese Objektivität und die wissenschaftlichen Regeln sind das wichtigste und teuerste Gut, das wir besitzen.

Ich habe mit diesem Buch einen Blick auf meine Arbeit und einen Teil meiner bisherigen Fälle gestattet. Währenddessen haben sich neue Fälle ereignet. Jede neue Untersuchung ist interessant und spannend. Dies macht meine Arbeit aus. Deswegen liebe ich das, was ich tue.

Meine Arbeit vermittelt mir Ehrfurcht vor dem Leben und erinnert mich täglich daran, dass nicht Geld oder Besitz das Wichtigste im Leben sind, sondern dass es die körperliche Unversehrtheit ist.

Die wahrscheinlichste Todesursache für Menschen in Deutschland, glaubt man der Todesursachenstatistik des Bundesamtes für Statistik, ist ein Versagen des Herz-Kreislauf-Systems. Herzinfarkt oder Schlaganfall sind dabei die statistisch häufigsten Zwischenfälle. Befördert wird dieser Umstand durch Ernährungsgewohnheiten, Stress, genetische Vorbelastungen sowie zusätzliche, nicht potenziell tödlichen Erkrankungen. Die zweithäufigste Todesursache in Deutschland ist eine Krebserkrankung.

Im Jahr 2016 hatten nur 4,2 Prozent der Todesfälle laut Totenschein eine nicht natürliche Todesursache und waren damit ein Fall für die Rechtsmedizin und die Staatsanwaltschaft. 37 Prozent davon waren wiederum Suizide, wobei Männer mit drei Vierteln den überwiegenden Teil dieser Gruppe ausmachen.

Dass ein Mensch einem Tötungsdelikt zum Opfer fällt, ist also sehr unwahrscheinlich, auch wenn die Boulevardpresse gerne ein anderes Bild zeichnet. Und dass wir uns nach dem Tod in Leipzig begegnen, ist noch unwahrscheinlicher. Darüber gibt es leider keine statistischen Erkenntnisse, aber es muss schon einiges schiefgegangen sein, bevor man bei mir im Leipziger Institut für Rechtsmedizin eine Aktennummer bekommt.

Viele Tötungsdelikte werden schnell erkannt und gemeldet, was mir eine Menge Arbeit erspart. Doch auch in Fällen mit längerer Leichenliegezeit wird häufig kein Gutachten angefordert, obwohl es vielleicht hilfreich wäre. Das liegt meistens an der zuständigen Polizei und Staatsanwaltschaft. Dort weiß man möglicherweise nicht, dass man auf kurzem Wege einen Spezialisten anfordern kann. Oder es herrscht, wie so oft, Zeitdruck bei der spurentechnischen Untersuchung, und man erspart sich die Asservierung der Insektenspuren.

Momente, in denen die Kriminalpolizisten eine Woche später bei mir anrufen und fragen, ob man anhand von Fotos die Leichenliegezeit bestimmen kann, bescheren mir regelmäßig neue graue Haare. Lasse ich mich dann breitschlagen, die Fotos trotzdem durchzuschauen, sind die Insekten oft nicht einmal richtig fotografiert.

In einem Fall wurden sogar Proben von der Kriminaltechnik korrekt asserviert und in die Asservatenliste eingetragen, dann aber weggeworfen, weil man dachte, das brächte nichts. Am nächsten Tag kam die Kriminalpolizei auf die Idee, dass ein Forensischer Entomologe hinzugezogen werden könnte …

Aus solchen Momenten lernt man. Mir zeigt so etwas, dass es auch zu meinen Aufgaben gehört, alle Teile der Ermittlungsbehörden von der Nützlichkeit der Insekten in der Ermittlungsarbeit zu überzeugen.

Tote haben keine Lobby

Obwohl durch Kriminalromane und den sonntäglichen *Tatort* die polizeiliche, rechtsmedizinische und forensische Arbeit in der breiten Masse ein Millionenpublikum findet, ist gerade die Situation in den rechtsmedizinischen Instituten Deutschlands nicht so rosig. »Tote haben keine Lobby«, ist ein im Fachbereich oft gehörter Ausspruch.

Warum gibt es nicht wenigstens in jedem Bundesland an einem rechtsmedizinischen Institut oder einem Landeskriminalamt einen Wissenschaftler, der sich mit der Forensischen Entomologie beschäftigt? Warum sind andere Staaten viel weiter und generieren in dieser Disziplin wesentlich mehr wissenschaftlichen Output? Weil in anderen Ländern die Zuständigkeiten anders geklärt sind und die Wichtigkeit des Fachs nicht infrage gestellt wird.

Da die rechtsmedizinischen Institute in der Regel an die medizinischen Fakultäten und Universitäten angeschlossen sind, werden sie von den Ministerien finanziert, die für die universitären Belange zuständig sind. Doch die Rechtsmedizin arbeitet hauptsächlich für die Exekutive, also die Polizei, oder die Judikative, die Gerichte und Staatsanwaltschaften. Das hat damit zu tun, dass die Gutachten unabhängig erstellt werden müssen. Allerdings führt es dazu, dass Fakultäten und Unikliniken die Rechtsmedizin eher als notwendiges Übel betrachten. Deswegen ist natürlich die finanzielle Situation nicht die beste.

Wir heilen keine kranken Menschen, wir bringen keine Kinder zur Welt oder bauen Ersatzteile in Körper ein. Wir sorgen nur indirekt für längeres Leben – indem wir helfen, den einen oder anderen Täter hinter Gitter zu bringen. Manchmal belasten die ärztlichen Kollegen mit ihren Gutachten andere Ärzte. Deshalb rechnen auch Klinikbetreiber nicht mit einem Gewinn in mehrstelliger Millionenhöhe durch die rechtsmedizinische Abteilung. Auch Forschungsgelder von großen Organisationen wie der Deutschen Forschungsgesellschaft kommen eher Projekten zugute, die dem medizinischen Fortschritt dienen.

Somit ist das Feld der Forensik und seiner finanziellen Förderung eher übersichtlich. Dabei wird dort sehr wohl etwas für das Gemeinwohl geleistet. Die Mediziner klären

Tötungsdelikte und ihre Abläufe auf. Sie untersuchen lebende Opfer von Gewalt. Kinder, Frauen und Männer.

Die Molekularbiologie bringt die nötige Sicherheit durch genetische Abgleiche. Die Toxikologie findet immer kleinere Mengen von immer wirksameren Drogen. Die Entomologie klärt Todeszeitpunkte und sorgt dafür, dass zeitliche und räumliche Zusammenhänge aufgedeckt werden. Trotzdem wird dieses Feld von den finanzierenden Stellen gern vergessen oder vertröstet.

Ein Beispiel dafür ist das Institut für Rechtsmedizin in Essen. Dort wurde das alte Gebäude abgerissen, um ein neues Institutsgebäude zu errichten. Durch einen Regierungswechsel wurde das Projekt gestoppt. Die Finanzierung des Neubaus obliegt dem Ministerium für Kultur und Wissenschaft. Der Schwerpunkt wurde allerdings von der amtierenden Ministerin scheinbar auf ein anderes Feld verlagert. Deshalb arbeiten die Kollegen seit einiger Zeit in einem Interimsbau aus Containern.

Die Wichtigkeit unserer Arbeit fällt meist erst dann auf, wenn Täter wie Niels Högel Dutzende Menschen über Jahre hinweg umbringen und keiner etwas merkt. Serienmorde sind aber Ausnahmen, einfache Tötungsdelikte selten, Unfälle und ungeklärte Todesfälle hingegen alltäglich.

Gewaltschutzambulanzen, Vaterschaftstests, toxikologische Auswertungen, Bluttests auf Drogen und Alkohol und natürlich Forschung – das alles gehört zu den Aufgaben der Forensik.

Unsere Forschung bringt die Sicherheit, die bei Gericht benötigt wird, um einen Mörder oder Vergewaltiger auf Basis wissenschaftlich belegter Erkenntnisse zu verurteilen und so die Gesellschaft sicherer zu machen. Eine solide Grundfinanzierung und ausreichend Stellen gehören zu einer exakten Arbeit dazu. Das Fach braucht Sicherheit, um Sicherheit zu gewährleisten.

Was von uns bleibt

Fernab der politischen Pläne und Ränke läuft die Natur in ihrem ökologischen Gleichgewicht weiter. Ihr ist es egal, ob ein Arzt oder Kriminalpolizist an einem Leichnam im Wald erscheint. Ob im Anschluss ein Entomologe einige Proben nimmt, eine Horde Bereitschaftspolizisten mit Stangen im Boden herumstochert oder ein Leichenspürhund ein Häufchen in den Wald setzt. All diese Beeinflussungen werden in das große System eingegliedert und damit Teil des Kreislaufs. Die einzige kurzfristige Störung stellen die Bestatter dar, die die Leiche abtransportieren und damit schlagartig sehr viele Nährstoffe aus dem System entfernen.

Zurück bleibt ein Sterbeort, je nach Leichenzustand als platt gedrücktes Gras oder als schwarze Fläche aus abgestorbenen Pflanzenteilen. Eine Silhouette des Todes, die nach kurzer Zeit wieder grün wird und Vermutungen fördert, warum das Gras an dieser Stelle höher und üppiger wächst als ringsherum.

Bei den Wohnungsleichen erscheinen spezialisierte Putztrupps, die seit der Serie *Der Tatortreiniger* mit Bjarne Mädel auch einer breiteren Masse bekannt sind. So druckt eine Dresdner Firma ihre Fähigkeiten und Möglichkeiten auch direkt auf die Firmenfahrzeuge: *Ihre Schwiegermutter nervt? Glas- und Gebäudereinigung. Unfall- und Tatortreinigung.*

Mich führte ein Fall einmal in eine idyllische Flussaue. Geocacher hatten bei ihrem Hobby einen zu großen Teilen skelettierten Leichnam gefunden. Der Schädel fehlte. Der Fund veranlasste die Jugendlichen, die Polizei zu rufen.

Die Beamten reagierten auf die Angabe, dass der Kopf fehle, sehr schockiert und mit einem Großaufgebot an Spurensicherung, Suchhunden und einer Gruppe Bereitschaftspolizisten. Auch ich wurde an den Fundort gebeten.

Es war März, Frühling. Die Bäume hatten noch keine Blätter. Deshalb konnte man auf dem mit Efeu überwucherten Boden die blanken Knochen sehr gut erkennen. Der Leichenspürhund führte uns an mehrere Stellen, an denen er Knochen gewittert hatte. Alles wurden nacheinander abgesucht, die Umgebung von der Spurensicherung begutachtet. Die gefundene Kleidung passte zu einem Vermisstenfall, der fast ein Jahr zurücklag.

Allerdings konnte sich keiner der Anwesenden erklären, wie die Leiche eine so lange Zeit unentdeckt an dieser Stelle liegen konnte. Unweit vom Fundort verlief ein stark frequentierter Wanderweg. Das Fehlen des Kopfes war ein weiteres Mysterium.

Auf der einen Seite wurde die Fundfläche durch einen Fluss, auf der anderen durch eine sehr steile Böschung begrenzt, an deren oberem Ende sich Wohnhäuser befanden. Ein Tier hätte also die Knochen nicht sehr weit wegtragen können. Zudem zeigte sich schnell, dass Tiere zwar versucht hatten, etwas vom ursprünglichen Sterbeort wegzuschleppen, der hinter einem großen umgestürzten Baum lag, es ihnen aber misslungen war.

Das Becken des Vermissten hing an einem jungen Baum. Ein Fuchs hatte vermutlich versucht, an einem Bein ziehend einen Teil des Leichnams zu verstecken. An den Knochen des Unterschenkels gab es auffällige Fraßspuren, die ich dem Fuchs zuordnete. Allerdings verkeilte sich

Thanatophilus rugosus

wohl das Becken im Baum, und der Fuchs kam nicht weiter.

Am vermuteten Sterbeort tauchten auch die Papiere des Vermissten auf. Er hatte sich aus einer ungefähr einen Kilometer entfernten Psychiatrie selbst entlassen.

Nach und nach fand sich das komplette Skelett. Der Kopf blieb jedoch weiterhin verschollen. Wir nahmen an, dass ein Hochwasser, das den Auwald überschwemmt hatte, den hohlen Schädel weggeschwemmt hatte.

Vielleicht wird er erst in Jahrzehnten oder Jahrhunderten, vielleicht auch nie gefunden und überdauert die Zeit im Schlamm des Flusses. Unter günstigen Bedingungen bleibt er dort sehr lange erhalten und findet so auf seiner wahrlich letzten Reise irgendwann vielleicht sogar den Weg ins Meer.

Das finde ich eine sehr schöne Vorstellung. Der ehemalige Sitz des Denkens, die Schaltzentrale des Lebens, geht ein letztes Mal auf Reisen anstatt in einen Ofen geschoben oder in einer Holzkiste vergraben zu werden.

Nun sitze ich an den letzten Zeilen dieses letzten Kapitels, neben mir auf dem Tisch eine große Tasse Kaffee.

Vor fünf Minuten erhielt ich einen Anruf aus einem anderen Bundesland, dass es eventuell einen Mordfall gäbe und die Leiche gerade gesucht werde, ich mich aber bereithalten solle, um schnell aufzubrechen.

Das sind die Momente, die meinen Beruf spannend machen. Wieder ist es ein Sonntagnachmittag, wie sollte es anders sein, an dem alle Beteiligten in Atem gehalten werden.

Positiv an meinem Job ist außerdem, dass die Arbeit niemals ausgeht. So wie der Bestatter, dessen Handwerk auf sicheren Füßen steht, weiß auch ich, dass es nie einen Mangel an Straftaten geben wird. Egal, wie optimistisch man das gesellschaftliche Zusammenleben betrachtet.

Bei Tötungsdelikten wird es immer Leichen geben, die von Insekten besiedelt sind und bei denen Angaben zur Liegezeit benötigt werden.

Aufgrund des demografischen Wandels und der teilweise schlechten Pflegesituation wird es leider häufiger zu Vernachlässigungsfällen kommen.

Der Klimawandel wird mir bei der Arbeit neue Arten zur Bestimmung bescheren. Vielleicht wird ja sogar über verschiedene Transportwege die eine oder andere den Menschen parasitierende Fliegenart eingeschleppt.

Die Natur steht nie still und hält stets neue Überraschungen für uns bereit. Ihre Kreisläufe werden nie zum Stillstand kommen, sondern sich den Gegebenheiten anpassen.

Nur eines ist sicher: Wir werden alle sterben. Und während Freunde und Verwandte den geliebten Menschen betrauern, feiert die Natur ein Festbankett.

FÜR SPURENSUCHER

Wie fängt man Fliegen?

Dieses Kapitel wendet sich in erster Linie an alle, die beruflich mit ungeklärten Todesfällen zu tun haben. Es ist aber sicher auch für interessierte Laien aufschlussreich.

Ich möchte damit auf kurzem Wege und primär in deutscher Sprache der Kriminaltechnik, den Tatortgruppen der Landeskriminalämter, den Kriminalpolizisten, den Rechtsmedizinern und der Staatsanwaltschaft einen kleinen Werkzeugkasten an die Hand geben.

Die Problematik in meinem Fachgebiet ist nämlich, dass die meist englischsprachige Fachliteratur der wenigen großen Fachverlage hinter sogenannten Paywalls verborgen liegt. Das heißt: Man findet zwar die Artikel problemlos im Netz, kann aber maximal eine Art Zusammenfassung davon lesen. Das behindert häufig die Arbeit ungemein, zumal wenn es um dringliche Ermittlungsarbeit geht.

Die wenigen verfügbaren, ebenfalls englischsprachigen Bücher sind meist sehr teuer in der Anschaffung und stehen einfachen Kriminalisten in den seltensten Fällen zur Verfügung. Meine bisherigen Erfahrungen zeigen zudem, dass englische Fachsprache für den 40-jährigen Polizeihauptkommissar oder den 55-jährigen Staatsanwalt oft nicht zu verstehen ist. Auch für Menschen mit guten Sprachkenntnissen sind Vokabular und wissenschaftliche Ausdrucksweise sehr speziell.

Deswegen ist es für alle Beteiligten ein enormer Vorteil, einen deutschen Leitfaden für die praktische Arbeit zur Hand zu haben. Schließlich geht es um einen der wichtigsten Punkte für den Forensischen Entomologen, die Asservierung. Werden dort Fehler gemacht, ist die Arbeit oft umsonst gewesen. Als Wissenschaftler habe ich zudem Spaß daran, mein Wissen zu teilen, das vermeintlich Komplizierte verständlich darzustellen und so meine Erfahrungen und mein Know-how weiterzugeben.

Ich vertrete zwar die Meinung, dass der Forensische Entomologe möglichst selbst am Leichenfundort beziehungsweise am Tatort erscheinen sollte, um die Asservierung vorzunehmen. Dies ist aber leider nicht immer möglich. Die Entomologie ist wie die Forensische Medizin, die Toxikologie oder die Molekulargenetik ein eigenständiges Glied in der Kette der Ermittlungsarbeiten.

Allerdings sind die Spuren für die Toxikologie meist als solche zu erkennen, in Form von Spritzen, Tabletten, sonstigen Hilfsmitteln oder Tatwerkzeugen. Sie bereiten in den seltensten Fällen Probleme bei der Spurensicherung. In allen Fällen landet eine Leiche mit dem Verdacht auf eine Vergiftung auf dem Sektionstisch. Dort werden die benötigten Proben wie Mageninhalt, Oberschenkelvenenblut und Urin gesichert. Die Beweismittel bekommen keine Beine, und sie laufen nicht weg. Selbst wenn die Fäulnis der Sektion zuvorkommt, bleiben die Knochen als Speicher für Drogen, Medikamente und deren Abbauprodukte übrig.

Ähnlich verhält es sich mit Spuren für die Molekularbiologie. Sichert der Polizeibeamte vor Ort richtig, so sind die Spuren für das Labor in den meisten Fällen auswertbar.

Mit beweglichen Proben, die nicht asserviert werden wollen, sieht die Sache ganz anders aus. Insekten haben viele Möglichkeiten, das Weite zu suchen. Mit ihnen gehen wichtige Spuren verloren. Deshalb ist es wichtig, bei ihrer Sicherung einige Regeln zu befolgen.

Grundsätzlich braucht man für die Möglichkeit, Insekten an einem Leichenfundort zu asservieren, ein paar Utensilien. So ist 70-prozentiger Alkohol für kleines Geld in der Apotheke erhältlich und auch sonst für die Tatortarbeit hilfreich. Zudem sind kleine, dicht schließende Gefäße für die Totproben nützlich. Alte Honiggläser mit luftdurchlässigem Verschluss helfen sicher nicht nur mir bei der Sicherung von Lebendproben.

Was genau damit zu tun ist, erläutere ich Schritt für Schritt.

Schritt 1: Fotos machen

Der erste wichtige Punkt ist eine genaue fotografische Dokumentation. Diese wird ohnehin von der Spurensicherung durchgeführt, sollte aber für die Entomologie anders erfolgen.

In jedem Fall benötigen wir bei Wohnungsleichen eine Übersichtsaufnahme aller Räume und bei Leichenfunden im Freien eine vollständige Dokumentation der direkten Umgebung.

Danach sollten besondere Gegebenheiten des Fundortes fotografiert werden. So können Lichtquellen in Form von Lampen Insekten die Bewegung und damit die Eiablage in der Nacht ermöglichen. Heizkörper erhöhen die Innentemperatur und beschleunigen damit das Wachstum. Geöffnete Fenster dagegen senken die Raumtemperatur und ermöglichen Insekten den Zugang in die Räume. Hilfreich ist bei Wohnungen zudem eine Aufnahme der Gebäude von außen. Bevor also Veränderungen am Fundort vorgenommen werden, müssen alle Einzelheiten abgelichtet werden.

Eine Besonderheit gibt es bei sogenannten Messie-Wohnungen. Dort müssen wir zusätzlich den Grad der Vermüllung und den biologischen Abbau des Mülls dokumentieren. Handelt es sich lediglich um gesammeltes Altpapier, ist das bei einem Leichenfund kein Problem. Ist die Wohnung allerdings mit Essensresten, Fäkalien oder verrottendem Material gefüllt, so kann man von einer permanenten Anwesenheit aasliebender Tiere ausgehen – und zwar zu allen Jahreszeiten. So könnten bereits weitaus größere Fliegenmaden auf die Leiche gelangen, die vielleicht ursprünglich woanders herstammen.

Parallel zur Dokumentation durch Fotos sollten alle Informationen zum Umgebungsstatus schriftlich festgehalten und notfalls auch erläutert werden.

Ist die Umgebung erfasst, kann sich der Fotograf der Leiche widmen. Dabei ist es besonders wichtig, den Fokus der Kamera und des eigenen Blickes speziell auf die Insekten am Körper auszurichten.

Das Erste ist eine Übersichtsaufnahme. Danach sollten Verletzungen und Kleidung dokumentiert werden, gefolgt von Fotos aller Madenansammlungen, und zwar beginnend vom Kopf. Hierbei ist wichtig, dass möglichst scharfe, fokussierte Bilder der Insekten entstehen.

Das ist besonders dann entscheidend, wenn eine Kurzbewertung des Entomologen per E-Mail angefordert werden soll. Die Maden auf einem guten Foto können mir unter Umständen bereits sagen, ob es sich um aktiv fressende Tiere oder bereits geleerte, herumwandernde Exemplare handelt.

Darüber hinaus sollten Madenteppiche so detailliert wie möglich festgehalten werden, ebenso die durch Maden entstandenen Hautveränderungen, da sich diese bereits auf dem Weg zur Sektion weiterentwickeln können.

Es versteht sich hoffentlich von selbst, dass auf allen Fotos ein Maßstab zu sehen sein sollte. Oberste Regel: Zu viele Fotos kann man gar nicht machen.

Ich suche mir aus Hunderten Bildern lieber selbst die für das Gutachten wichtigen Details, als mich darüber zu ärgern, dass die entscheidende Aufnahme fehlt.

Schritt 2: Temperatur messen

Neben dem Öffnungszustand der Fenster und dem Stand des Heizungsreglers sollten die Temperaturen beim Eintreffen am Fundort gemessen und schriftlich festgehalten werden. Dies gilt bereits für die ersten Streifenpolizisten, die dort erscheinen. Außerdem sollte vor allem bei Fäulnisleichen die Außentemperatur notiert werden. Da jedes Auto heute eine Temperaturanzeige besitzt, ist das in der Regel auch im Freien kein Problem. Die Temperatur unmittelbar an der Leiche muss ebenfalls erfasst werden. Dabei kann der herbeigerufene Rechtsmediziner helfen, falls die Spurensicherung kein passendes Thermometer dabeihat. Der Zeitpunkt der Messungen gehört zur Dokumentation unbedingt mit dazu.

Gibt es größere Madenansammlungen, sollte außerdem die Temperatur innerhalb der Madenpakete erfasst werden, da diese durch das Aneinanderreiben die Umgebungstemperatur erhöhen können.

Unter Umständen kann es nötig werden, den Fundort über einen gewissen Zeitraum mit Temperatur-Dataloggern auszustatten. Das sind kleine Geräte, die den Temperaturverlauf erfassen und es so ermöglichen, die Temperaturen am Leichenfundort mit den Daten des Deutschen Wetterdienstes abzugleichen.

Datalogger setzen wir ein, wenn es im Leichenumfeld in der freien Natur keine nahe gelegenen Messstationen gibt und der dortige Temperaturverlauf interpoliert werden muss.

Findet man also eine Leiche an einem See in einer Senke, 20 Kilometer von der nächsten Station entfernt, gehen wir davon aus, dass die Temperatur dort signifikant von der an der Station abweicht. Auch bei Wohnungsleichen in beheizten Wohnungen, wo die Fenster offen standen, können signifikante Unterschiede entstehen.

Wir überprüfen zum Vergleich mit unseren Annahmen die Temperaturen der Messstation und können dann zumindest annähernd einen Temperaturverlauf errechnen oder bestimmen.

Die Geräte werden von uns entweder per Post an die Kriminaltechnik versandt. Oder ich lasse sie am Fundort zurück, wenn ich selbst vor Ort war. Die Datalogger verbleiben ein paar Tage vor Ort und kommen per Post zum Entomologen zurück. Vor dem Versand muss natürlich unbedingt Datum und Uhrzeit der Entfernung vom Fundort notiert und der Zettel mit ins Paket gepackt werden.

Schritt 3: Insekten sammeln

Sind die fotografische Dokumentation sowie die Temperaturmessungen abgeschlossen, und ist alles Nötige schriftlich festgehalten, geht es an die Asservierung der Insektenspuren. Dabei beginnt man wieder am Kopf der Leiche und arbeitet sich zu den Füßen vor.

Fliegenmaden werden generell in zwei Formen sichergestellt. Zuerst sichert man den Istzustand beim Fund als sogenannte Totprobe. Dieser dokumentiert später den Punkt,
von dem an für eine Liegezeitbestimmung zurückgerechnet
wird. Dafür werden die Fliegenlarven entweder direkt in
nicht vergälltes, 70-prozentiges Ethanol gelegt oder – für
den Entomologen viel besser – vorher mit heißem Wasser
überschüttet. Das tötet sie zum einen ab, zum anderen stre-
cken sie sich dadurch auf ihre volle Körperlänge, was die
Vermessung vereinfacht.

Ein Einfrieren der Maden wird nicht empfohlen, da sie
dadurch an Form verlieren und aufplatzen können.

Das heiße Wasser kann bei Wohnungsleichen relativ einfach vor Ort erhitzt werden. Bei Leichen im Freien ist etwas
Kreativität gefordert. Wenn ein Leichenfund gemeldet
wird und die Temperaturen Insekten erwarten lassen, füllt
man am besten eine Thermoskanne mit kochendem Wasser
und nimmt sie mit. Zur Not eignen sich heißer Tee oder
Kaffee.

Die Maden werden aber nur kurz der heißen Flüssigkeit
ausgesetzt und nicht darin gebadet! Wir benötigen die Maden zwar tot, aber nicht gegart. Für diese Arbeit leistet ein
kleines Küchensieb nützliche Dienste.

Anschließend werden die Maden in einem kleinen, dichten Probengefäß in 70-prozentigem Ethanol konserviert.
Niemals in Formalin!

In das Gefäß kommt außerdem ein Zettel mit der Spu-
rennummer oder der Vorgangsnummer. Dieser sollte mit
Bleistift beschriftet werden, um ein Verwischen der Schrift
zu verhindern.

Größe und Material der Probengefäße sind nicht so wichtig, allerdings sollten sie durchsichtig und vor allem dicht
sein. Vielleicht hilft die lokale Rechtsmedizin damit aus,

oder man orientiert sich an den Probengefäßen des jeweiligen Instituts.

Senta Niederegger, meine Kollegin aus dem Institut für Rechtsmedizin in Jena, hat in einem Langzeitversuch herausgefunden, dass sich auch klare Schnäpse ab 40 Prozent Alkoholgehalt für eine Asservierung eignen. Not macht erfinderisch! Kräuterschnäpse oder Liköre sollte man jedoch nicht benutzen, da sie die Fliegenlarven verfärben.

So haben mir Freunde schon Käfer aus Mexiko in Tequilla geschickt, und Proben aus Peru kamen in Pisco gelagert bei mir an.

Als Totprobe werden alle Larvenstadien, Puppen, Puppenhüllen, Eigelege und ausgewachsenen Tiere gesichert, soweit vorhanden. Sowohl von Fliegen als auch von Käfern und allen ihren Larvenstadien sollten mindestens 50 Exemplare in die Totprobe. Wichtig ist, die größten Tiere in die Probe aufzunehmen. Darauf sollte auch bei der anschließenden Sektion Wert gelegt werden, da sich in der Leiche manchmal größere Tiere verbergen, die bei der Arbeit am Tatort nicht zu sehen sind.

Danach wird auf einer Schemazeichnung des Körpers vermerkt, wo sich die Besiedlungsherde befunden haben und die einzelnen Proben entnommen worden sind.

Lebendproben erfordern etwas mehr Kreativität. Dabei darf nie vergessen werden, dass es sich um lebendige Tiere handelt, die Sauerstoff zum Atmen benötigen. Luftlöcher im Transportbehälter sind deshalb bei allen Lebendproben zwingend notwendig.

Fliegenlarven bewahrt man am besten mit etwas Küchentuch oder etwas Ähnlichem in einer größeren Dose auf. Durchsichtige Fleischsalatdosen haben sich dafür als nützlich erwiesen, da sie dicht schließen und die Deckel leicht mit kleinen Löchern perforiert werden können.

Für den bevorstehenden Transport beziehungsweise die zeitweilige Aufbewahrung braucht man zusätzlich eine Nahrungsquelle. Katzenfutter in Dosen ist lange haltbar, nimmt nicht viel Platz weg und ist für derartige Zwecke gut geeignet. Ist kein Katzenfutter zur Hand, kann man eine Polizeistreife zum nächsten Fleischer/Metzger schicken, um zwei Stücke Gulasch oder etwas Hackfleisch zu holen. Aus Erfahrung kann ich sagen, dass die Blicke der Verkäufer unbeschreiblich sind, wenn ich meine Wünsche schildere und erkläre, wofür ich ausgerechnet zwei Stückchen Gulaschfleisch benötige.

Gerade bei den ersten Larvenstadien muss unbedingt Futter mit in den Behälter, da es für diese sehr flexiblen Tiere möglich ist, sich unter dem Deckel durch oder durch die Luftlöcher zu zwängen, wenn sie Hunger haben.

Ist die Nahrungsaufnahme bereits abgeschlossen, bietet das Küchenpapier außerdem ausreichend Platz für eine Verpuppung und saugt entstehende Flüssigkeit auf.

Fliegen- und Käferpuppen können trocken in einer Dose mit etwas Küchenpapier transportiert werden. Das Küchenpapier dient dabei nicht nur als Schutz vor Erschütterungen. Vielmehr schafft es Struktur und vergrößert die Oberfläche im Inneren der Dose. Zudem schafft es Bewegungsspielraum für die Tiere, sollten sie während des Transports schlüpfen.

In der Zucht nutze ich größere Verpackungseinheiten und streue diese mit Sägespänen aus, damit die Tiere ihren kompletten Lebenszyklus in einer Dose bleiben können.

Die schwierigsten Asservate sind Lebendproben von ausgewachsenen Tieren. Fliegen fängt man entweder dadurch, dass man ihnen ein Gefäß überstülpt, oder mit einer einfachen Reusenfalle. Dafür wird ein Plastiktrichter so zurechtgeschnitten, dass er in ein Honigglas passt. Im Inneren des

Glases platziert man eine Ölsardine. Der Fischgeruch zieht die Fliegen an, die in den Trichter kriechen, um an den Fisch zu kommen. Nun können sie nicht mehr heraus. Das Glas wird mit einem Deckel verschlossen. Nochmals sei an dieser Stelle auf die lebensnotwendigen Luftlöcher verwiesen. Eine Plastikflasche, der man den Hals abschneidet und diesen verkehrt herum in den Flaschenkörper steckt, dient dem gleichen Zweck. Allerdings fehlt da dann ein Deckel.

Ausgewachsene Insekten können im Frostfach eines normalen Kühlschranks abgetötet werden, um sie anschließend in Ethanol zu konservieren. Ja, wir bemühen uns zuerst um das Überleben, um sie anschließend zu töten. Das kann man ungerecht finden, aber eine lebendige Fliege einwandfrei auf ihr Artniveau zu bestimmen, hat meines Wissens noch kein Wissenschaftler geschafft.

Ist die Asservierung der Insekten an der Leiche abgeschlossen, so widmet man sich der Umgebung. Gerade wenn die Fliegenmaden bereits zur Verpuppung abgewandert sind, ist es wichtig, den Umkreis genau in Augenschein zu nehmen.

Bei Wohnungsleichen mit kurzer Liegezeit sollten die Fenster nach ausgewachsenen Tieren abgesucht werden. Diese sterben meist nach der Eiablage an Entkräftung, da sie permanent in Richtung Licht fliegen.

Bei Messie-Wohnungen müssen zudem Proben der Insekten in Essensresten und Müll genommen werden, um eine Verschleppung oder Abwanderung auszuschließen. Unter Teppichen und Möbeln sollte nach verpuppten Exemplaren gesucht werden.

Meistens verpuppen die Fliegenlarven nicht an der Leiche. Dies liegt daran, dass für die Verpuppung andere Umweltbedingungen benötigt werden. Ein idealer Platz zum

Verpuppen ist vor Licht und Fressfeinden gleichermaßen geschützt.

Die Puppen weisen eventuell unterschiedliche Färbungen auf. Die dunkelsten Exemplare sind dabei in der Regel die älteren. Von allen Farbeinschlägen sollten mehrere Tiere mitgenommen werden. Bitte vor dem Einsammeln das Fotografieren nicht vergessen!

Es gibt allerdings Ausnahmen von der Regel. Einige Fliegenarten verpuppen sich gern in der Kleidung der Leiche.

Käferpuppen bei Wohnungsleichen sollten ebenfalls gesichert werden, auch wenn damit eine Liegezeitbestimmung schwierig ist. Diese unterscheiden sich von den Fliegenlarven dadurch, dass sie bereits grob die Form des späteren Käfers erkennen lassen.

Bei Leichen im Freiland ist der Suchradius natürlich sehr viel größer und nicht durch Wände begrenzt. Bitte immer daran denken: Fliegenmaden kriechen auch einmal 25 Meter weit von einer Leiche weg. Für die polizeiliche Asservierung reicht aber ein Umkreis von fünf Metern aus. Je nach Terrain, Lichtverhältnissen und Untergrund werden unterschiedliche Himmelsrichtungen bevorzugt. Allerdings ist es nicht so wie im Buch »Die Chemie des Todes« von Simon Beckett, dass die Fliegenlarven die Leiche perlschnurartig Richtung Süden verlassen.

Wichtig ist, dass Insekten und ihre Larvenstadien nicht nur im Fundzustand von der Leiche abgesammelt werden. Wird die Leiche gedreht oder bewegt, muss jedes Mal eine neue Sicherung stattfinden. Vor allem Käfer sind sehr erschütterungsempfindlich und verstecken sich beim kleinsten Anzeichen, dass ein Fressfeind erscheinen könnte. Viele kriechen daraufhin unter die Leiche oder ins umliegende Gras. Das gilt auch für größere Käferlarven.

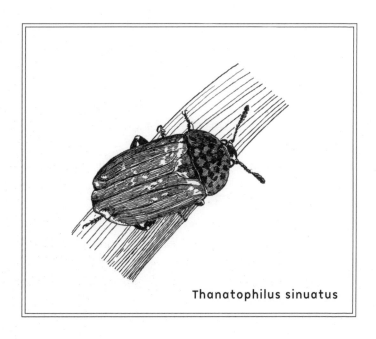

Thanatophilus sinuatus

Vor allem wenn die Verwesung des Leichnams im Freien fortgeschritten und mit einer Abwanderung von Tieren zu rechnen ist, muss man eine Bodenprobe in Erwägung ziehen. Darin findet man meistens Puppen und Puppenhüllen von Schmeißfliegen und Käfern. Man kann damit überprüfen, wie weit die Puppen sich bereits entwickelt haben. Sind die Hüllen schon geöffnet, ist die erste Generation ausgeflogen. Das grenzt die Mindestliegezeit weiter ein.

Es ist auf jeden Fall einfacher, mit einem Spaten ein Karree auszustechen, als in einer dichten Grasnarbe nach Insekten zu suchen. Die Maden versuchen nämlich, sich vor der Verpuppung gut zu verstecken. Bei einem verwesten Leichnam bringt eine Bodenprobe so eine nicht unerhebliche Zeitersparnis für die Spurensicherung mit sich.

In einem ungefähren Abstand von einem Meter um die Leiche sticht man dazu mit einem Spaten in jeder Himmelsrichtung ein 25 mal 25 Zentimeter großes Stück Boden aus. Diese vier Stücke steckt man einzeln in eine einfache Papiertüte, die dann beschriftet und zugetackert wird.

Schritt 4: Checkliste überprüfen

Im letzten Akt der Asservierung wird zuerst überprüft, ob alle Proben dicht verschlossen und beschriftet sind. Das gilt natürlich auch für die Asservierung bei der Sektion in der Rechtsmedizin.

Bei Wohnungsleichen geht man nochmals alle Räume mit Blick auf die Insektenpopulation ab.

Bevor man zusammenpackt, stellt man sich die folgenden sieben Fragen:

— Sind alle wichtigen Dinge fotografiert?
— Enthalten alle Probengefäße einen mit Bleistift beschrifteten Zettel oder ein Etikett, das nicht verwischt werden kann?
— Bekommen alle Lebendproben ausreichend Luft?
— Ist die Asservierungsliste geschrieben und vollständig?
— Ist jede Probe ihrem Entnahmeort eindeutig zuzuordnen?
— Sind die Temperaturen notiert?
— Ist der Entomologe verständigt?

Hat man alles richtig gemacht, steht einer erfolgreichen Auswertung der Proben nichts mehr im Weg.

Literatur

5 Die wunderbare Welt der Fliegen

- Bonduriansky, R./Brooks R. J., Why do male antler flies (Protopiophila litigata) fight? The role of male combat in the structure of mating aggregations on moose antlers, in: Ethology, Ecology & Evolution 11/1999, S. 287–301
- Dettner, K./Peters, W. (Hrsg.), Lehrbuch der Entomologie, Verlag Gustav Fischer, Jena 1999
- Eberhardt, A., Untersuchungen über das Schmarotzen von Sarcophaga carnaria an Regenwürmern und Vergleich der Biologie einiger Sarcophaga-Arten, in: Zeitschrift für Morphologie und Ökologie der Tiere, 43/1955, S. 616–647
- Fischer, O./Matlova, Ĺ./Dvorska L. u. a., Diptera as vectors of mycobacterial infections in cattle and pigs, in: Medical and Veterinary Entomology, 15/2001, S. 208–211
- Fotedar, R., Vector potential of houseflies (Musca domestica) in the transmission of Vibriocholera in India, in: Acta Tropica 78/2001, S. 31–34

7 Käfer, die krabbelnden Ermittler

- B. Hölldobler/E. O. Wilson, The Ants, in: The Belknap Press of Harvard University Press, Cambridge/Massachusetts 1990
- C. Neuner/K. Peschke, Entfernung von Spermatophoren

bei aufeinanderfolgenden Kopulationen von Thanatophilus sinuatus (Silphidae), in: Verhandlungen der Deutschen Zoologischen Gesellschaft. Kurzpublikationen
87/1994, S. 97
– E. Ebermann, Tragewirt-Gemeinschaften (Phoresie) bei
Spinnentieren (Arachnida), in: Denisia 12, Kataloge der
Oberösterreichischen Landesmuseen, 14/2004, S. 93–110